U0032563

自由的追尋：
林毓生的思想與生命

丘慧芬　著

謹以此書獻給我的老師林毓生先生（1934-2022）

感謝的話

　　這本書的完成，首先要謝謝林毓生先生過去幾十年在思想上給我的啟發與鼓勵。林先生2017年年初健康開始出了狀況後，林師母宋祖錦女士對林先生無微不至的照料與愛心，同時又處理所有家務並安排林先生和學生及友人的聯繫，都充分流露林先生所說高貴的氣質與精神，在此要向師母再致謝忱與敬意。

　　其次要謝謝林先生在臺北的朋友和學生，他們是：前臺灣大學歷史學系林維紅教授及其夫婿中央研究院院士歷史語言研究所特聘研究員邢義田先生，前民進黨立法委員陳忠信先生及其愛妻且為作家的唐香燕女士，中研院人文社會科學研究中心榮退研究員、現為兼任研究員與《思想》雜誌總編輯的錢永祥先生，中研院近代歷史研究所榮退研究員、現亦為兼任研究員的羅久蓉教授，前清華大學中文學系朱曉海教授與臺灣大學中文學系楊芳燕教授，以及臺灣大學歷史學系博士後的施純純研究員。他們2014年暑期接受筆者訪談時都惠予了寶貴的建議和意見。林先生的好友亦為上海三輝圖書出版社創辦人的嚴搏非先生，也曾給予筆者許多他本人對林先生的細緻觀察和相關的

研究資訊。另外要謝謝支持撰寫本書的中研院文哲所楊貞德教授，臺灣大學歷史學系王遠義教授，以及曾任職中研院歷史語言研究所、後為香港城市大學中國文化中心主任、現為桃園中央大學歷史學研究所教授的李孝悌先生。

　　筆者也承中研院院士、歷史語言研究所特聘研究員王汎森教授的安排，由其研究助理陳昀秀女士協助取得中央警察大學李顯裕教授研究林毓生先生的專書，在此謹向他們再致謝忱。還要特別感謝中研院院士，也是美國哈佛大學東亞學系教授的王德威先生，在2020年慷慨惠贈新出論著與有關筆者研究的珍貴相片。也特別謝謝中研院院士張灝先生（1937-2022）於2018年初春惠贈其剛由廣東人民出版社重印版的著作。2021年8月1日辭世的中研院院士余英時先生（1930-2021），生前在知道筆者撰寫本書後，也曾告知相關的資料，並和余師母陳淑平先生不時推薦與惠贈可資參考的新書。余先生雖已在天堂，筆者感念在心，要向余先生和師母再次致上深摯的謝意。

　　也謝謝舍妹薇薇代為購書並校訂文稿，以及外子邁可協助整理本書書目。當然，更要謝謝本書的匿名審核者，以及聯經出版公司發行人林載爵、總編輯涂豐恩和特約編輯蔡忠穎三位先生，因為他們的建議、支持與專業協助，這本書才能如期完成。

丘慧芬於加拿大溫哥華
2021年10月8日初稿
2021年12月8日訂正
2022年2月5日定稿

目　次

第一章

緒　論

　　林毓生先生是研究近、現代中國思想史的著名學者。他的英文論著 *The Crisis of Chinese Consciousness*（《中國意識的危機》），是針對五四時期激進反傳統主義進行的系統性研究。[1] 此書在1986年出版的最早中文譯本以及後來出版的日譯與韓譯本，對於80年代東亞地區的日本與南韓，特別是臺灣和大陸的學界與文化界，都有極大的影響。[2] 舉例而言，當時臺灣許多青年學子在受到林毓生此書的啟發之後，有的人日後成了他的研究生，有的認為林毓生是他心目中「最喜歡的人文學者」，更

---

[1] *The Crisis of Chinese Consciousness: Radical Antitraditionalism in the May Fourth Era* (Madison: University of Wisconsin Press, 1979). 此書最早的中譯本是由中國大陸學者穆善培所譯《中國意識的危機：「五四」時期激烈的反傳統主義》（刪節版）（貴陽：貴州人民出版社，1986，1988）。2020年聯經出版事業股份有限公司（以下簡稱聯經）發行了由林毓生學生合譯此書的最新中譯完整版，即林毓生著，楊貞德等譯，《中國意識的危機：五四時期激烈的反傳統主義》（新北：聯經，2020）。下文有關此書之引文，即以最新中譯本之譯文為主，並以《中國意識的危機》稱之。

[2] 日譯本譯者為丸山松幸與陳正醍（東京：研文出版，1989）；韓譯本是李炳柱（大光文化出版社，1990）。

有人多年之後出版了以林毓生思想作為研究主題的論文或是專書。[3] 回望1980年代的中國大陸，我們也看到彼時已有書評認為林毓生此書不但「對中國文化思想界是有意義的」，而且書中所提「問題之精銳」，「見解之深邃」，也「與海外尋常所謂『漢學家』不可同日而語」。[4] 隔了近三十年的時間，我們仍然看到有文章直言林毓生對五四全盤化激進反傳統主義的研究，給了大陸知識界「巨大的衝擊」，使學者在理解林毓生對五四這個反傳統主義的「判定」之後，就無法繼續再對過去一直認為只是愛國運動的五四，做出「某種直接、明顯、單一」的連結與繼承。[5]

3　日後成為林毓生先生的研究生很多，此處僅舉幾個例子為代表：如中央研究院中國文哲所的楊貞德與近代史研究所的羅久蓉，以及清華大學朱曉海與臺灣大學王遠義、楊芳燕等幾位教授。將林毓生看作是心目中最喜歡的人文學者，見吳添成寫於1982年的〈「創造性的轉化」〉一文，後登在其部落格「生活蒙太奇‧吳添成」（2012年9月29日，星期六），網址為：https://fbileon.blogspot.com/2012/09/blog-post_29.html；研究林毓生思想的論文與專書有些是著重在探討他關於自由主義的論述，我們在本書相關章節自會加以引用。關於五四激進反傳統主義，可用王遠義〈中國自由主義的道路：林毓生的政治關懷與五四全盤性反傳統主義研究〉，以及新加坡大學張松建所撰〈論林毓生《中國意識的危機》〉為例。王遠義文章刊於《臺灣大學歷史學報》，第66期（2020年12月），頁153-200；張松建論文刊於《跨文化對話》，第12期（2003年8月），見：http://www.fgu.edu.tw/~wclrc/drafts/Singapore/zhang-s/zhang-s-07.htm。

4　引文出自崔之元1986年發表在《讀書》雜誌第7期的文章，題目是〈追求傳統的創造性轉化〉，並以〈附錄〉形式，收在貴州人民出版社於1986年12月刊行的第一版林毓生《中國意識的危機》中譯本，引文見該書頁261。

5　引自中國大陸道里書院在其2008年網頁上討論五四的一篇文章，該文乃林先生寄給筆者的影印本。原網址為：BlogBus.com，但2013年轉入豆瓣網下，筆者雖未在該網站見到此文，但豆瓣網的網址為： https://site.douban.

　　另外應該提出的是，已故日本知名漢學家島田虔次先生
（1917-2000），也曾經對林毓生這本論著稱揚不已。他生前與
林毓生在一次會議後有過兩個多小時的長談，林毓生後來就將
自己的英文原著寄給他並請賜教，沒想到很快就接到回信。林
毓生說這封信已經找不著，信的內容他也無法完全記得，但卻
清楚記得島田先生在信裡特別肯定他這本研究五四的論著，不
但稱讚此書寫得「非常好」，而且直說這樣的著作只有「中國
人才寫得出來」。信中還提到會請日本學界翻譯此書。能獲得
島田先生那樣一流漢學家的稱揚，林毓生說自己感到相當「自
豪」。[6] 這本專書後來能有日譯本，島田虔次的支持顯然是一個
主要原因。

　　上面這些例子可以讓我們理解林毓生這本英文專書的最
新完整中譯本雖然要到2020年才在臺灣發行，[7] 但他從1980年
代以來根據此書的研究用中文在臺灣發表的一系列文章論證
（argument）與論旨（thesis），卻早已「點燃了沉悶年代下青
年學生重探狂飆年代的興趣」，對中華文明未來發展的方向及
其應走的道路也有深刻與長遠的影響。[8] 我們可以合理地說，迄

---

com/215135/room/2893958/；有關五四作為一個愛國運動的討論，見周策
縱先生的代表作：Chow Tse-Tsung, *The May Fourth Movement: Intellectual
Revolution in Modern China* (Cambridge: Harvard University Press, 1960)。

6　島田教授的評論係林毓生先生2021年7月11日在電話中告知。島田先生的經
　　歷與著作可參考https://zh.wikipedia.org/wiki/島田虔次。

7　即聯經於2020年出版的最新完整中譯本。

8　此處所引文句出自李顯裕，《自由主義的信徒──林毓生研究》（臺北：
　　元華文創股份有限公司，2020），頁129-130。據筆者目前所見，此書應
　　是第一本研究林毓生的論著。筆者要特別向中央研究院院士王汎森教授致

今任何試圖深入了解五四激進反傳統思想的性質、內容、源起和歷史含意（historical implications）的努力，都仍然需要參考這本已經成為「經典著作」的論證與論旨。[9] 我們也可以毫不猶疑地說，這本著作不但奠定了林毓生在西方和東亞近、現代思想史領域的重要地位，也可以看作是他早年學術追求和其個人關懷融為一體之後，首先完成的代表研究。

應該指出，林毓生在英文論著出版後採用中文發表的文章，雖然是要繼續去探究他這部英文專書中未能展開的一些相關問題，不過，這些探究也還包括了他本人對自由與民主的理解，以及他對中文世界建設自由民主的重要觀點及建議。整體來看，這些觀點和建議，可以說是代表了林毓生數十年來以思想言說介入公共議題的努力，彰顯出他從1950年代中期，就已經開始自覺追隨殷海光先生（1919-1969）以堅持個人自由與憲政民主（即自由民主）是中華民族唯一的出路，來作為他本人的學思志業。當然，這些觀點與建議也可以看作是林毓生從1960到1964年於芝加哥大學社會思想委員會（Committee on Social Thought）攻讀博士時期，在知識與思想上獲得深厚且精微發展的一個研究成果。熟悉林毓生著作的人都知道，在這段時期，因為有海耶克先生（或譯哈耶克〔Friedrich A. Hayek, 1899-1992〕）的個別指導，尤其是因為受到海氏宏富論著當

謝，因王教授的安排使筆者能取得李顯裕教授惠贈其已在市面售罄的大作。也謹向李教授再次致謝。

9　「豆瓣讀書」介紹林毓生專書1986的中譯本時，寫到此書「已經成為一個經典著作……被認為是一個很經典的對於五四新文化運動的一個詮釋」，見：https://book.douban.com/subject/1905142/。

中有關探勘西方自由主義如何建基於法治與「自發秩序」的啟
發和影響，才能使林毓生本人討論自由主義在中國前途的文章
中，一方面提出了以往中文世界從未觸碰到的幾個關鍵議題，
一方面也給出精到嚴謹的闡釋，來理清過去對建設自由民主的
一些含混看法。正是通過這個清理與闡釋的過程，林毓生本人
關於建設自由民主的洞見也才能逐一呈現。

我們都知道，海耶克是20世紀傑出的政治、經濟思想家與
諾貝爾經濟獎的獲獎者。不過，林毓生有關自由民主的討論，
不只是引介或演繹海耶克或其他西方學者在這方面的看法，他
著重的是如何使海氏的理論以及西方其他重要思想家有關自由
民主的言說，能夠在與西方文化截然不同的歷史發展脈絡當
中，獲得真切實際的理解與融合。因為有這樣的前提設定，林
毓生在他的研究中才會提出傳統若要在現代獲得持續的發展，
就必須針對其中優美的成分給予定性定位的「創造性轉化」，
而不是倒退去走五四激進反傳統的老路。因此，他提出創造性
轉化的目的，就是希望這樣的轉化可以有助傳統內部的優美質
素，逐漸妥適地轉為建設本土自由民主的有利資源，並進而成
為重建文化認同的價值基礎。[10]

一、「五四」的複雜指謂與意涵

誠然，「五四」對不同的人確實可以有不同的指涉，但不
論將五四看作是現代中國新文化運動的起始，或是將五四看作

---

10 本書第八章會提出林毓生對「創造性轉化」的解說。

是各種西方思想齊集湧現於中國的開端，或就僅僅只看作是一個純粹的愛國運動，研究中國現代史的人都會同意，「五四」在中國現代史上不但是一個重大的轉折點，也毫無疑問是一個關鍵的時刻。[11] 這是因為從1915年《新青年》開始推動的白話文學革命和隨之而來「民主」與「科學」的倡導，到抨擊儒家禮教、扼殺個性的喧囂擾攘，再到同時期社會主義革命思想的引進與受其影響成立的共黨組織，在在都給彼時的中國社會，特別是給知識與文化界帶來巨大的衝擊。特別值得注意的是，原先在五四初期提倡並支持自由民主的一些知識分子代表，例如《新青年》的創辦者陳獨秀（1879-1942），在看到1919年第一次世界大戰結束，列強根據巴黎和會決議將德國在山東半島的權益轉讓給日本後，就認定西方民主議會制與漸進式的政治改革無法解決中國當時面對帝國主義欺凌及搾取的問題，因此就轉去推動共產革命來作為現代中國救亡圖存的唯一出路。[12]

---

11 周策縱先生關於五四廣義與狹義的界定以及其所涉內涵，仍是必須參照的代表作，見其 *The May Fourth Intellectual Revolution in Modern China*。Vera Schwarcz研究五四思想遺產的專書也是英文學界研究五四思想遺產的代表著作，見其 *The Chinese Enlightenment: Intellectuals and the Legacy of the May Fourth Movement of 1919* (Oakland: University of California Press, 1986)。Schwarcz的書已經指出她是將五四界定為現代中國的一個「啟蒙」時期，因此可以看作是現代史上一個重要的轉折期。王遠義在其〈中國自由主義的道路：林毓生的政治關懷與五四全盤性反傳統主義研究〉一文中（頁154），將五四看作是關鍵時刻，並對五四何以是關鍵時刻做了解釋。

12 可參考楊芳燕分析陳獨秀思想轉變的論文，〈道德、正當性與近代國家：五四前後陳獨秀的思想轉變及其意涵〉，刊於丘慧芬編，《自由主義與人文傳統：林毓生先生七秩壽慶論文集》（臺北：允晨文化，2005），頁339-373，特別是頁359-360的討論。亦請參照楊貞德對此之說明，見其《轉

這個出路，在毛澤東實驗了近三十年極端社會主義且導致中國瀕臨解體的空前災難後，已經證明是一條走不通的死巷。我們只要隨手翻閱1980年代中國大陸的傷痕文學以及之後出現的許多小說創作，或是閱讀一些有關「大躍進」與「文化大革命」的歷史研究和個人回憶錄，就會非常清楚這個社會主義實驗帶給中國的巨大災難是何等驚人。[13] 這些基本的事實也有助我們理解為什麼會有學者將五四定性為「一個文化矛盾的年代」，同時又將這個矛盾看作是多面向、多層次的。[14] 另外也有學者在同意「五四是一個多層多面的運動」時，更進一步強調要看到五四思想的「複雜性」，尤其必須注意五四思想呈現的「兩歧性」。[15] 根據這些界定，五四思想本身可以指向的各種複雜

向自我：近代中國政治思想上的個人》（臺北：中央研究院文哲研究所，2009），第七章，特別是頁299-307。

13 這些資料已經很多，就文學作品呈現這個極端社會主義的現象與災難後果而言，可參考陳若曦1976年由遠景出版社出版的《尹縣長》，與高行健1999年由聯經出版的《一個人的聖經》；個人回憶錄的例子可參考1994年由時報文化出版的李志綏《毛澤東私人醫生回憶錄》中文本；歷史研究可參考Roderick MacFarquhar的 *The Origins of the Cultural Revolution* (New York: Columbia University Press, 1987)。當然，楊繼繩2009年由香港天地圖書出版的《墓碑：1958-1962年中國大饑荒紀實》，更對大躍進帶來的大饑荒此一人為災難有詳盡的記載。

14 這是余英時先生對五四所做的界定。見其〈文藝復興乎？啟蒙運動乎──一個史學家對五四運動的反思〉一文的修訂版，收入余英時著，程嫩生、羅群等譯，何俊編，《人文與理性的中國》（臺北：聯經，2008），頁483-512；多面向與多層次的說法，見該書頁506。

15 見張灝，〈重訪五四：論五四思想的兩歧性〉，收入其《幽暗意識與時代探索》（廣州：廣東人民出版社，2018重印版），頁171-201，引文出自頁171。此書是2018年筆者與大陸一位學者同去拜望張先生時，承張先生「特

意涵顯然就不言而喻了。不可忽略的是，即使五四有如此複雜的意涵，研究五四的學者基本上卻都同意自由民主是五四初期追求的一個標幟。換句話說，激進的反傳統主義或是社會主義的革命理論，在五四初期都還沒有占據主流知識分子領袖的思維意識，更談不上席捲整個中國社會。然而，1919年巴黎和會的決定卻毫無疑問地導致自由民主追求的迅速邊緣化。與此同時，俄國1917年革命建立起的蘇維埃共產制度，也迅即成了許多主流知識分子追求國族「富強」的選項。

我們知道，即使到了今天，當中國大陸在1980年代改革開放政策的驅動下已經成為世界第二大經濟體，而且也建立起強大的軍事力量時，自由民主，卻還是許多中國大陸知識分子企盼追求但始終未能落實的一個理想。這個未竟的理想，事實上也有助我們了解自由主義在現代中國歷史的命運，何以始終都是林毓生數十年學術研究的基本關懷。

二、臺灣思想史研究的新路徑

許多林毓生的友人與學生，大概都知道他是從1970年代中期開始用中文在臺灣發表文章的。那時林毓生剛好自美返臺，而且還得到一個可以在母校臺灣大學開設一年思想史課程的機會。上課的內容和討論，對彼時上他課的學生以及讀他文章的閱眾都產生了相當震撼的影響。舉例而言，後來成為學者的一位女學生與她同是學者的夫婿，都記得林毓生四十多年前如何

贈」的，這裡也謹再向張先生致上謝忱。

要求上課的學生必須理解「知識的性質」與閱讀經典的重要性，尤其要他們必須建立起日後學界常說的「問題意識」。他們提到的問題意識與林毓生強調做研究要能提出「個別的重大與原創問題」，其實沒有什麼基本的不同。他們也還記得林毓生上課時，經常為他們解說自由與權威的關係為什麼絕對不是一般所想只能是對立或負面的，而且也總是不斷地強調這兩者之間存在著積極且正面的依存關係。這些看法，對他們自己與那時聽課的學生來說，幾乎都是前所未聞的新知，基本上就等於是為他們開啟了一個不同既往的思想史治學途徑。對他們自己與許多其他學生在日後從事的教學與研究工作，事實上也都產生了或隱或顯的持續影響。

　　他們又提到在聽林毓生講課之前，臺灣學界有關思想史與學術史的分野並不明確，甚至可說相當模糊。因此，一旦林毓生為他們打開研究思想史的一扇新窗戶，他們自然就覺得看到了迥異於前的風景，也自然對思想史開始有了新的理解。我們可以說他們是理解到研究思想史不但需要提出重大與具有原創性的個別問題，也必須理清和這個問題具有內在聯繫的一些相關問題會是什麼。用林毓生的話來說，重大與具有原創性的個別問題，本身就應涵攝「一連串或一組相關的問題」。[16] 根據

---

16 林毓生對重大問題的提出以及此問題何以就是指問題意識的說明，見其〈試圖貫通於熱烈與冷靜之間——略述我的治學緣起（代序）〉，刊於林毓生著，朱學勤編，《熱烈與冷靜》（上海：上海文藝出版社，1998），頁14；後收入林毓生著，丘慧芬編，《現代知識貴族的精神——林毓生思想近作選》（香港：香港中文大學出版社，2020），頁225-244，特別是頁235。此《思想近作選》係筆者所編林先生的論文集，獲上海三輝圖書出版

這樣彼此關聯的一系列問題來展開的研究，就構成了他們提到的問題意識，也就是林毓生所說要提出原創的重大問題來作為導向的思想史研究。從那時開始，他們就一直認為林毓生彼時的講課已經是在為中文世界建立一個研究「思想史的典範」。[17] 換句話說，從那時開始，他們對思想史的研究就有了一個新的參照範式，也自然不會將這個範式去等同於不以問題意識為研究導向的學術史了。

三、不願從眾的獨特風格

　　熟悉林毓生論著的另外一位朋友告訴筆者說，他雖然從未正式聽過林毓生講課，不過，在他接觸的眾多學者當中，他認為林毓生的確是一個「非常獨特的人」。所謂「獨特」，就是「不俗氣」。然而，不俗，何義？又何指？這位朋友就用了一個例子作為回答。他說他看過很多學者在一些會議的聚餐上都會講些無傷大雅的輕鬆笑話，可是林毓生卻從不加入，更不

社嚴搏非先生與香港中文大學出版社甘琦社長的鼎力支持，謹再致謝忱。下文即以《林毓生思想近作選》或《思想近作選》與《近作選》稱之，並不特別再註明編著者。

17　2014年6月9日到14日，筆者在臺北與林先生的幾位朋友及學生做了幾次訪談。此處引文是臺灣大學榮退教授林維紅與其夫婿中央研究院院士、歷史語言研究所特聘研究員邢義田兩位先生提供筆者的資料。另外受訪的還包括：前民進黨立法委員陳忠信先生及其亦是作家的妻子唐香燕女士、彼時中研院人文社會科學研究中心錢永祥與近代歷史研究所羅久蓉、清華大學朱曉海與臺灣大學楊芳燕，以及當時任教於國防醫學院通識教育中心的施純純等幾位教授。他們對林先生學術思想的內容及影響，都提供了許多寶貴意見，謹一併致謝。

附和。這樣的不願從眾，讓林毓生在那樣的場合中顯得極其彆扭且又格格不入，因此也顯得相當「獨特」。[18] 這種獨特是否與林毓生一向將「中國自由主義的歷史與命運」作為自己「主要學術關懷」的沉重課題相涉，又是否與他一向主張公私應該有所區隔的立場有關，都會因人而有不同的解讀。筆者此處只在提出林毓生的不願從眾，有可能是讓他在並非完全與公領域相涉的會議聚餐上顯得「獨特」的一個主因。[19] 不論這個不願從眾是否貼切表達了不俗的含意，也不論關於林毓生彼時已經在建立一個「思想史典範」的評語是否具有普遍的代表性，這些敏銳、細緻的觀察，至少都突顯了林毓生對思想史的研究與待人處世的態度，在中文學界確實有他不同的風格。這樣的風格，與林毓生在學術領域中能建立自己獨具一格的研究特色及研究貢獻，應該多少也有些關係。

四、長期探索的根本性問題

上面已經提到，林毓生的英文專書聚焦在研究五四時期的激進反傳統主義。要特別強調的是，他的這個研究基本上是牢牢扣緊在他長久以來要探索的一個根本問題上的。用林毓生

---

18 不俗之例，是2014年筆者在臺北訪談時，錢永祥教授提出的細緻觀察。

19 「中國自由主義的歷史與命運」引自錢永祥，〈道德人與自由社會：從林毓生先生對中國自由主義的一項批評說起〉，原刊丘慧芬編，《自由主義與人文傳統：林毓生先生七秩壽慶論文集》，頁33。尤其值得關注的是，錢永祥在頁54的〈後記〉中，特別提到他對林先生行事作風的觀察與思索。此文後收入錢永祥，《動情的理性：政治哲學作為道德實踐》（臺北：聯經，2014），頁25-49。

自己的話說，這個具有根本性的問題就是：「為什麼在中國實現多元化的自由主義是那麼艱難？」他的話明顯有助我們理解為什麼不能將他研究五四的激進反傳統主義和他追索中國自由主義命運的議題，輕易地做出切割。職是之故，要了解他研究的特色與貢獻，也就不可能只限於討論他對五四激進反傳統主義的探索與發現，而是需要涵蓋他關於建設自由民主的闡釋說明，當然也必須包括他提出以「創造性的轉化」來作為中華文明在現代存續與發展的觀點及論證。從這個角度來看，林毓生的論著及其研究發現，顯然還應該理解為代表他本人所說，是在提出「有關中國思想現代化的意見」。[20] 正因如此，他提出的意見和看法，就與中國文化在現代的發展路徑以及我們這個時代的價值取向，都有了密切的相關。

五、肯定的顯著實例

　　許多人都知道，聯經出版公司繼1980年代刊行林毓生《思想與人物》和《政治秩序與多元社會》兩本重要的文集之後，於2019年6月又出版了他的新論文集《中國激進思潮的起源與後果》。隔年秋天，即2020年9月，也接著推出他《中國意識危機》的最新中譯本，這就是上面提到他對五四激進反傳統主義研究的最新完整中譯版。[21] 另外，2020年年初，香港中文大

---

20 此句引文出自林毓生，〈自序〉，《思想與人物》（臺北：聯經，1983），頁4。
21 承聯經出版公司發行人林載爵先生惠贈筆者林先生這兩本論著，特此敬致謝忱。

學出版社也發行了《現代知識貴族的精神——林毓生思想近作選》一書。同年8月，臺北元華文創公司更出版了第一本研究林毓生自由主義思想的專書。[22] 到了2020年年底時，《臺灣大學歷史學報》第66期也刊出林毓生的學生王遠義研究他的政治關懷及其對五四全盤性反傳統主義的重要論文。[23] 這些出版與研究，無疑都可看作是肯定林毓生對學術貢獻的顯著實例，也可以看作是肯定此一貢獻對中文世界思想史的研究和推進具有真切影響的表徵。[24]

其實，2015年香港商務印書館已經發行過林毓生《政治秩序的觀念》一書。2019年9月，聯經《思想》雜誌在其第38期上也發表了林毓生治學的一個重要訪談；同期，還刊出筆者討論傳統轉化與林毓生《中國意識的危機》一書題旨有關的文章。雖然訪談專文與筆者這篇文章的論旨不盡相同，二者卻都不約而同地探討了林毓生學術思想的基本關懷與研究發現。[25]

22　此即李顯裕所著《自由主義的信徒——林毓生研究》。

23　即王遠義，〈中國自由主義的道路：林毓生的政治關懷與五四全盤性反傳統主義研究〉，刊於《臺灣大學歷史學報》，第66期，頁153-200。

24　李顯裕指出，林毓生1980年代在臺北發表有關五四激進反傳統主義及自由主義的講演，廣受矚目，講演不但爆滿，而且觀眾發問踴躍，情況「非常熱烈」。見其《自由主義的信徒——林毓生研究》，頁129。這種學術講演的盛況，一方面可以看作是林毓生學術思想影響的一個指標，一方面至少也可列為聯經出版公司刊行林毓生不同論文集的一個原因。林毓生2014年在香港城市大學講學，與1980年代開始在中國大陸各重點大學的講演，也都深受重視，這當然也是香港中文大學出版社支持刊行其《思想近作選》的原因之一。

25　訪談一文，見范廣欣，〈思想與治學的取向和方法：林毓生先生訪談〉，《思想》，第38期（2019年9月），頁161-179；同期頁39-85所刊筆者之

六、撰寫之目的與動因

　　提出上面這些例子，為的是要說明本書撰寫的基本目的，而這個目的就是：期待本書能為中文世界的閱眾，在理解林毓生的基本關懷與研究發現上，提供一個比較完整的系統性說明。透過這個說明，筆者希望可以揭示林毓生對現代中國政治秩序轉軌，亦即建設自由民主的政治制度和人文重建的研究，為什麼與我們這個時代仍然緊密相關。

　　身為林毓生的學生，筆者過去幾十年因為經常聆聽林先生在電話中解釋他研究發現的一些看法，也因為在討論問題的過程中，林毓生不時提到自己的童年過往，特別是他對1948年以前在中國大陸的生活記憶，累積下來，就讓我覺得自己應該將多年談話中記下的資料，與自己研讀林毓生不同著作的反思都一併整理出來。否則，仍然鮮活的記憶就難免不被時間磨損掉原初的光澤與色彩。尤其相關的是，林毓生曾經在2011年6月21日的一封回信中，告訴中國大陸南京大學出版社有意為他寫評傳的聯繫者說，如果出版社將給學者寫評傳看作是等同於為社會上的「名人」作傳，那撰寫的結果會是「何等景象」？林毓生顯然認為這樣的寫法與那種給流行的文化明星敘寫傳記不會有什麼分別。因為說到底，這種做法是將商業促銷視為主要目的，和嚴謹的學術思想研究反而是無甚相干的。在他這封回給

文，見丘慧芬，〈傳統的「創造性轉化」：從余英時「天人合一的新轉向」說起〉。范廣欣的訪談經林先生重校後，收入《思想近作選》，頁255-265，但題目改為〈答客問：林毓生思想與治學的取向和方法〉。

出版社的信中，林毓生還提到，如果真要寫傳記，也許應該找對他論著較有了解的學生或是朋友來進行。他認為只有這樣進行的書寫才會「比較合適」。[26] 必須說，林毓生當時提到的學生就是筆者。我自己當然覺得研究林先生的思想是一件有意義的工作。這不但是因為多年來林先生給予筆者的期望和鼓勵，也是因為我自己不斷意識到，唯有將手邊記下與林先生討論的資料以及自己研讀林毓生思想論述的反思都整理出來並撰寫成書，才說得上是以具體的行動去參與一個自己認同的學術思想傳統。如此，也才能期待林毓生追索五四以來中國自由主義的命運及其所含之意義，可以在公領域獲得更多的關注和探討，進而使得有關中華文明在未來走向的研究，可以增加一個延伸與發展的面向。

　　應該說明的是，筆者手邊的資料，有一部分曾經出現在林毓生本人的一些文章與訪談之中。不過，我手邊的資料在林先生的文章和訪談中卻不必然會構成這些文章和訪談的焦點。此外，林毓生對自己文章彼此之間是否有什麼邏輯的關係，也從來沒有提出特別的解說。原先我是希望可以與林先生再深入討論他研究中的一些看法，沒想到的是，林先生的健康在2017年4月出了一些狀況，基本上已經無法繼續過往那樣的討論，而我也深知自己同樣不再有任何可以蹉跎的時光。這個事實讓我警醒到必須加快理清手邊的資料，才能用來與自己研讀林毓生

---

26 此處引文出自林毓生給南京大學出版社吳俊先生的回信。信由林先生以電郵轉發給筆者。信中提到的朋友即林毓生在上海的友人嚴搏非。我們在第五章會再說明他們的友誼基礎。

論著的反思互相參照，篩選審訂，以便先確立撰寫本書的基本
材料，進而也才能去建構一個具有內在一致性的文本。換句話
說，只有通過書寫，才能將林毓生成長中一些特別影響過他的
人與事，以及這些人與事和他本人思想發展的具體關聯都加以
整合，且放進一個有系統性的結構中。如此，也才能將這樣建
構的敘述，在一個連續的時間脈絡中逐步地呈現。建立起這樣
的時間順序，一方面可以幫助我們在討論林毓生對五四激進反
傳統主義的研究後，再接著去審視他對建設自由民主與人文傳
統存續轉化的相關論說；一方面也可以因此去探勘這樣的論說
是否與他研究五四的專書具有同樣重大的時代意義。

七、與臺灣民主的相關

　　當然，臺灣在1990年代解嚴之後，已經建立了華人世界中
史無前例的自由民主制度。這個成果可能會讓許多人不再那麼
關心自由民主的議題，也可能讓人認為有關民主的討論已經是
「老生常談」，甚至是「歷史的陳舊之物」。繼續這樣的討論
只會令人感到「空泛而疲倦」，甚且還會徹底失去興趣。[27] 不
過，2020年暑期，香港被實行《國家安全法》造成自由在香港
瞬間成了可以被失去的事實，卻不期然使得臺灣不僅是華人世

27 第一句引文見江宜樺，〈臺灣民主意識的變遷與挑戰〉，收入其《自由民
　主的理路》（臺北：聯經，2001），第12章，頁336；第二句引自錢永祥
　為周保松2013年由香港中文大學出版《自由人的平等政治》（新版）中之
　〈序——政治哲學作為道德實踐〉，頁xiii；第三句出自許知遠，《極權的
　誘惑》（臺北：八旗文化，2010），頁252。

界中唯一建立起憲政民主的代表，更成了唯一還有真正自由的
社會。不論臺灣建立的自由民主還有多少問題，或是還有多少
改進的空間，至少臺灣公民應有的基本自由與權利，都已經獲
得一定程度的落實。筆者理解，對許多只要能過上「小確幸」
生活的人來說，自由不一定會是他們關心的首要急務。而且，
幸福與自由之間也確實可以出現巨大的張力。也就是說，如
果能過上溫飽甚且富足的安穩生活，是否會有人願意去選擇有
自由卻須挨餓受凍的日子？這個關於自由與幸福之間的張力關
係，在19世紀俄國大文豪杜斯妥也夫斯基（Fyodor Dostoevsky,
1821-1881）撰寫的鉅著《卡拉馬助夫兄弟們》（*The Brothers
Karamazov*）中，早就已經有對此張力的尖銳剖析。[28] 此處提
出這個張力關係，當然不是要討論這部文學鉅著的本身，而是
希望指出在自由瞬間可被失去的今日香港，並不是所有在地的
居民都必然將安穩的小確幸生活，看作是唯一有意義的人生選
項。很多香港的居民事實上非常渴望自由，但選擇的空間卻已
日漸緊縮，甚至根本已喪失了任何選擇的可能。[29] 這些人被失

---

28 杜斯妥也夫斯基是在其鉅著第五章題為「大審判者」的章節中討論了這個
　　張力。筆者採用了1970年Bantam Classic 發行，由Andrew R. MacAndrew
　　新譯，並有Konstantin Mochulsky引介之版本，見Fyodor Dostoevsky, *The
　　Brothers Karamazov*, Book V, section 5, "The Grand Inquisitor," pp. 297-318,
　　esp. pp. 303-307。

29 舉例而言，路透社2021年6月20日就報導了有關港人憂慮《國家安全法》
　　實行近一年後，香港言論與出版自由空間的快速縮小，以及實行此法對香
　　港法治的改變與影響。見 https://www.reuters.com/article/hongkong-protests-
　　security-reaction/reactions-to-details-of-hong-kongs-new-national-security-law-
　　idINKBN23R0GZ?edition-redirect=in。

去原先他們認為既能讓他們享有自由又可以獲得幸福的城市，
豈不正是一個讓人扼腕氣結卻又無可迴避的事實？單單從這個
角度來看，任何關注自由民主的人，恐怕都應該重新思考臺灣
民主對華人世界未來發展的意義，也恐怕都不能對這樣一個民
主政體的存續與前景掉以輕心。更何況，民主社會除了必須在
內部形成共識以捍衛其制度及其自由的生活方式，民主制度本
身也是一個需要不斷改進以提升其品質並健全其內部自我糾錯
的運作機制。[30]

　　說明本書撰寫的各種原因與考量之後，筆者也可以比較
清楚地將本書主旨做一個歸納，那就是：試圖呈現林毓生代表
著作的旨意與論證，同時理清、理順這些不同論著之間的邏輯
關聯，進而揭示他數十年學術思想研究的實質意義，以及這些
研究成果與我們這個時代的互動相關。通過本書的敘寫，林毓
生論著獨具一格的原創貢獻，應該也可以比較有系統地逐一展
現。[31]

30　在Daron Acemoglu, James A. Robinson 2019年的專書 *The Narrow Corridor: States, Societies, And the Fate of Liberty* (New York: Penguin Press)（筆者將其書名譯為：窄廊：國家、社會，與自由的命運），最後一章的結論中，作者特別強調要維持自由民主良好運作的一個關鍵，就在於隨著時代與世界的變化，必須不斷去平衡國家與社會彼此之間的權力邊界及互動關係。見第十五章，頁464-496，特別是頁496。承余師母即陳淑平先生推薦此書，謹特致謝忱。

31　林先生學術的成就與貢獻，筆者曾有略述，請閱丘慧芬編，《自由主義與人文傳統：林毓生先生七秩壽慶論文集》中之〈前言〉，頁6-8。

八、本書結構與各章論旨

　　本書結構除了第一章的〈緒論〉，第二章到第五章著重在敘寫林毓生成長與學思之路，也會突出在此道路上曾經對他產生關鍵影響的人與事。第六章開始，筆者會根據自己對林毓生學術思想及基本關懷的了解，將他過去幾十年的代表著述依次列入三個獨立但又相關的範疇，同時將這幾個互有連結的範疇定性為：「意識危機的探究與回應」、「自由與民主建設的論說」，以及「傳統的存續與轉化」。我認為，這三個彼此關聯的範疇及其所涵攝的論文，不但構成林毓生探究中國自清末以來尋找現代性出路的基本論述單元，而且這些單元也有助我們看到林毓生不同的文章觀點與旨意，事實上已經展現出一個含有系統性的完整論述。現代性的出路，對林毓生而言，顯然不會只局限在晚清以來尋求國族「富強」的目標，而是要在建設憲政民主的自由秩序之下，能同樣進行對傳統與現代之間的創造性接榫及融合。正是在這個意義上，我才認為林毓生的思想論著，可以看作是針對20世紀以來中國最迫切的根本問題所提出的一個研究分析，也可以看作是他對解決現代性問題的路徑所提出的探索成果與相關建議。這些成果與建議，不但指向走出五四激進反傳統主義迷障的一條純正之路，也代表林毓生本人在思想上承繼並光大五四初期追求自由民主的一個具體實證。

　　按照上面列出的三個範疇及其涵攝的代表文章，筆者本人對林毓生論著中一些觀點的反思與未來或許可以繼續追索的一些問題，也會依次在相關的討論中交相呈現。這裡先將第二

到第八章的各章重點做一個引介。第二章以筆者對超越的界定來展開敘寫；之後就記述林毓生父親白手起家與創業成就的過程；接著的焦點就轉到他的母親，並解釋筆者為什麼用「超越資源」來說明林毓生母親生前對他的影響。對照之下，第三章就著重在突出殷海光先生對林毓生的影響，也說明筆者為什麼將殷海光看作是林毓生生命中的第二個超越資源。為了能有較為清楚的說明，我會特別解釋林毓生何以將殷海光及海耶克給他的影響，刻劃為屬於性質不同的「知識貴族」與道德人格的兩種精神感召。第四章討論林毓生在美國芝加哥大學社會思想委員會深造時，幾位不同的學者專家與思想大師對他的啟發和影響。我會特別指出林毓生在他的著作中雖然對漢娜‧鄂蘭（或譯漢娜‧阿倫特〔Hannah Arendt, 1906-1975〕）的思想著墨較少，但林毓生與她在思想上其實相當接近。這些相近的觀點可以在他們有關公民德行以及公民社會的看法上獲得證實，也可以通過林毓生對自由與權威關係的說明，看到他們對此議題的相似立場。不過，為了行文的方便，筆者會將他們觀點相近的對照放在第七章而不在第四章。第五章嘗試提出林毓生在臺灣與中國大陸建立具有思想共識之交的原因。我的重點在說明，要建立這樣的共識之交，與林毓生及他的朋友對韋伯（Max Weber, 1864-1920），或是對托克維爾（Alexis de Tocqueville, 1805-1859）這二位重要思想家的理解和省思都有一些或多或少的關係。由於這個關注對象的相近，韋伯和托克維爾就成為連結本章說明的一條基線。

　　第六到第八章聚焦在對林毓生思想的分析與討論。第六章的焦點在解釋林毓生為什麼認為五四激進反傳統主義呈現的

意識危機，可以在當時主流知識分子領袖採用「借思想・文化以解決問題」的方法上顯現出來。簡單地說，原因就在林毓生發現他們採用的這個方法，與傳統一元整體的思維模式有一個內在的邏輯相關。也就是說，激進反傳統主義顯示出的，卻是傳統對這個主義有著根深蒂固的制約影響。這個發現不僅揭示了歷史本身的反諷與狡黠，而且在林毓生對毛澤東烏托邦主義以及儒家追求聖王之治的烏托邦思想之研究中，我們還會看到傳統一元整體的思維模式，對這兩個似乎完全不相干的烏托邦追求，居然有著相同的制約作用。我們甚至在傳統儒家版與現代毛澤東版的烏托邦主義思維模式中，也都看到其間存在的複雜糾結。一旦理解這個制約的作用與邏輯的相關，我們就可進一步掌握林毓生為什麼用「人的宗教」來界定這兩個似乎毫不相干的烏托邦主義。結束第六章之前，林毓生對胡適（1891-1962）關於民主與科學的看法為什麼持有負面的判定，筆者也會嘗試提出一個比較完整的解說。第七章集中在分析林毓生有關自由與民主的基本論說。通過這個分析，我們會清楚林毓生為什麼認為自由與權威具有相互依存的正面關係。過程中，筆者會突顯海耶克與博蘭尼（Michael Polanyi, 1891-1976）有關自由的一些概念，如何影響了林毓生對這個正面關係的討論。我同時也會說明林毓生的討論和鄂蘭對自由與權威的看法，在哪些具體的觀點上有相關的交集。第七章的另一個重點在解析林毓生為什麼認為民主與自由之間存在著一種緊張的關係。形成這個緊張關係的原因，會在我們分析林毓生對民主為什麼可以成為暴虐多數的民主，或為什麼可以變成民粹民主的討論時，提出一個解答。鑑於民主本身內蘊自由與平等間具有張力

的弔詭性格，我們會進一步說明林毓生如何採用「民主的低調論」，來對他認同的民主做出性質上的一個限定。[32] 由此，筆者也希望我們對不同形式的民主及民主本身內蘊的弔詭性質，可以建立起更清楚的認識與理解。第八章的焦點是傳統的存續與轉化。筆者雖然認為林毓生的不同論述都可以看作是與探討傳統的存續及轉化有關，但，他對傳統進行創造性轉化的論點與建議，以及他有關人文重建和人文與社會發展的言說，卻無疑是我們展開這方面討論時的基本文獻。透過這些文獻的解析，我們可以明瞭林毓生為什麼認為閱讀經典與具體的人文範例是傳統創造性轉化不可或缺的兩個要素。更關鍵的是，透過分析林毓生對他特別尊敬的幾位長者或特定個人的敘寫，我們可以肯定，他其實是通過敘寫來顯示這些長者或個人都代表了他認為是深具人文意義的範例。這些範例因此也為我們提供了充分的理由說：傳統要能在現代有一個健康的創造性轉化，就的確需要建立一個合理的民主制度來確保這個轉化的開展及演進，如此也才能取得最大程度的轉化效果。當然，與此相關的論證，我們也會在第八章一併提出。

　　根據以上各章重點的摘述，我們或許已經可以看到林毓生數十年的研究和成果，對化解中國意識的危機，確實展現出極為深刻的意義，也明顯為中華文明未來的走向，提供了一條具有生機的出路。這個評定也就是本書在第九章會提出的一個綜

---

32 林毓生是在其〈自由、民主與人的尊嚴，兼論責任倫理〉一文中，討論自由與民主間的緊張關係時，提出這個民主低調論的看法。此文收入林毓生，《中國激進思潮的起源與後果》（新北：聯經，2019），頁235-243，特別是頁236-237的討論。

合結論。

　　展開我們的討論之前，有必要再說明的是，本書的焦點是在嘗試呈現林毓生思想研究的貢獻與意義。因此，在敘寫和他生平有關的人與事時，筆者只著重選擇那些林毓生本人認為對他人格及思想有深遠影響的人與事，而不採用對他個人生平做一個全方位式的傳記書寫。有了這個說明，我們就可以開始表述林毓生對自己童年與成長過程中一些關鍵性的記憶了。

第二章

家庭與學思背景

　　第一章提到在書寫林毓生的童年與家庭背景時，筆者會突顯對他有深遠影響的人或事。為了突顯這些人或事，我也選擇將具有這種影響的人看作是一種「超越資源」。採用這個語詞，是因為不論從對林毓生自身人格的養成，或是從對他一生追求的理想與堅持的信念來看，這種資源對他都有著一種異乎尋常，且又無法取代的根本性意義。

　　林毓生本人從來沒有在自己著作中，用「超越資源」來指稱對他有過關鍵影響的個人。然而，在一次談話中，筆者問到是否有什麼超越資源曾經影響過他的人生，他立刻就提到了兩位長者，一位是他的母親，一位就是許多關心中文世界自由民主前途的人都熟悉的殷海光先生。這兩位長者明顯會是下文討論的一個焦點。不過，既然已經提到「超越資源」，就有需要將超越的指向與意涵在本書的用法，做一個比較清楚的界定。

一、界定「超越」

　　從常識來看，我們應該都會同意：當一個人不受自身生

長背景與現實環境的限制而有超乎尋常的仁心義舉時，此人的
行事作為就可說展現了一種超越性。這個常識層面的超越性，
在我們討論林毓生人格養成時，可以從他對其母親的追憶獲得
具體的印證。另外，超越也可從一個特定的角度來加以界定，
那就是：當一個人面對威權統治的迫害仍然一無所懼地堅持自
由民主的價值與信念，並為此一信念之落實與建設全力奮鬥
時，這個人的堅持與奮鬥及其代表的意義，就構成筆者認知的
另一種超越資源。這樣的資源關係到的是個人遭遇橫逆與迫害
卻絕不放棄的勇氣與堅忍，而這種堅忍當然不是一般人願意承
受，或者即使願意，也恐怕是無法或無力承擔的。這種超乎尋
常的勇氣與意志，在林毓生追述殷海光對他產生道德人格的感
召時，也會得到具體的證實。此處比較需要說明的是，這二個
具有超越意涵的資源，與中國傳統文化的一個獨特面向，亦即
「內向超越」或「內在超越」，都有直接或間接的關係。我們
知道，「內向超越」是中國傳統文化價值的一個終極來源。這
個概念的基本意涵是：人可以將自己內心作為一個渠道，並由
此去發現宇宙內蘊的「道」，或者說去發現根源自「天」且象
徵著具有超越意義的「天道」。這個「天道」，正可以看作是
綜攝中國文化「精神價值」的終極象徵。[1] 從這個角度來看，筆

1　此處對「內向超越」或「內在超越」之討論，係以余英時先生晚近對此概
　念之詳盡說明為根據，見余英時，《論天人之際——中國古代思想起源試
　探》（臺北：聯經，2014），特別是頁220提出的簡單定義。有關「內向」
　或「內在」超越的說法，亦請參閱此書之有關說明。筆者對此書有相關論
　文，見丘慧芬，〈傳統的「創造性轉化」：從余英時「天人合一的新轉
　向」說起〉，《思想》，第38期，頁39-85。

者對超越的二個界定，應該都可以列入這個精神價值的範疇。換句話說，超越，與個人道德人格所展現的精神境界是互有連結的。做了這個基本界定，我們就可以開始回溯林毓生的童年與家庭背景。

二、童年與家庭背景

　　林毓生的祖籍是山東黃縣，1986年後改為龍口市。龍口位處山東半島西北部，渤海灣南岸，是一個臨海的港口縣市。[2] 對於1934年出生在遼寧瀋陽的林毓生來說，從小聽父母口中說的黃縣，卻可能只是一個陌生但又夾雜著些許熟稔的記憶符號。也就是說，黃縣代表的或許只是一個孕育了他父母身分認同的原初文化載體。即便如此，在林毓生的成長過程中，父母的日常言行與行事態度、以及他們說起自己家鄉時的種切片斷，都讓他在日後逐漸意識到，黃縣早期雖然只是一個普通的中國臨海農村，卻並不缺少它自身具有的一種文化底蘊。在那兒出生的父母，與多半村民一樣，在20世紀初期都沒有受過多少教育。不過，從父母的敘述中，林毓生理解到，當地的村民在來往應對上，卻都十分自然妥適，而且中矩合節。遇到重大事故之時，也往往都能根據常識和經驗，做出正確合理的判斷。我們可以說，這種由中國農村世世代代累積並留傳下來的生活方式，代表的是中國農村文化中的一種可貴品質。這樣的品質，

2　黃縣改龍口之歷史可參考https://zh-yue.wikipedia.org/wiki/龍口；既然林毓生從小聽父母說家鄉時都稱黃縣，此處也予以沿用，但配合行文的脈絡偶爾也以龍口代之。

也為包括林毓生父母在內，祖祖輩輩生長於斯的村民，提供了理解傳統人情禮俗的一種自然純粹的生活教育。通過林毓生與他已故上海友人王元化先生（1920-2008）的一次對話，我們可以清楚看到他對黃縣的這種看法。當時林毓生是這麼說的：3

> 根據我對家鄉黃縣（現改為龍口市）的了解，那裡原來是很有底蘊的。許多當地人沒有受過高等教育，但常識判斷力很強，說話應對也很得體，很懂得禮節。……因為文化不是一定要上學才能學到的。生活方式如有底蘊的話，就蘊涵了豐富的教育資源。好比說，過年過節，是對某個親戚，某個鄰居過去的幫助表達感謝的適當時機，他們送禮時講的話就很有分寸，很有意思。

雖然中國農村的文化底蘊不在本文的討論範圍內，但是筆者認為，林毓生從父母那兒得出的這種看法，對他日後敘寫如何重建中國人文的傳統，4 就產生了一種他本人或許也不曾完全自覺到的暗示作用。

林毓生在瀋陽出生的那年，他的父親林孚治先生（1898-1970）正在當地一個進出口企業公司負責管理批發的貨物。由

3　見林毓生，〈王元化、林毓生對話錄〉，收入《林毓生思想近作選》，頁427-461，特別是頁443。此文較早已在網路刊載，但與此處所引略有出入。網路版見：https://bbs.pku.edu.cn/v2/post-read.php?bid=188&threadid=6888&page=a&postid=5203867，又見：http://book.douban.com/review/3315579/。

4　見其〈中國人文的重建〉，收入《林毓生思想近作選》，頁391-425。此文較早已刊於林毓生，《思想與人物》，頁3-55。

於貿易的需要，林毓生從一歲到七歲，家裡都住在鴨綠江邊的丹東市。居住在此是因為可以比較方便地配合來往船舶與貨物轉進之需要。當時，日本政府的右翼勢力已經不斷在擴大對東北的掌控。這股勢力不但在1932年已經扶持溥儀成立了滿州國，而且偽滿的成立又為日本商人提供了持續湧進東北經商的機會。這種情形，對本土商人在當地已經發展並建立起的中國企業，可想而知必定造成了極大的壓力。1937年7月7日抗日戰爭全面爆發之後，林孚治服務的企業公司在東北的經營也變得日益艱困。到了1941年，公司的董事和大股東們終於決定將創建幾十年的企業遷到天津港口。同時，他們也決定將公司重新轉軌，改去開拓紡織實業的經營。當時，林毓生的父親被選為去天津籌劃開拓的代表。在他被派去之前，已有好幾位同事前往該地開發此一新的實業，但皆以失敗告終。林孚治卻憑著他的能力，成功完成了公司託付的重任，也理所當然成為天津新實業公司的主要負責人。

　　為了讓孩子有比較好的教育環境，林毓生說父親選擇了把家人安頓在離天津不遠的文化古都北平。林孚治本人雖在天津工作，但是每隔兩個星期他就會坐火車返家，看望妻子與兒女。我們都知道，中國華北地區在1940年代已經由日本全面占領，而且也是由日本軍閥下的一個傀儡政權所掌控。不過，根據父母的經驗，林毓生說北平民眾其時受到的管制，比起在東北時要相對寬鬆了些。他當時雖然還小，但記憶中人們基本的日常生活都還能正常運轉，沒有受到太多干擾——至少，他們家是這樣的。

　　天津的紡織業開創不久，林毓生父親經營的公司，因為林

孚治的洞燭機先，很快取得了一種從德國進口的先進染料。他們靠著這種引進的染料，染出了不會褪色的「海滄」與「陰丹士林」兩款藍色布料。這個新成果，不但突破了本土染坊業的原有水平，而且立刻讓他們的公司躍升為華北最成功的幾家染紡業之一，獲利之豐厚，自然不在話下。林府由此也頓時成為華北少有的幾家富室。然而，林毓生很清楚，父親發達致富的背後，其實有一段極為艱苦的奮鬥過程。

三、父親──白手起家與創業成就

　　林毓生記得，父親說他是在十五歲時就離開家鄉，跟著一位遠房親戚從龍口港坐帆船過渤海灣，到東北去闖天下。受到近代闖關東的風氣影響，當時很多山東黃縣的年輕人都主動離開貧困的家鄉去東北謀生。他們的目的，不外是希望能就此掙出一番事業。用前幾年中國大陸流行的話來說，就是渴望能「脫貧致富」。不過一般人多半都是在十七、八歲才去關外打拚，林毓生的父親去東北時卻只有十五歲。這雖然與林孚治和他的繼母不甚相合有些關係，但關鍵卻是林孚治在失去生母後，又失去了他的長兄。這是因為，林孚治的長兄有一次帶著他在雨天過河時不幸失足落水，而且一下子就被水沖走。親眼目睹長兄被水沖走卻無法援救的事實，給了林孚治太大的打擊，因此他才不顧家中的反對，毅然在十五歲時離開黃縣去了東北。

　　林孚治在東北，是想要跟著一些親戚學習做批發的進出口生意。開始做學徒的日子非常苦，不但要在彼時稱作是「大屋

子」的廠房內從最基本的粗活做起，而且還得在人手不夠的時候，隨時扛起送貨的重要責任。夏天送貨還不是太難，冬天零下三、四十度的氣溫要送遠路的貨物，即便是其他有經驗的送貨工人都不容易挺下來。但林毓生說，他的父親卻總是緊咬著牙，堅持完成這樣辛苦的任務。林孚治不比尋常的勤力奮勉，很快受到師父特別的重視與信任。同時，他的聰慧機敏，也很快地讓他在短時間內學會了打算盤的技能。他精準的算盤技藝讓他師父特別欣賞，就決定派他去幫帳房管帳。結果林孚治不但在很短的時間內學會管帳，也很快成了他師父身邊不可或缺的重要幫手。之後，因為公司要擴大業務，師父又派林孚治與其他幾位年輕員工，一起到上海去學習新的貿易知識與技術。比起到了上海之後很快就迷失在燈紅酒綠十里洋場中的同事，林孚治面對大都會的各種誘惑卻能不為所動。同事的迷失，其實讓他更加警惕，也決定要更加努力地去學會新知與新技。他終於在一年內成功完成了嚴格的訓練。返回東北後，憑著學到的最新知識與技術，林孚治順利地被提升為公司的經理。他的堅韌性格與智能技藝，顯然是他後來被任命為代表公司在天津開創紡織企業的一個主要原因。

四、母親——第一個「超越資源」

林家搬到北京之後，由於林孚治兩個星期才能返家一趟，林毓生多半時間都由母親照顧，因此與母親自然就特別親近，凡事也總是遵從母親的教導與決定。林毓生的妹妹說過：她的哥哥從小就與母親幾乎「無所不談」。早年在家中，有了問題

一定先問母親，而且要打破砂鍋問到底，一直要到母親給出一個他能接受的答案才停止追問。後來因為母親皈依宗教，晚年成了虔敬的基督教徒，漸漸就變得不再關心俗世，也不再與哥哥討論俗世的問題。[5] 即便如此，對林毓生來說，母親不但是他成長過程中最親近的長者，也是他接觸到中國文化的最初載體。[6] 筆者更認為，他的母親應該是他接觸到女性「高貴靈魂」的最早源頭。

　　筆者曾經指出，林毓生對具有「高貴靈魂」女性的敬佩，早在他1980年代討論〈黃春明的小說在思想上的意義〉時就已經充分顯現。[7] 黃春明筆下形塑的這位女主人翁，雖然只是虛構人物，但是林毓生的文章顯示，他認為這樣的人物極有可能是黃春明本人在生活中接觸過的真實農村女性。小說中的這位農村女子，是在社會的最底層從事娼妓工作，然而她卻從不放棄能夠改善自己處境的任何機會，也從不因為自己的悲慘際遇，

5　2013年8月初，林先生與林師母及林先生的令妹和其夫婿一同去阿拉斯加旅遊。因需經過溫哥華，並可停留兩天欣賞風景，林先生即安排8月1日與筆者小聚，因此得以有機會長談。林先生令妹其時亦告知其兄與母親無所不談。

6　見林毓生口述，嚴搏非記錄並整理的〈我研究魯迅的緣起〉，《林毓生思想近作選》，頁482。

7　見《林毓生思想近作選》一書中筆者的〈編者序〉，頁xiii-xxxviii。該書〈附錄〉刊有林毓生討論莎士比亞《奧賽羅》悲劇的論文"The Tragic Balance and Theme of *Othello*"。此文雖是林毓生在研究生時代的習作，但已經顯示他認為劇中女主人翁的真愛，是她在被奧塞羅所殺之時也不予以詛咒的原因，因而呈現出一種高貴的人格。不過筆者的重點是，林毓生對有「高貴靈魂」女性的敬佩，係來自他母親生前給他的啟發。第四章對林毓生這篇論文習作會有進一步的討論。

就失去幫助受到嫖客欺凌另一同伴的正義感。她不向惡劣的命運低頭，也不相信自己的努力不能讓自己獲得一位正常人應有的做人尊嚴。黃春明描述的這位女性，對林毓生而言，應該說是揭示了儒家「仁」的概念所內含的那種道德自主性。這種自主性，不但使這位女性自己的生命由此獲得提升，也讓生命本身彰顯出一種超越的人文意義。換句話說，通過黃春明筆下的這位女性，我們看到生命可以有的「莊嚴之感」，也感受到「人的精神的存在」就是高貴靈魂存在之所依。[8] 根據這樣的理解，接下來的討論會讓我們有理由說，林毓生的母親正是具有這種高貴靈魂的傳統農村女性。

　　有一次在回答筆者問他最早接觸到的超越資源從何而來時，林毓生立刻就說：「是從先母那兒來的。」[9] 他的母親吳玉英女士（1914-2004）比林毓生的父親年輕許多。她早年沒有受過什麼教育，也從來沒有出外工作的打拚經驗。但是如前所述，林毓生的父親因為長年在天津經營，造成母親對林毓生的影響比父親來得深遠。在北平居住的時候，林毓生父親由於多半時間都不在家，就請了一些幫傭到家中料理家務，當時還特別請了一位張媽來照顧林毓生的起居。即便如此，家中事無大小，林毓生的母親都還會親自打點處理，尤其是關係到林毓生每天起床上學的時間，他的母親更不會假以他手。林毓生

8　林毓生對黃春明這篇小說的看法，見其〈黃春明的小說在思想上的意義〉，收入《思想近作選》，頁467-474，二句引語見頁469及472；文中提及的黃春明小說即〈看海的日子〉。此文在1983年也刊於林毓生，《思想與人物》，頁385-396，引語見頁388及393。

9　此亦為2013年暑假向林先生請益的問題之一。

說他那時不知為了什麼，每天都一定要爭取做第一個到學校的
學生。結果他每天早晨就必須要在五點起床，才能成為這個第
一名的學生。本來，照顧他的張媽完全可以負責喊他起床，他
的母親卻堅持要每天早上五點親自來負責這件事。就算是在北
京那種極冷的寒冬，也從來不會交給張媽去叫孩子在清晨準時
起床。林毓生說自己年紀大了之後，常常會想到這件事。每次
一想到母親那些年從沒錯過一次喊他起床的時間，就覺得「鼻
酸」。想來他應該是覺得自己當年不該讓母親那麼費心，也可能
是因為自己年紀漸長，更加體會到母親那種無微不至的愛心。

　　在為林毓生《魯迅論文集》一書準備〈序言〉的時候，上
海的嚴搏非先生根據林毓生所囑，將2016年6月5、6日他給林
先生做的口述紀錄，用來做那本論文集的〈代序〉，並且命名
為〈我研究魯迅的緣起〉。有趣的是，〈我研究魯迅的緣起〉
記載的基本是林毓生母親行事做人的風格。表面上看，這個記
載似乎與研究魯迅（1881-1936）毫不相干，但仔細尋思就會
覺得，林毓生應該是在藉著對母親的追憶，來突顯魯迅筆下的
中國文化其實並非一片陰暗，而是有他對這個文化一些優美質
素的深刻敘寫。比方說，魯迅在《故鄉》中就描寫了敘述者與
其童年玩伴之間，不受地位等差的局限，而自然有一種「圓滿
無礙的純正友情」；《在酒樓上》又描寫了敘述者不因階級差
異，而流露出對人「真正的設身處地的同情和平等」。10 但筆

---

10 見林毓生口述，嚴搏非記錄、整理，〈我研究魯迅的緣起〉，《思想近作
選》，頁481-485。因〈緣起〉所錄與筆者多年來在電話中與林先生談話時
記下的資料大致相同，此處與下文之敘述，除摘錄〈緣起〉之有關部分，
也補加該文未錄資料，以及筆者個人之相關解釋。

者要強調的是，這些優美可貴的質素，不但在林毓生對他母親的回憶中有所展現，也正是筆者為什麼會認為他的母親是他接觸到女性高貴靈魂最早一個原型的原因。

我們已經知道林毓生的母親來自農村，但是讀了〈緣起〉之後，我們會更加理解林毓生何以會認為他的母親是如此異乎尋常的一位女性。他說母親出生在黃縣一個清貧的農村家庭，小時候在村中基督教會辦的學堂讀過一、兩年的書。雖然教育程度不高，性格中卻有一種天生的大器，不與人計較，也不喜歡虛偽矯飾的人情世故，做事待人更有自己判斷的能力。筆者聽林毓生說過，必要的時候，他的母親總是會以「人溺己溺」的精神去幫助別人，但她又不是那種覺得一定非得去幫助別人的人。他記得母親成為林府這樣一個大富人家的女主人後，從來不曾將家中幫傭當作「下人」看待，而是一律平等地對待他們。幫傭出了什麼差錯，她都會就事論事公平處理，盡力設法加以改正，絕不苛求挑剔，更不會責罵處罰。家中的幫傭因此都很尊重他的母親，有什麼大小事情都直接找母親，而不願去請示脾氣大的父親。

林毓生雖然生長在當時華北的一個富裕家庭，但是他很清楚母親是在極其貧困的環境中成長的。母親跟他說過，他的外祖父不到五十歲就因為肺病去世了。外祖母當時帶著五個女兒與一個弱智的兒子，只能靠著編織髮網的錢，勉強維持生計。正是母親經歷過的這種貧困，讓林毓生從小對窮苦的人有一種深切的同情。也正因如此，林毓生對照顧他的保姆張媽，也有一種出自內心的尊敬。他說張媽來自一個早已沒落的滿洲貴族家庭，但是她總是堅守貴族守禮的教養與文化。在林府做事之

時，張媽從來中規中矩，不踰分寸，顯示出她人格上的自然尊
嚴。張媽稱林毓生作「二少爺」，不過林毓生的行為舉止卻是
由她來負責教導。他謹守張媽教他要有不卑不亢的應對禮節。
日子一久，他與張媽之間形成了一種「承認差異下的相互尊
重」。林毓生說自己當時雖然還是個孩子，對張媽的尊重卻完
全真摯。每天早晨他出門上學，給母親行禮之外，也都會主動
地給張媽行禮。對張媽的尊重，其實也與林毓生母親給他的身
教、言教有很大的關係。雖然林毓生說他母親認為他們家「是
草木人家，不是書香門第」，不過，他覺得他們家裡「處處表
現出的中國文化中的人情和善意卻是根本的、在本體意義上
的」。[11]

　　這種人情與善意可以從張媽與林毓生母親的互動，讓我
們進一步看到林毓生何以認為母親是他最早接觸到的一種超越
資源。林毓生記得，大概在他小學五年級的時候，有一次張媽
因為兒子出了事，需要大筆款項才能避免仇家上門，因此急得
不知如何是好，最後只能向林毓生的母親求援。母親知道後，
立刻就打電話要林毓生父親工廠在北京的辦事處提供援助。當
時天已太晚，款項又大，必須等第二天才能將錢送來，林毓生
說母親為此急得腮頰都腫了起來。第二天錢送到後，母親立刻
就陪著張媽將錢送到張媽家才解決了問題。[12] 林毓生覺得，正
是母親的大器才能讓她用一種同理心去理解別人的難處，並能
毫不猶豫地伸出援手。當然，林毓生是要到日後才真正了解母

11　此處所及，亦見前註文，頁482。
12　同上。

親的大器。對他來說，母親的這種襟懷，不但顯示了傳統文化「人飢己飢」那種「道德情操的最高境界」，而且母親「設身處地的同情心」所顯現的，實在是「不同身份下的同一感」。林毓生認為，這種同一感表現出的平等，「比由上而下同情式的平等要高得多」。[13] 林毓生知道，對他的母親來說，她就是認為什麼事該做，就去做，完全不需多說，也不需解釋，當然更談不上會要與超越的道德情操發生什麼關係。然而，根據林毓生的回憶，我們卻可以合理地說，他的母親能將那種同理心落實在具體的行動上，顯然構成他認為母親身上有一種傳統農村所涵育出的中國文化底蘊。這種文化底蘊，沒有因為他日後研究的魯迅以及「五四」主流的激進反傳統主義思潮，而受到什麼影響或有什麼改變，當然，也根本不會產生要打倒「吃人」傳統的那種意識形態。相反地，傳統禮教在林毓生母親那兒，反而可以看作是她理所當然用來待人接物的一種儀式性的憑藉。在這個意義上，我們甚至可以說儒家文化中「仁」與「禮」的關係，在他母親與她生長的農村那兒，是互為表裡，相輔相成的，而且與五四主流知識分子那種激烈的反傳統意識形態，也毫不相干。[14] 這麼說，似乎是將林毓生母親生長的農村本身也看作是一種超越性的資源，但筆者當然不認為每個來自那個農村的婦女都會像林毓生母親那樣，做出超越一般道德

---

13 同上。

14 有關儒家「仁」與「禮」的關係，第八章會再討論林先生論文的有關詮釋。此收入《林毓生思想近作選》之〈附錄〉"The Evolution of the Pre Confucian Meaning of Jen and the Confucian Concept of Moral Autonomy" 一文，原刊 *Monumenta Serica*, Vol. 31 (1974-1975), pp. 172-204。

要求的慷慨義舉。我只是要強調，他母親那種具有超越意義的仁心義舉，對林毓生人格的養成，應該是產生了一種潛移默化的範式影響。我們可以用他小學六年級發生的一件事來做說明。

林毓生當年是在北平市立師範學校的附屬小學唸書的。他記得小學六年級去上學的一個清晨，他照例走過家門前的一個巷子，但在他還沒轉進另一個巷弄的時候，就看到了路邊有一具凍死的屍體。林毓生說，他當時受到了強烈的震撼。因為路邊凍死的人與他溫暖的家所形成的極端對比，讓他覺得太不合理。雖然當時他不過就是一個十二、三歲的孩子，心裡卻已經開始問道：「這是一個什麼國家啊？怎麼會有這樣淒慘事情發生？」有了這些質疑，他就開始要求自己必須去追究「為什麼這個國家會有這麼不公平的事情發生」。林毓生記得正是在那個時刻，「國家中種種不合理的現象第一次以這樣強烈的方式進入我的內心（當時心中對於『國家』與『社會』並未加以區分）」。[15] 這是發生在七十多年前的往事，林毓生的回憶卻讓我們看到，他與他的母親一樣，對貧苦不幸的人都有極深的「同一之感」的同情。如果當時他與母親有什麼不同，也許可以說那個清晨林毓生對國家產生的質疑，讓他首次進入了一個探索問題並試圖解答問題以及發掘其內蘊意義的思想世界。在他開始質疑不幸的人為什麼受苦，並隨之認為國家對不幸的人應該有所作為的時刻，他明顯已經開始與他日後思想史專業的

---

15 有關林先生開始質疑「國家」不合理的敘述，見〈我研究魯迅的緣起〉，頁483。

研究領域有了初次的邂逅。我們還可以說，那個時刻應該也是他本人開始提升自己去追求超越的一個時刻。不應忽略的是，那一年也正是對日八年抗戰剛結束，而國共內戰卻已迅即要爆發的年分。換句話說，現代中國又再一次來到必須由戰爭來決定它未來命運的關口上。我們可以想像，對當時國共兩黨的最高領導人來說，在面對要爭奪那塊土地誰將主導浮沉的生死決戰之時，北京城裡的路邊凍死骨，在他們的意識中，恐怕是壓根兒都不存在的。

五、快樂的學校生活

　　以一個在那時還是孩子的林毓生來說，他顯然不可能臆測到國共內戰對他與他的家人，以及對整個中國的命運會發生什麼巨大的影響。不過，他卻是在這個內戰一觸即發的年代，完成了小學學業。畢業後，他又進入當時北平師範大學附屬的中學（即北平師大附中）。本來唸小學時，林毓生就很喜歡學校的生活，而且覺得老師對他們的關懷，都是出自內心的純正愛護。他還說，進了初中之後，自己由於受到一位優秀國文老師的影響，思想因此開竅得很快。這位老師當時是北師大的一位副教授，來附中教學只需要負責見習班的國文課。然而林毓生當時已覺得這位老師的知識水平比起一般高中教師要高出許多。更難得的是，這位老師非常關心學生，不時勸學生中午休息時間去附近琉璃廠的書店看看書。因為離學校不遠，林毓生就去了。在琉璃廠那兒，他記得有商務印書館，還有開明與中華兩個書局。有時他自己會先去校外吃午飯，但又不好意思讓

人知道，就會坐在飯館最裡邊不易為人看到的座位。吃完後，
看到路邊有賣豆汁兒的，還會去買碗熱騰騰的豆汁兒喝。即使
必須站著喝，他也覺得痛快得很。喝完豆汁兒，就從容地去幾
家書店看書。他記得當時看到的書，包括朱光潛的《給青年的
十二封信》，還有魯迅的作品與《胡適文存》。看書之外，他
也會買一些書。胡適的作品，他說看起來很容易懂，但魯迅寫
的〈狂人日記〉與〈阿Q正傳〉，他就覺得曖昧難解。而且在讀
了魯迅〈祝福〉裡的祥林嫂之後，他也開始感到特別的不安。[16]
祥林嫂的淒慘遭遇給他的感覺，大概就像他小學六年級看到路
邊的凍死骨一樣。不同的是，這時他在胡適的〈易卜生主義〉
中，看到了一個初步的解決方法。胡適說過：「如果你想要為
國家做些事情，就需先將自己『鑄造成器』。」這句話讓少年
林毓生開始明白：如果希望「中國變得較為合理」，就先得
「充實自己」。[17] 這裡胡適對他產生的，顯然是一個相當關鍵
的正面影響。有趣的是，當林毓生在學術與思想領域建立起自
己的看法後，卻發現胡適思想中有許多的問題與局限，而且完
全是他少年時代根本看不出也想不到的。我們可以說，他日後
將胡適作為自己英文專書中，討論中國意識危機的一個代表案
例，多少都與他那時的閱讀經驗有些相關。[18]

　　隨著國共內戰的急遽變化，林毓生家中開始出現了一些離
開東北到北平謀生的親友。惡劣的時局，讓林毓生父親開始有

16　此處亦見前註文。

17　同上。

18　英文專書見Lin Yü-sheng, *The Crisis of Chinese Consciousness*, 1979。林毓生
　　對胡適這方面的研究，參見下文。

了何去何從的困擾。此時的林府，因為已有相當可觀的家產，林孚治因此一直無法放下自己白手起家辛苦建立的龐大產業。他不斷猶疑，是否應該像當時許多人一樣，選擇離開中國大陸前往臺灣。在這個關鍵時刻，林毓生母親給林孚治必須當機立斷的建議，就有了決定性的影響。從1948年開始，她其實就一直要林毓生的父親放棄其時已經很難取出的銀行財產。她告訴林孚治，即使需要放棄家裡的不動產與銀行的大量存款也無須計較。她認為應該做的，就是帶著家人盡快離開大陸，否則就會陷入共產極權的統治。因為妻子這樣不斷地催促，到了1948年年底，林孚治終於帶著在北平的家人，從上海乘船抵達了臺灣。

第三章

臺灣
——重新開始

　　剛到臺灣時，林家在臺北郊區的北投待了幾個月。為了不讓林毓生的學業停頓太久，他的父親特別費了力氣，安排林毓生去北投一所初中暫時上些課，但是他們不久就搬到臺北市區去住了。

　　搬到臺北市區後，林家本來可以用帶來的一筆資產東山再起。然而，跟隨林孚治到臺灣的一位孫姓助手，卻因為想家而決定離開臺灣返回北平。孫姓助理是林孚治在天津時最倚賴的左右手，沒有他的幫助，要在人生地不熟的臺北再度隻手創業，對不再那麼年輕的林孚治來說，真是談何容易。孫姓助手離開後，林孚治急著重建產業來維持生計，就加入了一個他人介紹的投資。沒想到這個投資非常不當，對林家造成了極大的損失。經濟的壓力讓林家決定搬到生活水平沒那麼高，但離臺北不算遠的三重鎮定居。幸好，林孚治此時得到一些山東與東北來的同鄉協助，就決定在離三重不遠的深坑開辦了一個小工廠。工廠規模雖然很小，但林家的生活卻因此可以在有了一些

營收之下，逐漸安定了下來。

　　比起在北平的生活，少年林毓生清楚知道家中景況已是今非昔比。不過，我們知道臺灣1950年代的經濟大環境，基本上是非常匱乏的。整體來說，一般人的物質生活都相當清苦。林毓生記得，那時從大陸流亡到臺灣的個人與家庭，多半都需要依賴政府的接濟，才能勉強過得上日子。相形之下，林毓生認為他們家的情形真的不能算太差，只是與在北平的生活相比，一下子有了天壤之別。這樣的落差，對還是一個十四、五歲的孩子來說，雖然不至於像魯迅描寫他們家由小康墜入貧窮帶來的那種窘迫與失落，但畢竟還是一個極大的改變。因此，林毓生要能完全適應自然也不容易。林毓生說，他那時是先從北投插班進入臺北成功中學繼續念初中。在成功中學讀書時，他最直接感受到的不適應，就是不能像在北平那樣，隨時可以自己去買一些，或是去吃一點兒愛吃的東西，遑論喝上一碗他最愛的豆汁兒。對於特別愛吃的林毓生來說，這一點是家道中落後讓他感到最明顯的一個改變。不過，他當時並不覺得有什麼太大的失落，因為家裡從來沒有為了經濟狀況給他什麼特別的壓力。他認為，這都是母親的功勞。因為他的母親總是盡力讓他有一個安定的念書環境，從來不曾在他面前有過任何的抱怨。他記得母親一面要照顧他和弟妹，一面也必須開始親自操持所有的家務。與此同時，母親還要努力地不讓父親重新創業所遭到的挫敗與焦慮，影響到他和弟妹的情緒。林毓生曾說，父親沒有放棄在逆境中的拚搏，是他一生中「最大的啟示」。[1] 不

1　見林毓生1979年出版英文專書中〈感謝的話〉。此處中文引文，見林毓生

過，他對母親在全家遭遇逆境時的承擔與付出，顯然有更深的感受；而且，可能是要到他進入生命的晚境時，才真正體會母親彼時是如何不讓自己承受的各種壓力去影響孩子，尤其是不讓壓力造成孩子心理上的任何不安或是無形的傷害。他特別記得，母親是如何無怨無悔地去擔負家中一切的事務，又總是盡量不讓父親有任何不必要的牽掛，也盡量解決她自己獨自能解決的大小問題。

　　林毓生對母親的記憶，讓我們清楚理解，她何以是他接觸超越的最早來源。雖然他對超越沒有給出具體的定義，但他應該是指他母親不會因為「屈己」而產生怨天尤人的憤懟。相反地，她只是用愛心與同理心去設身處地為家人著想，盡量讓他們可以有一個正常安定的家庭生活。由此展現出的，是他母親的一種寬大人格，也呈現出一個女性讓人尊敬的人格品質。這樣的品質，自然有其內蘊的深厚道德意涵，而且在許多傳統農村生長的婦女身上，也都可能會或多或少地以不同的方式展現。不同的是，一般人大概很少會像林毓生那樣，在回答筆者的問題時，毫不猶豫地將他母親，而不是他父親的人格，視為自己最早接觸到的一種超越資源。

一、不愉快的高中生活

　　林家在臺灣的生活漸漸安定之後，林毓生也從成功中學順利考進了臺北的師大附中就讀高中。然而，在附中唸書的這

　　著，楊貞德等譯，《中國意識的危機》，頁9。

段時間，他卻覺得相當不愉快。他說他在北平唸書時，本來是
一個喜歡學校生活的快樂孩子，進入臺北的師大附中之後，他
卻發現學校將數理科成績較好的學生編入所謂的「優異班」。
這麼一來，文史班的學生就自動被降為次一等的學生。這種分
班的方法，讓少年林毓生非常不滿，但也莫可奈何。讓他更苦
惱的是，當時的體育課總是要踢足球，但是他覺得足球是一種
非常野蠻的運動。每次上課要踢球，班上同學就會分成對抗的
兩組。剛開始，他分到的那組在踢球時，總會將球順勢引到他
身邊，沒想到他一看到球，就站在那兒不動，也不踢，任憑到
腳邊的球被另一組同學輕易奪去。幾次下來，同學就都不願意
讓他加入他們組成的隊上踢球了。他雖然覺得根本無所謂，但
他的體育成績當然多少會受到一些影響。幸好體育老師並未因
此強迫他必得如何。只是有一次，他們學校舉行了班際間的足
球大賽，他們的班隊卻臨時缺了一個球員。為了能參賽，老師
不得已，只好要他上場。他記得自己在場中痛苦不堪，球來了
還是笨手笨腳，不知如何是好。終局下來，他們的班隊輸得很
慘。可想而知，他的同學與老師因此都對他抱怨連連，認為他
完全不可理喻。這些不愉快的經驗，讓他對附中的同學與學校
生活完全沒有好感。不過，他並未因此產生什麼心理障礙，
反而覺得不必受外力干擾，正好可以專心唸書，全力準備考
大學。

二、大學四年——大方向的確定

　　林毓生是在1954年考進了臺灣大學的歷史系。當時他跟

許多學生一樣，都為了省去通勤的時間而決定住在學校宿舍。他們往往都是一住四年。進入臺大的那年，林毓生記得韓戰（1950-1953）剛結束不久。之前，美國為了東亞局勢的均衡與安定，在1950年6月下旬韓戰爆發後，立刻對剛從國共內戰中慘敗、退到臺灣的國民黨，在其領導對日抗戰八年之後再次提供了經濟與軍事的支援。這樣的援助，不但有助國民黨鞏固其在臺的政權，臺灣的經濟困境也由此獲得極大的舒緩。其時，中共對臺的武力挑戰，因為有美軍第七艦隊協防臺灣而無法得逞。不過，美國並非完全無條件地提供援助，他們的重要條件就是要制止國民黨進行「反攻大陸」的軍事行動。[2] 我們都知道，國民黨在蔣介石政權於1949年年底抵臺之前，曾經預先在二戰結束之後派軍隊來臺接收。當時臺灣民眾也曾經給予抵臺國軍熱烈的歡迎。不幸的是，各種複雜的歷史原因，使得國民黨1947年在臺政府的措施，不但導致「二二八事件」，而且事件後也對當時臺灣民眾採取了極其殘酷的「平亂」暴行，更對臺灣社會加以恐怖的鎮壓。這樣鎮壓的結果就是徹底摧毀了臺灣本地在日據時代好不容易才培養出來的菁英群體。這段不堪的歷史，對當時社會造成的巨大損失與心理創傷，迄今仍是臺

2　1954-1955年間，國共有金門砲戰，導致一江山島陷落與大陳島軍民（在美國第七艦隊護航下）撤至臺灣；1958年又有金門八二三砲戰。之後臺海之間，因美軍介入臺海協防，兩岸基本上安定無戰事。參見Murray A. Rubinstein, ed., *Taiwan: A New History*, Expanded Edition (New York: M.E. Sharpe, 2007), Ch. 11, esp. pp. 326-327。亦可參考https://zh.wikipedia.org/wiki/一江山岛战役，https://zh.wikipedia.org/wiki/大陈岛撤退，https://zh.wikipedia.org/wiki/金门炮战。

灣歷史記憶中的悲情之源。更不幸的是，當時國民黨的鎮壓，讓民眾根本無法，也無處可以申冤，因此很自然對國民黨產生了難以化解的仇恨，並視其為繼日本之後又一在臺殖民的「外來政權」。[3]

　　蔣介石領導下的國民黨政權，是在1949年被中共徹底擊敗之後，才被迫從大陸完全撤退來到臺灣的。為了要穩住最後一個賴以生存的基地，國民黨覺得必須對臺灣實行軍事戒嚴，並實行「白色恐怖」的統治。即便美國的援助讓國民黨在臺灣的統治穩定了下來，國民黨也沒有放棄獨裁的統治。[4] 當然，不同

3　可參考Lin Hsiao-ting, *Accidental State: Chiang Kai-shek, the United States and the Making of Taiwan* (Cambridge: Harvard University Press, 2016), pp. 1-13, 38-54，特別是頁48和52；周婉窈，《臺灣歷史圖說》（增訂本）（臺北：聯經，2009），〈戰後篇〉第一與第二章，頁232-267；Murray A. Rubinstein, ed., *Taiwan: A New History*, Ch. 10; Gary D. Rawnsley and Ming-Yeh T. Rawnsley, "Chiang Kai-shek and the 28 February 1947 Incident: A Reassessment," *Issues & Studies* 37, no. 6 (November/December 2001), pp. 77-106，網路版見：http://www.academia.edu/7510251/Chiang_Kai-shek_and_the_28_February_1947_Incident_An_Assessment_with_Gary_Rawnsley_2001_。

4　林毓生對臺灣當時經濟與軍事因美國支援而穩定的情形，有簡明但關鍵的說明，見其〈殷海光先生對我的影響〉，收入殷海光、林毓生，《殷海光林毓生書信錄》（重校增補本）（長春：吉林出版公司，2008），頁14-15。此《書信錄》最早由臺北獅谷出版公司於1981年刊行，遠流出版公司亦於1984年發行再版。另有上海遠東出版社1994與1996年版，以及2010年臺大出版中心的版本，後者是根據林毓生2008年重校的增補本，與1984版本互校之版。之後，亦有中國中央編譯社2016／2017的版本（感謝嚴搏非先生告知此最新版本）。若未註明，此處與以下的引文仍皆引用2008年版的《殷海光林毓生書信錄》（重校增補本），但亦參照2010年臺大出版中心之版本。須再提醒的是因《書信錄》版本甚多，其中簡體各版之書名

於大陸時期，國民黨在臺灣完成了成功的土地改革，使得國民
生活普遍獲得了初步的改善，也奠定了日後經濟發展的基礎。
當時社會上雖然有軍事戒嚴的專制管治，但是有關生活上「經
常性的運作」，大體還可以平順地進行。在這種情況之下，即
使當時各個大學的學生都需遵從軍事教官的管理，又需修些
「三民主義」一類的課程，然而林毓生特別記得的是，1950年
代的臺大校園卻沒有什麼學生運動。他知道有一些關心時局與
公共事務的同學，對彼時校園的氣氛感到極端地「沉悶」，甚
至可說是感到無比「荒涼」。但是這種氣氛，反倒可以讓多數
人乾脆不談政治而專心向學。應該提到的是，一出了校園，國
民黨政府那些「反攻大陸」的政治宣傳還是隨處可見。不過林
毓生覺得，絕大多數的學生對這些宣傳都只是「敷衍」了事，
根本不會當真。反而是當時這種校園內的生活，讓他們得到了
一個充實自己知識的安定「空間」。我們可以引用林毓生自己
的回憶，來具體呈現其時臺大校園的狀況：[5]

　　1954-1958年的臺大，可說是一個「政治運動空檔期」。
　　既無1949年以前的左傾運動與右傾運動，也無抗日救國運
　　動。後來在臺灣出現的保釣運動、黨外運動，以及相互重
　　疊的臺獨運動、去中國化運動、族群撕裂運動、民粹民主

為《殷海光林毓生書信錄》，繁體各版則為《殷海光・林毓生書信錄》，
　　中間有「・」的差異。為保持原貌，現維持該書簡體各版之書名沒有
　　「・」、繁體各版之書名有「・」。
5　見林毓生，〈六十餘載君子交：序董永良著《回首學算路：一個旅美學算
　　者的故事》〉，《思想近作選》，頁465。

運動、反貪腐運動——這些都尚未發生。當時唯一可稱之
為「運動」者，是黨國機器製造出來的「反攻大陸」的宣
傳。然而，在美國第七艦隊協防臺灣的限制下，事實上，
那是不可能的。蔣氏政權所慣用的虛偽與矯飾的伎倆，自
然在這方面變得有氣無力、走走形式而已。不像臺灣後來
發生的各種運動那樣牽動人心，即使你自覺地不要捲入，
決心鍛鍊「隔離的智慧」，也非花許多心力抗拒它、排斥
它，於無形之中仍然是被它干擾了！

　　話雖如此，1950年代臺大歷史系的課程與授課內容卻讓
林毓生相當「不安」。我們記得他在十二、三歲看到路邊凍死
骨時，已經開始關心國家對人民應負起的義務與責任。事實
上，他選擇在大學專修歷史，就是「希望從歷史中找出現代中
國的病根所在，並得到對於過去政治領袖的得失的深入了解，
以備將來為國家做大事之需」。而且他這份「雄心壯志」，
早在中學唸書時就已經成形。他說自己那時已有「強烈的愛國
意識」，並透過閱讀「五四」的一些作品，要去找出近、現代
中國一些悲慘的歷史緣由來真正理解「同胞遭受的苦難」。同
時，也很希望將來能「盡己之力」，去尋求解決中國各種問題
的方案，幫助同胞們都過上「合理、富足、有尊嚴」的生活。
林毓生那時為什麼會有這樣的思想，直到現在，對他來說，也
還「是一個謎」。不過，他認為自己那時確實覺得自己有「道
德熱情、公正心胸與相當不錯的才智」；同時，他也覺得自己
受到「五四」一些作品與曾國藩〈原才〉一類勵志文章的啟發
及影響，加上他從小學開始就經常被老師指派與同學推薦去擔

任班長或學生會主席，從而在心裡形成了一個想法，那就是：自己既有出色的能力，就應該「當仁不讓」地去實踐心中的抱負與理想。6

他沒有想到的是，進了臺大後，歷史系在50年代的主要授課方向卻大大重挫了他的「雄心壯志」。其中最主要的原因，就是多數的課程與授課方式，在那時都只著重史學研究的基本面，亦即：只重史實的考證。林毓生很清楚，有些史實考證確有重要的意義，但是他當時已經覺得，如果僅以此為歷史研究的中心，就很容易滑入只耽於瑣屑之研究，也容易將這種應有的基本工作等同於「追求真理」的研究。在這個情形之下，他開始覺得自己選擇唸歷史的目的已經完全落空。他那時雖然還不知道應該如何「反駁」這樣的考證史學，也不可能預測他本人要等到1983年提出人文重建的路徑之時，才會知道應該如何說明歷史研究不但關係著對人文與社會現象的系統性理解，還關係著是否能對人文與社會的問題提出有系統的解決方法。7 這些看法在彼時既然毫無著落，他的不安就更是日益加深了。

三、沈剛伯──學術與政治間的分際

不過，在1954到1958的四年大學生活之中，林毓生其實遇到過一些學識淵博、視野寬廣的師長。比方說，教授西洋憲政及西洋通史的沈剛伯先生（1896-1977），與研究秦漢、魏晉

6　此處所引之句，皆見林毓生，〈殷海光先生對我的影響〉，頁20-21。
7　同上，頁21-22。

南北朝歷史的勞榦先生（1907-2003）。[8] 沈剛伯從1948到1969
年一直負責臺大文學院院長的職務，他同時也負責過臺大代校
長與歷史系主任的工作，對於擴大並建立文學院內的學系與研
究所不遺餘力。這些行政職責，使他與國民黨行政高層有一些
必要的接觸，因此讓他對國民黨政府內部的複雜人事也比較熟
悉。林毓生在修沈先生的課時，非常受到老師的重視。沈先生
除了在課後會騰出時間與林毓生討論問題，有時也會將國民黨
的歷史及其內部的糾結說給他欣賞的學生聽。久而久之，林毓
生聽到的這些資料，很可以說就像是近代史上的一些掌故祕
聞。這些掌故與祕聞，也很可能有助他對近代史的複雜內裡，
獲得一個比較具體的細緻理解。諷刺的是，這些有趣的祕聞卻
也可能加深了他對國民黨獨裁統治的反感。作為沈剛伯欣賞的
學生，他當然十分感念沈先生對他的愛護與鼓勵。不過，沈剛
伯當年因為職務所需與國民黨最高領導的一些酬酢與紀念的文
字，尤其是為蔣介石個人寫的紀念文字，卻讓林毓生深覺不
妥。這是因為林毓生覺得，給威權統治的最高領導者寫紀念文
字，即使是不得不為，也不宜過分頌揚。因為這樣的認知，沈
剛伯去世之後，林毓生始終沒有撰寫追思的文章。這件事可能
會讓人覺得，林毓生對一位愛護他的師長在當時國民黨政權下
的行事風格，不免過於苛責。但是換一個角度來看，我們也可

8　沈剛伯與勞榦彼時在臺灣大學任教與治學取向，可參閱李顯裕的有關討
　論，見其《自由主義的信徒——林毓生研究》，頁7-13；亦可參見：https://
　zh.wikipedia.org/wiki/沈剛伯，以及https://zh.wikipedia.org/wiki/勞榦。需強
　調的是，勞榦先生治學雖極重史實考證，但其知識之淵博及寬廣之歷史視
　野，自非瑣屑考證所可項背。

以說他對知識分子在與權勢應對的方式上，自有他認為不可逾越的界線。也就是說，即使在當時的歷史情境下，讀書人還是可以對何時應有所為、何時應有所不為的分際做出一個選擇。這個選擇毫無疑問會涉及在威權體制之下，一個學者應該如何判斷自身進退的問題。筆者無意深究這種判斷可能關係到的各種複雜因素，只是藉此提出林毓生對知識分子在面對權勢時應有所不為的一種執著。[9] 他的執著，其實也間接反映出殷海光先生為什麼會成為對他有終生影響的一個重要原因。[10]

四、殷海光──另一超越資源

對林毓生來說，1955年是他大學生活的關鍵時刻。雖然他覺得「當時的臺大的文學院還是相當的荒涼」，但是，那年秋季開學之後，他的內心世界卻突然光亮起來。他那時上大二，一開學他就選了殷海光的邏輯課。知道臺灣民主化過程的人，

9　筆者知道林毓生在其〈一個培育博士的獨特機構：「芝加哥大學社會思想委員會」──兼論為什麼要精讀原典？〉一文中，開篇即提到沈剛伯先生1950年代任臺大文學院院長時，認為當時文學院的圖書及師資都還不具辦博士班的資格，因此有應慢慢來的主張。林毓生當時寫到，沈先生的主張是對「學術負責，有所不為的態度，令人欽敬」，這與此處提到林毓生對沈剛伯撰寫紀念文字有保留的陳述似乎相抵觸。不過，筆者認為，學術上的負責態度與面對權勢時的應對方式可以分而論之。林毓生的文章收入其《思想與人物》，頁293-306。

10　殷海光之簡歷，參見：https://zh.wikipedia.org/wiki/殷海光；其生平與思想之研究，可參考王中江，《萬山不許一溪奔：殷海光評傳》（臺北：水牛出版社，1997，2003）；黎漢基，《殷海光思想研究》（臺北：正中書局，2000）。

都知道殷海光彼時已經是《自由中國》雜誌的主筆健將。他不
但以「五四之子」自許，努力闡揚《自由中國》繼承五四「民
主」遺產的意義，而且還不斷抨擊國民黨的獨裁專制，力諫應
棄此專制，全面建設臺灣，使其成為真正自由民主的「反共」
堡壘。[11] 很多人都清楚《自由中國》的宗旨有四，這是由作為
創刊人的胡適撰寫，並且在每期的雜誌上都照樣刊登：「我們
要向全國國民宣傳自由與民主的真實價值，並要督促政府（各
級的政府），切實改革政治經濟，努力建立自由民主的社會；
我們要支持並督促政府用各種力量抵抗共產黨鐵幕之下剝奪一
切自由的極權政治，不讓他擴張他的勢力範圍；我們要盡我們

11　有關《自由中國》與殷海光自許為「五四之子」及其為自由民主的努力與
　　奮鬥，可參考薛化元，《〈自由中國〉與民主憲政──1950年代臺灣思
　　想史的一個考察》（臺北：稻香出版社，1996），特別見頁75-176及229-
　　231；王中江，《萬山不許一溪奔：殷海光評傳》，頁95-109；另外，潘光
　　哲編，《沒有顏色的思想：殷海光與自由主義讀本》（臺北：臺大出版中
　　心，2018），刊有殷海光對自由民主的基本論述，極為重要。另可見林毓
　　生所撰的幾篇關鍵論文：〈殷海光先生一生奮鬥的永恆意義〉、〈在轉型
　　的時代中一個知識分子的沉思與建議──為紀念先師殷海光先生逝世十週
　　年而作〉，此二文收入林毓生，《思想與人物》，頁309-322與323-340。
　　〈殷海光先生的志業與臺灣的民主發展〉，收入林毓生，《中國傳統的創
　　造性轉化》（增訂本）（北京：生活・讀書・新知三聯書店〔以下簡稱三
　　聯〕，2011），頁441-450。〈論台灣民主發展的形式、實質與前景──為
　　紀念殷海光先生逝世三十三週年而作〉，原刊於《二十一世紀》，2002年
　　12月號（總第74期），頁4-15；後收入林毓生，《政治秩序的觀念》（香
　　港：商務印書館，2015），頁42-65；亦收入《思想近作選》，頁305-323。
　　〈紀念殷海光先生逝世四十五週年：專訪林毓生──兼論法治與民主的基
　　礎建設〉，收入林毓生，《政治秩序的觀念》，頁246-255；後收入《思想
　　近作選》，頁325-332。此外，亦見林毓生，〈殷海光先生對我的影響〉，
　　頁13-44。

的努力，援助淪陷區域的同胞，幫助他們早日恢復自由；我們最後目標是使整個中華民國成為自由的中國。」[12] 這個最後的目標，對今天臺灣的中華民國來說，已經成了一個眾人皆知的事實，儘管在1950年代這仍然是一個需要奮力爭取而且不知何時才能達到的目標。此處的重點，並不在追究達成這個目標的日期，而是要說明1955年對林毓生為什麼會那麼關鍵。

　　首先是因為那一年殷海光先生剛從哈佛大學訪學回國，而林毓生也正是因為在那年上了他的課，才開始進入一個我們可以說是蘊涵著意義的思想領域。林毓生描述彼時上殷海光邏輯課的感受，可以幫助我們看到這門課是如何指引他進入這樣的領域。

　　根據林毓生的回憶，他選這門課時，已經清楚知道邏輯課本身原本是一門不涉政治或任何探討價值的「中性」課程。然而聽了殷海光的課，他卻發現殷海光能「把邏輯講成使頭腦不受專制散佈的愚昧與虛偽所矇騙的利器」。[13] 他記得，殷海光講課時，學生不但全神貫注在他「詞鋒犀利的分析」之中，他們還深深感受到他那份「夾帶著道德的熱情和對中國和世界的關懷」。林毓生也記得，殷海光衷心服膺「五四」初期鼓吹的自由主義，並且經常會引用艾克頓公爵（Lord Acton, John Emerich Edward Dalberg-Acton, 1834-1902）的名言——「權力傾

---

12 見王中江，《萬山不許一溪奔》，2003，頁96-97。簡明海對《自由中國》雜誌當時在臺灣的影響以及殷海光乃雜誌宣揚五四民主思想的核心代表也有詳盡的討論，見其，〈《自由中國》五四觀的形塑與應用〉，《思與言》47卷2期（2009年6月），頁79-133。

13 見林毓生，〈殷海光先生對我的影響〉，頁23-24。

向腐化，絕對的權力絕對地腐化」——來說明中國現代史的病
根之一，是沒有辦法限制與監督政治權力的擴張與濫用。正是
從殷海光那兒，林毓生聽到：只有引進英美文明發展出來的自
由價值、人權觀念、民主的制度與建基於經驗的理性，才會是
中華民族應走的康莊大道。殷海光一方面時常慨嘆早期五四精
神與風格在臺灣的失落；另一方面，他又理所當然地認為在臺
灣重整五四精神，徹底實現五四早期所揭櫫的自由、理性、法
治與民主的目標，是救國的唯一正確道路。[14]「五四精神」的
提出，當然就是希望知識分子能繼續努力，爭取將五四早期揭
櫫的目標落實在彼時臺灣的土地上。

　　顯然，林毓生不會是唯一受到殷海光感召的學生。比方
說，林毓生在臺大歷史系的同學張灝，也曾經提到殷先生具有
一種繼承五四以來的理想主義。這種理想主義雖然讓他受到許
多不公不義的對待，使他飽受「寂寞、淒涼與橫逆」的壓抑，
但是張灝特別提到殷先生從未因此就變得嘲世或消極，反而是
堅定無懼地去力爭落實五四追求自由民主的理想。張灝認為，
就是殷先生那時為理想奮鬥的「苦志與豪情」，啟發了他以及
他們那一代「失落與消沉」的學生。也就是這樣的啟發，讓張
灝體悟到殷先生「幾乎是溝通五四」與他們那一代「惟一的精
神橋樑」。[15] 不用說，正是通過這座「精神橋樑」，林毓生才
看到了可以指引他追求讀歷史系初衷的一束亮光。

14　此處是摘述〈殷海光先生對我的影響〉一文的看法，見同上，頁24。

15　可參見張灝，〈一條沒有走完的路——為紀念先師殷海光先生逝世兩週年
　　而作〉，收入其《幽暗意識與民主傳統》（臺北：聯經，1989），頁189-
　　199，引文見頁193。

　　從林毓生的敘述中，我們很容易理解殷海光當年的講課，
為什麼會讓林毓生覺得是在「荒涼」校園內聽到的「空谷足
音」。他記得那時上完殷海光的課後，就常向老師請教治學的
途徑。殷海光為了讓他能夠盡量提問，就在1955年那個寒假的
每個星期四下午，約他兩點鐘到家裡詳談。林毓生說，殷先生
當時與人合住的那幢房子，是在政府配給《自由中國》雜誌社
的宿舍之內。房子很小，但殷師母卻整理得「窗明几淨」。師
生開始談話時，殷師母安排好紅茶或咖啡之後，就獨自出外散
步。林毓生說，如果他提的問題或是回答能讓殷海光稱許，老
師就會拿一塊那時著名的「美而廉」所做的精緻小點心給他。
師生這樣邊談邊吃的「論學之樂」，幾十年後都還經常在林毓
生的心靈湧現。16

　　林毓生還提到，殷海光對學生一向只從公心出發，而且
從不逾越「君子之交」的來往方式。但是當他幫助學生解決問
題的時候，卻絕對是徹底地真誠，充滿了熱情。他清楚記得，
殷海光在聽他說他那時已經企望找出解決現代中國根本問題的
方案之後，就坦言直說自己因為戰亂流離，沒有累積充足的資
源來進行「最根本、最艱深的研究」。不過，他告訴林毓生，
自己關於西方哲學的一些研究，以及對親身經歷的現代中國歷
史，外加其對基本問題的觀察與思考，都可以為學生「提供學
術的標準」，幫助他們選擇治學的大方向，進一步還可以幫助
他們減少因為方向出錯而浪費的寶貴時間。殷海光並沒有將林

---

16 見林毓生，〈翰墨因緣念殷師〉，收入殷海光、林毓生，《殷海光林毓生
　　書信錄》（重校增補本），頁5。

毓生當時表述的「雄心壯志」看作「好高騖遠」，反而稱許
他有「氣象」。他又告誡林毓生，建立治學基礎需要有兩個
「長期準備」，與一個應該在一年之內就可以完成的英語水
平訓練。

　　這個長期的準備，第一步就是要林毓生先去理解西方社會
科學發展出的重要觀念與分析，並且需要將這些觀念與分析和
他自己對現代中國的歷史解釋加以整合。殷海光告訴林毓生，
只有往這個方向去做，他才有可能理清並找出中國本身病根的
核心原因。另外還需要做的，就是應該找出五四初期的自由主
義，為什麼會在1919年巴黎和會之後，被強勢的左右意識形態
取代，且又迅速被邊緣化的根本原因。尤其必須鑽研的問題
在：五四初期的自由主義，是因為已經在其提倡的英美式自由
主義內混雜了法國與德國式的因素，而失去其純正性？還是因
為當時的環境，在傳統政治秩序解體之後，受到軍閥割據與帝
國主義的交相侵凌，而根本無法提供發展自由主義所需的客觀
條件？提出了這樣一系列的問題，就讓林毓生開始理解殷海光
所說「中國問題的焦點」，實在是牽涉到能否將「英美自由主
義所蘊涵的文化與制度」移植中國，並使之「在中國泥土上生
根的問題」。[17] 雖然林毓生沒有提到殷海光所說「法國與德國
式的因素」是什麼，不過，法國大革命追求的啟蒙價值在革命
後出現的恐怖統治下完全落空，以及希特勒是由德國威瑪共
和民主選上臺的歷史事實，也許就是殷海光特別要先提醒學
生的。

17　見林毓生，〈殷海光先生對我的影響〉，頁25-26。

　　必須強調的是，林毓生十分清楚，殷海光提出的「移植」英美自由民主的制度與其內含之文化，絕不可能是一成不變的模仿。重點在於，即使是模仿，也必須具備與原型有一些共同的基本特點；如果失去這些基本特點，就談不上可以建立含有原型意義的「純正」中國自由主義。這些特點不但包括司法、行政與立法的三權分立制度，而且三權必須盡到互相監督、彼此制衡的職責。更重要的是，殷海光告訴林毓生他需要對此一政治制度及其蘊涵的思想與價值都有真實的理解。要達到這個目標，林毓生必須在一年內先盡快掌握高水平的英語，使自己有能力在日後直接閱讀「第一流的學術著作」。[18]

　　殷海光的這番話，毫無疑問為林毓生當時治學的方向奠定了基本藍圖，同時也成為他日後學術研究的指導方針。林毓生當時並不清楚什麼是自由主義「深厚而複雜的內容」，然而殷海光的一席話，卻讓他看到在考據史料之外，他確實可以選擇一個完全不同的視角來研究有意義的宏觀歷史課題。讓他更興奮的是，殷海光的話，也使他突然領悟到這樣的課題與自己個人的關懷完全可以「匯通」結合。也就是說，他從十二、三歲開始就已經萌芽的「愛國意識」，在聽到殷海光教誨的那個時刻，突然就讓他看到可以落實自己「愛國情懷」的基本大方向。更關鍵的是，殷海光的建議，也成為他未來要探索解決中國根本問題時的一個指導方案。我們可以說，就是在那個時刻，林毓生才開始覺得個人的生命，突然有了一種自己當時還

18　同上，頁26-27。

無法完全理解也無法說清楚的重大意義。[19] 我們也可以由此了
解，林毓生為什麼會覺得自己與殷海光接觸之後就「呼吸到了
真正有生命力的東西」。[20] 這個接觸，顯然可以看作是為林毓
生生命提供另一有超越意義的中介，而殷海光就是這個超越的
來源。

　　從那個時刻開始，一直到他從臺灣大學畢業的三年之間，
林毓生的確遵從了殷海光的建議去努力加強英語水平。比方
說，在1958年還沒畢業之前，他就發表了自己翻譯並由殷先生
修改關於羅素對中西文明看法的文章。[21] 此外，他還通過殷海
光本人的譯文與引介，接觸到海耶克的經典之作《通往奴役之
路》（或譯《到奴役之路》〔 *The Road to Serfdom* 〕）。[22]

　　許多人都知道，林毓生曾說殷海光對他是「經過西方自由
主義轉化的中國知識分子道德精神的召喚」。[23] 在分析林毓生
為何提出這個召喚的定義之前，我希望先討論他關於「知識貴

19　同上，頁27-28。

20　同上，頁30。

21　見羅素著，林毓生譯，〈中國與西方文明之比照〉，《民主評論》，第9卷
　　第5期（1958年3月5日）；後收入林毓生，《思想與人物》，頁487-498。

22　有關細節，見林毓生，〈自由主義、知識貴族與公民德行〉，此文最初為
　　一訪談之紀錄，但僅以刪節版刊在中國2004年的《南方人物》。完整版見
　　林毓生，《中國傳統的創造性轉化》（增訂本），頁553-564；後收入《林
　　毓生思想近作選》，頁333-343。此處引文係刊於《林毓生思想近作選》，
　　頁335。

23　見其〈紀念殷海光先生逝世四十五週年：專訪林毓生——兼論法治與民
　　主的基礎建設〉，與其〈自由主義、知識貴族與公民德行〉，二文皆收
　　入《林毓生思想近作選》，頁325-332與333-343，特別是頁331-332與338-
　　339。

族精神」的看法。這麼做，是希望能更加細緻地理解，為什麼林毓生將殷海光對他的影響歸屬於道德，而非知識的範疇。

五、知識貴族精神與道德精神的互照

殷海光給予林毓生的「道德精神」感召，與林毓生在美國芝加哥大學攻讀博士學位之後，將指導老師海耶克給他的影響定作是韋伯筆下一個「知識貴族精神的召喚」，在性質上明顯是不同的。下面讓我們先看林毓生如何解釋海耶克對他的影響。

（一）知識貴族的精神

林毓生在解釋知識貴族的精神時，說海耶克的身教與言教讓他領悟到：「在追求知識的過程中，不存在**應該**或**不應該**追求的問題；**只能**盡最大的努力。追求知識（或曰追求真理）是艱難的。」這個追求的本身，具有「獨立性與自主性」，與「時髦」的課題無所相涉，也不會因為外力的干擾而放棄。重要的是，必須堅持自己「遵循理知的召喚」，按部就班地去進行有原創性的研究。由此展示的人格素質，對林毓生而言，是符合韋伯筆下「知識貴族的精神」。雖然林毓生也曾經指出海耶克是一位「具有強烈道德感的人」，但是他認為，這種道德感並非來自海耶克「個人刻意的道德修養」，而是因為他將知識奉為他的「終極價值」。由此，也就使他個人的生命產生了意義，同時又能將知識的追求「提升到具有高貴與尊嚴的生命

層次」。林毓生還說：「知識貴族，不是甚麼社會貴族，也不是經濟貴族。知識貴族的精神乃是 —— 不是多數人做得到的——在『諸神戰爭』的現代性文化中，始終堅持忠於知性神明而無懼於其他神祇的精神。」[24]

　　根據上面的解釋，「知識貴族」的終極目標當然就在追求知識。一旦這個目標與外在因素發生妥協，並將外部因素作為追求知識的主要考量，就會對知識本身的獨立自主性、知識邊疆的開拓性與原創發現的研究成果，都造成難以補救的傷害。所以，只有「堅持忠於知性神明而無懼於其他神祇的精神」，才稱得上是純正的知識貴族精神。也只有在這個意義上，海耶克對林毓生而言，才可說是具有一種知識貴族的精神召喚。

（二）道德精神的召喚

　　對照之下，林毓生對殷海光給他「道德精神的召喚」就有了很不一樣的內涵。上面提到，他認為殷海光給他的影響是「經過西方自由主義轉化的中國知識分子道德精神的召喚」，這裡，他首先將殷海光定性為一個「典型的中國知識分子」。因此，就不會是那種在「看到同胞的苦難與政治上和社會上的不公平、不合理的現象」後，只會袖手旁觀，獨善其身的「自了漢」。相反地，殷海光表現出的是一種「入世的使命感」。受到這個使命感的驅使，他會義無反顧地去尋求那些不合理現

---

24 關於「知識貴族精神」的討論，是以林毓生的解釋為根據，見其〈自由主義、知識貴族與公民德行〉，《林毓生思想近作選》，頁336-337。引文中的粗體字，林先生原文乃以斜體示之。

象的解決方案。他的具體行動，表現在傾其全力去「以言論介入公共事務」，試圖經過這種介入去指出一些具體可行的改革方法。有了這樣的承擔，即使遇到困難與橫逆，他也不會消極氣餒、自怨自艾，更不會變得玩世不恭或是虛無頹唐。林毓生認為，殷海光的這種精神，正是讓他在面對政治權勢與各種社會及經濟壓力時，也從不畏懼退縮，反而總是保持一種「人格的獨立與真誠」，展現出的是一種「公共領域之內的道德完整性」。也正是這樣的道德完整性，界定了林毓生筆下「中國知識分子最主要的精神資源」。[25]

　　弔詭的是，林毓生同時卻認為殷海光與傳統中國知識分子，已經有了一個基本的分歧。這主要是因為，他認為殷海光已經將傳統知識分子的道德精神做了一種轉化。在這裡，「轉化」可以看作是一個有著關鍵意義的樞紐。因為只有掌握這個樞紐的意義，我們才可以對殷海光是林毓生生命中的另一個超越資源，做出更具體的銜接。

　　首先，與追憶他的母親一樣，林毓生也從來沒有將殷海光給他的影響，用「超越資源」這個語詞來表述。但是，在他描述殷海光有意識地接受西方自由主義之後所表現出的超拔道德精神，卻毫無疑問地是指向一種超越。林毓生說過：殷海光展現的道德精神，不但服膺「理性的指引」，並且要「超越一切藩籬（家族、地方、學校、黨派、種族、國家）的限制」。更值得注意的是，與傳統中國知識分子對照，林毓生認為殷海

---

25 關於殷海光的「道德精神」，與林毓生對此之說明。見《林毓生思想近作選》，頁338。

光的道德精神，具有受到西方自由主義導向的「個人主義的特質」。此一特質，既不同於輕忽個人的集體主義，也不同於無政府主義那種要從國家或任何集體解放出來的個人主義。在追求自由主義導引的個人主義之下，林毓生特別強調，殷海光絕不反對國家的存在，而是極力主張國家必須存續，也必須尋求發展。當然，殷海光認同的國家，絕不是什麼可以任意抹煞個人自由與價值的「國家」，而是要如同陳獨秀在1914年所說，必須要能「保障吾人權利，謀益吾人幸福」。[26] 換句話說，國家的目的是要保障個人的基本權利，並謀求全體國民的共同幸福。不過，這個保障個人權利的觀點，顯然不是構成中國文化價值傳統的一個基本要素。

其次，雖然林毓生認為殷海光已經接受西方自由主義，但他的重點是：殷海光接受這個主義的前提是建立在自由主義所持的基本價值，而且必須與他本人作為一個「偉大的愛國者」緊密結合。不過殷海光的愛國主義，與「本能的民族主義」在實質上有根本的分歧。殷海光愛的「國」，不是自己出生在其中的一個抽象之「國」，而是由生活在其中的個人，與另外真正關懷他人福祉的國人，一起共同構成的命運共同體。無庸置疑，任何以國家之名行迫害國民之實的「國家」，都不是他所愛之國。那樣的國，不但應該受到嚴厲的批評，而且必須積極進行全面的改革，才有可能確保人民基本權利之落實。也唯有如此，才可能再去謀求國家的整體幸福。從這個角度看，殷海

26　陳獨秀所說原文，見林毓生著，楊貞德等譯，《中國意識的危機》，頁92。

光要超越一切藩籬的道德關懷，與一般理解的普遍意義就有了
交集與連結。又因為這種超越性的關懷，是植基於林毓生所
說要關懷「不可取代、不可化約的個人價值（the worth of the
individual）與個人（每個人）的尊嚴與發展之上」，[27] 因此殷
海光當年為《自由中國》雜誌執筆時，就不斷呼籲要落實《中
華民國憲法》中保障人權的理念，結果卻使他在雜誌爭取組黨
被迫停刊後，遭到了國民黨政權的迫害。然而，面對迫害，他
也始終嚴正以對、不改初衷。顯然，正是殷海光的這種精神，
才會讓林毓生認為他的理性言論與不屈的堅持「蘊涵著超越性
與公共性」。由此，我們可以更清楚地理解，林毓生為什麼不
願將殷海光不屈的堅持，簡單歸類作是中國傳統所說義之所在
的表現，或者看作是表現了「知其不可為而為之」的精神。這
裡當然不是說傳統「從道」或殉道的精神不具有超越性，而是
要指出林毓生用「轉化」一詞，來將殷海光是傳統知識分子的
說法加以限定是有深意的。有了這樣的限定，我們就可理解殷
海光超拔的獨特性，與五四初期強調個人權利必須受到保障的
看法是完全不可切割的。顯然，這肯定也是殷海光本人自稱是
「五四之子」的一個主要原因。

　　不應忽略的是，從林毓生的角度來看，殷海光之所以獨
特，事實上還有另外一個原因，那就是：殷海光從不將當時專
制現實及其對社會潛在的迫害作為他撰稿的考量，而是從更具
有普世意義的價值觀來作為他書寫的出發點。也許正因為如
此，殷海光在論述中表現出的「政治遠見與歷史解釋力」，就

27　見《林毓生思想近作選》，頁338-339。

產生了一種林毓生所說彼時極為少見的「真實」力量。這種真
實，使得與他接觸的人都感受到一種他獨有的「奇理斯瑪」人
格特質。[28] 讓我引用林毓生的一段話來彰顯他對這個特質的描
述：[29]

　　　殷先生在到臺以後的歲月中，由於堅持理想所遭遇的
　　政治迫害，與他面對這些嚴峻的迫害所展現的「威武不能
　　屈」的嶙峋風骨，以及他對事理公正的態度與開放的心
　　靈，對知識的追求所顯示的真切，和對同胞與人類的愛和
　　關懷，在在使我們感受到一位中國自由主義者於生活與理
　　想之間求其一致的努力所釋出的人格素質。甚麼是人格素
　　質？用韋伯的話來說，那是來自一個人底「終極價值與其
　　生命意義的內在關聯的堅定不渝」。

　　林毓生用韋伯的話來描述殷海光的這種人格素質，應該
就是因為只有這種素質才說得上是構成了殷先生那種「道德人
格」的純正底色。此一底色，揭示出殷海光對生命意義必須來
自終極價值的真切信念，以及他對落實此一信念的堅定追求。
如此看來，林毓生認為殷海光是他成長過程中的另一個超越資

28　見林毓生，〈紀念殷海光先生逝世四十五週年：專訪林毓生〉，《林毓生
　　思想近作選》，頁331-332。

29　同上，頁332。林毓生原文引用韋伯所說的「人格素質」，乃轉引自韋伯
　　著，錢永祥編譯，《學術與政治：韋伯選集》（一），頁308。此選集於
　　1985年發行第一版，1991出增訂版，遠流出版公司於2014年再出新版。此
　　處所引出自遠流出版公司1991出版之增訂版。

源，實在是理所當然的。也正是殷海光這種內蘊著普遍意涵的信念與追求，為筆者界定的第二個超越意義提供了一個具體的實例印證，儘管這個實例會讓人不禁慨嘆：命運為什麼要給殷海光那樣一個殘酷的悲劇結局！

　　雖然林毓生將殷海光對他的影響解釋成是一種道德精神的召喚，但這不是說殷海光沒有在知識層面給過他影響。相反地，我們已經知道他是因為受到殷海光的啟蒙，才開始進入有關自由與民主的思考領域；我們也知道，在1980年代，尤其是1990年代臺灣解嚴之後，殷海光悲劇性的命運以及他的思想與他為自由民主努力奮鬥的意義，在中文世界都出現了一些代表著作。[30] 在這些研究當中，林毓生1980年代初期討論殷先生當年給予他感召的文章，更被視為是追溯五四民主理念在臺灣開始的一個有「思想深度」的重要論說。[31] 目前看到有關殷海光的研究，都一致肯定他為追求自由民主所付出的心力。不過，這些研究也都或多或少認為他對自由民主的討論相當不足。這些研究指出，殷海光雖然不再像五四時期的知識分子把自由民主當作是國家富強的一種工具，而且在生命後期，也不再像早年那樣接受五四時期主流的全盤化反傳統思想，問題是，殷

---

30 相關代表研究可參見薛化元，《〈自由中國〉與民主憲政──1950年代臺灣思想史的一個考察》。其他研究請參照潘光哲編，《沒有顏色的思想：殷海光與自由主義讀本》一書中整理出的詳盡〈建議閱讀書目〉，特別值得參考的是該書編者本人對各個專書與論文的評語，見該書頁306-312。

31 見潘光哲編，《沒有顏色的思想：殷海光與自由主義讀本》。編者在書中列出殷海光學生林毓生與張灝對其人格感召力的論文，並肯定二篇論文都特具「思想深度」，見頁309。

海光對於自由與傳統的關係，或者是他對自由與民主以及它們
與法治的關係，卻沒有提出深入周全的系統性說明。[32] 即便如
此，殷海光對自由主義的核心在確保基本人權以及權力必須受
到制衡的立場，卻仍然值得我們關注。尤其是從臺灣延續並落
實了五四初期追求自由民主的歷史角度來看，他對權威與權力
必須加以區隔的討論，以及堅持政黨、地域與族群的偏見不可
傷害到民主政治健康運作的主張，都明顯還有重大的「現實意
義」。[33] 我們甚至可以說，正是殷海光對自由民主與政黨政治
的看法，而不只是他的道德人格，才能啟發並感召了當年在臺
大讀書的林毓生。更何況，如果沒有殷海光的引介，林毓生何
時才會發掘他該如何逐步追求並完成他學歷史的初衷，何時才
會接觸到海耶克的經典之作，並萌生去芝加哥大學跟海耶克念
書的想法，恐怕都是相當難說的。至於他大學畢業且服完兵役

---

32 舉例來說，王中江在90年代後期的研究對殷海光思想提供了相當重要的討
論，但也指出其思想不足之處，見王中江，《萬山不許一溪奔：殷海光評
傳》。林毓生對殷海光思想不足處亦不諱言，但他指出對殷先生的批評不
應忽略其當時在專制控制下仍無畏迫害的奮鬥意義，見林毓生，〈論台灣
民主發展的形式、實質與前景——為紀念殷海光先生逝世三十三週年而
作〉，有關看法見收入《政治秩序的觀念》版本之頁45。殷先生對傳統看
法的轉變，見林毓生，〈殷海光先生一生奮鬥的永恆意義〉，林毓生，
《思想與人物》，頁319-321。有關殷海光不再將自由民主工具化的看法，
見錢永祥，〈道德人與自由社會：從林毓生對中國自由主義的一項批評說
起〉，特別是收入《動情的理性：政治哲學作為道德實踐》版本之頁25-26
及37-38。
33 潘光哲2018年所編的《殷海光文集》，就特別選定殷海光著作中「深具現
實意義」的論文。見其編《沒有顏色的思想：殷海光與自由主義讀本》，
頁viii。

之後，是否還能再實現去芝大攻讀學位的願望就更不好說了。[34]
當然，林毓生能去芝大也有其他的機緣，包括他的學長許倬雲
先生給他的「支持與鼓勵」。[35] 不過，殷海光給他的啟蒙與引
介，無論如何都應該是最關鍵的決定因素。

34 見林毓生，〈試圖貫通於熱烈與冷靜之間──略述我的治學緣起〉，《思
　　想近作選》，頁250；及其〈殷海光先生對我的影響〉，頁28-29、33-35。
　　後文頁42有殷海光在因癌症離世的26天前，完成《海光自選》之〈自敘〉
　　中的一段話，也應有助理解其建基於終極價值的道德人格：「……我肯定
　　了理性、自由、民主、仁愛的積極價值──而且我相信這是人類生存的永
　　久價值。」
35 見林毓生，〈試圖貫通於熱烈與冷靜之間──略述我的治學緣起〉，《思
　　想近作選》，頁230。

第四章

異域深造與「脫胎換骨」
——芝加哥大學社會思想委員會的涵育養成

一、漢娜・鄂蘭——自由的共和論與參照可能

　　林毓生是1960年去芝加哥大學社會思想委員會攻讀博士學位的。[1] 按照學系的規定，他當時選修了幾門研讀西方文化傳統中，關於政治、社會與文學幾個不同方面的經典課程。負責這些課的教授，也都是彼時這些領域的大師與著名學者。比方說，他1963年曾經跟臺灣學界都不陌生的一位研究西方政治理論的代表權威唸過一個學期的康德，這位權威就是漢娜・鄂蘭。在他日後的中文論著內，林毓生曾經提到鄂蘭講康德「講得精彩」，而且即使在講課時唸稿，也是一派「雍容」，具有

1　見林毓生，〈試圖貫通於熱烈與冷靜之間——略述我的治學緣起〉，收入《思想近作選》，頁230。

「大家風範」。[2] 在他1979年出版研究五四的英文專書中，林毓生向曾經給過他鼓勵與指導的鄂蘭以及另外幾位教授，也都致上謝意。[3] 不過，因為他對鄂蘭思想及其有關政治的理論沒有給予特別的著墨或是系統的引介，有學者在接受筆者2014年6月中旬做的訪談時就問道何以如此。[4] 當時我直覺地說，可能是因為林先生在選修鄂蘭的課程之前，已經深受他導師海耶克與另外幾位先生闡釋自由主義的影響，因此沒有對鄂蘭的研究產生特別強烈的探索興趣。之後，在2016年的暑期，筆者因蒐集資料返臺，恰好林先生在臺北開會，於是就有了與他見面小聚的機會，也就可以藉著這個機會，向他求證我2014年根據直覺做的推測是否合理。林毓生沒有否定我的說法，但他只提及鄂蘭當年給研究生講課時，會在家中，而且會為學生準備可口的點心，給他的感覺很像一位「老太太」。這個回答可能意味著鄂蘭當年在芝大講課時，因為年紀已長，講課內容少了林毓生一向期待的精彩論證。

　　有趣的是，鄂蘭1963年在芝大講課時，應該不過才五十七歲左右，按理還不到被林毓生稱作是老太太的年紀。因此我們或許可以從一個事實來理解關於老太太的說法。這個事實與鄂蘭1962年3月19日乘坐計程車時，在紐約中央公園被一輛卡車衝撞後的改變，可能相當有關。

　　根據1982年研究鄂蘭的一本傳記，我們現在知道，她1962

2　同上，頁238-239。

3　見林毓生的"Acknowledgements," *The Crisis of Chinese Consciousness*, p. xiii。

4　這是《思想》總編輯錢永祥教授當時的問題。

年3月中旬被卡車衝撞後的傷勢極為嚴重，而且必須在醫院治療兩個月之後，醫生才允許她出院。她的那些傷勢，在兩個月後雖然可說已經治癒，但是此後卻一直讓她有各種不同程度的後遺症。這個意外，顯然讓鄂蘭因為無法恢復到她先前的健康狀態，而生出一些遺憾。[5] 可以想見的是，意外的後遺症也很有可能讓她看起來會比實際的年紀蒼老些。還應該提到的是，鄂蘭1963年在芝大教課時，她先生的健康卻在那年9月出了狀況。她因此每隔一個星期，都必得從芝加哥飛回紐約去陪伴她的先生，但是鄂蘭卻沒有為此而辭去芝大的教職。此中原因，有可能是因為早在鄂蘭意外受傷之前，她就已經接受了去芝大任教之事。因此，1963年去芝大，應該是她已經將聘約延後一年所做的安排。如果她要將聘約再往後延，恐怕就不會那麼容易了。這些情形在林毓生那時上鄂蘭的課時，可能完全不知道。因為鄂蘭本人非常重視自己的隱私，不太可能在講課時提起自己前一年曾經出過嚴重的意外，或是告訴學生她先生的健康出了問題。當然，我們也必須提到，鄂蘭此時因為她寫的有關審判組織殺害猶太人的一個主要納粹頭目艾克曼（Otto Adolf Eichmann, 1906-1962）的報告，備受猶太族群的批評與抨擊。這些批評與抨擊帶給她的困擾與壓力，一直要等到1963年11月底美國總統甘迺迪（John F. Kennedy, 1917-1963）被刺後才漸漸減輕。[6] 如此看來，林毓生對鄂蘭個人遭到的這些困擾與壓力，

5　關於這個意外的經過與影響，見Elisabeth Young-Bruehl, *Hannah Arendt: For Love of the World*, second edition (London: Yale University Press, 1982), pp. 334-335。

6　Ibid., Ch. 8, esp. pp. 352-355.

也一樣是無從知曉的。

　　由於林毓生那時最渴求的是希望能從不同思想的分析論證中，去擴展自己的知識領域與深度，鄂蘭如果是因為上面提到的意外與擔憂其夫婿的健康或個人的心理壓力，而影響她講課沒有特別聚焦在論證的闡明，並因而導致林毓生覺得上課內容與他的期待不甚符合，自然是可以理解的。如果再由此導致這個年輕人日後很少談論他這位師長的學術思想，應該也是意料中事。

　　不過，還有另外一個不應排除的可能，就是鄂蘭1963年加入芝大社會思想委員會時，林毓生已經在那年暑假接到通過博士資格考的正式通知。根據他的敘述，他是那年秋季選了鄂蘭的課。後來在1964年6月，他知道自己獲得一份研究獎學金之後，就立刻決定回臺灣去蒐集資料，而且一直要到那年年底才再返美。到了1965年的上半年，他又前往加州胡佛圖書館看一些重要的材料。同年9月上旬他雖然回到了芝大，但是只停留了幾天就立刻再前往哈佛大學向史華慈教授（Benjamin I. Schwartz, 1916-1999）問學請益。[7] 此後，林毓生基本上一直在寫論文、找教職、成家、寫書與出書的過程中，渡過十幾年學界的忙碌生活。要到1979年他的英文專書出版之後，他才能稍稍輕鬆一些，也才能開始建立起自己在中國近、現代思想史領域中的專業權威。

　　根據上述，我們可以看到，除了1963年秋季上課時得到的

7　有關林毓生1963年暑期到1965年的經歷，見其〈試圖貫通於熱烈與冷靜之間——略述我的治學緣起〉，《思想近作選》，頁238-239、241-243。

資訊與印象，林毓生對鄂蘭的思想與著作，在他1964年6月離開
芝大之後，基本上不可能有時間再去接觸，當然更談不上會有
時間去繼續探究了。

　　筆者不是說鄂蘭對林毓生的學術思想因此全無影響。相
反地，上面已經指出，林毓生在他的英文論著中，特別感謝芝
大幾位包括鄂蘭在內的師長給予他的指導。而且，我們在第七
章討論林毓生有關自由與權威，或是公民道德與公民社會的一
些文章時，也會看到他對這些議題的闡釋與鄂蘭在這方面的論
點，有許多相近之處。這種相近，當然是因為鄂蘭與林毓生的
指導教授海耶克，都深諳西方古典自由主義或其他政治思想的
理論，而且對西方現代極權主義也都有深刻的批判論著。[8] 不
過，鄂蘭本人逃離納粹極權統治的親身經歷，與她對法國大
革命以及美國獨立革命因為承襲的政治傳統不同以致革命後建
立的制度也不同所提出的分析，也應該有些關係。也就是說，
鄂蘭認為美國獨立革命後能夠建立自由共和體制，和美國原先
係出自英國王權受限的君主立憲傳統是有關的；而法國絕對君
權的傳統卻對大革命有所制約，使得革命後不但沒有建立自由
共和制度，反引發恐怖統治，並以拿破崙的帝制作為革命的終
結。[9] 我們記得，殷海光曾經叮囑林毓生應該鑽研五四初期對

8　眾所周知，《到奴役之路》是海耶克在這方面的代表作，而鄂蘭的就是
　　《極權主義的源起》。鄂蘭的生平，見Elisabeth Young-Bruehl, *Hannah*
　　Arendt: For Love of the World。

9　鄂蘭有關法國與美國革命之分析，認為兩國在革命後之所以建立不同的制
　　度，是因為美國革命前的政治傳統是英國有限王權的君主立憲制，而法國
　　承襲的卻是一個從來都是絕對王權的政治傳統，不同的政治傳統因此影響

英美自由民主的理解，是否因為變質而使得原先的追求完全落
空。正是在這個問題上，鄂蘭有關美國與法國革命後發展的看
法，就與殷海光要林毓生去探究的這個問題有了一個交集。這
個交集，在第六章我們討論林毓生指出五四激進反傳統主義因
為受到傳統一元整體思維模式的制約，而導致革命成為取代改
革的選項時，會更加具體地呈現出來。不應忽略的是，有學者
強調，鄂蘭本人極不認同自由主義可能讓許多人認為無須爭取
即可獲致自由，或認為歷史必然走向進步的一些看法，而且她
對代議式的民主制度也有相當針對性的批評。因此，不應該將
鄂蘭看作是自由主義的思想家，而是應該將她列入研究西方古
典共和主義思想的一位代表，特別是她在這方面的研究，已經
發展出學者稱之為「新共和主義」的論述。不過，要指出的
是，在鄂蘭這個新共和主義論述中的「共和」，絕對是必須受
到法律規範的一個自由政體。這個政體，不但徹底拒斥專制與
任何絕對的權力，而且必須是由參與其中討論，並能治理公
共事務且具有責任感的公民所共有。10 正因為如此，許多學者

了革命後的發展與所建立的制度。鄂蘭推崇美國革命後所建立的自由共
和制度可以想見。見Hannah Arendt, *On Revolution*, Introduction by Jonathan
Schell (Penguin Classics, 2006), pp. 139-156, esp. pp. 146-147, 155-156。

10 有關鄂蘭研究古典共和思想及其本人發展出的新共和主義，見Margaret
Canovan, *Hannah Arendt: A Reinterpretation of Her Political Thought*
(Cambridge: Cambridge University Press, 1992), Ch.6, esp. pp. 203-204。另外，
蔡英文在其研究鄂蘭政治思想的專書中，也將她晚期思想稱為「自由憲政
之共和主義」，並有深入的分析與說明。見蔡英文，《政治實踐與公共空
間——漢娜‧鄂蘭的政治思想》（臺北：聯經，2002），頁vi、94-103、
202-210。李建漳《漢娜‧鄂蘭》一書中也有詳盡的討論，但是筆者不同
意此書作者認為鄂蘭「共和思想明顯缺乏了對公民道德面向的要求」的看

才都認為，鄂蘭對「自由的普世主義」從來都有她一貫堅定的立場。[11] 也正是根據她堅持自由的普世價值與自由共和政體需要公民參與共同治理的看法，我們在下文討論林毓生的思想時，才可能將林毓生與鄂蘭在這些議題上的相似觀點，做一對照的說明。他們思想上的相近，明顯符合叔本華（Arthur Schopenhauer, 1788-1860）、尼采（Friedrich Nietzsche, 1844-1900）與維根斯坦（Ludwig Wittgenstein, 1889-1951）都說過的，不同的思想論述會有「家族親和性或相似性」（family resemblance）的看法。換句話說，林毓生與鄂蘭在思想上會出現交集，與「家族親和性或相似性」的邏輯是相合一致的。[12]

法。因為鄂蘭強調，公民參與討論公領域事務需有的責任感，以及和其他公民商議或理性辯論所需的合作能力，實質上都與公民道德息息相關。而且，筆者雖然同意此書提到鄂蘭的「公民共和主義」不重「自私個體」而是強調「公共精神」，然而，公共精神事實上正顯示出公民道德在鄂蘭思想中是一個基礎性的道德。有關引文見李建漳，《漢娜・鄂蘭》（新北：聯經，2018），頁110-113。在Canovan的*Hannah Arendt*書中第五章，特別是頁198-200，對鄂蘭認為政治有其本身的一種道德及意涵所提出的解釋，亦可支持筆者的看法。

11 此處「自由的普世主義」，是翻譯王德威在不同脈絡下討論鄂蘭對人之誕生開端、敘寫能力及其政治行動之間關係時的用語，原文為「liberal universalism」。見David Der-wei Wang, *Why Fiction Matters in Contemporary China* (Waltham, Massachusetts: Brandeis University Press, 2020), pp. 19-20。承王德威教授惠贈此書，謹此特致謝忱。

12 有關「家族親和性」如何為這幾位歐洲思想家所用及其定義，見：https://en.wikipedia.org/wiki/Family_resemblance。

二、葛桂恩——莎翁悲劇的習作與思想意義

　　鄂蘭之外，林毓生當年在芝大還選了葛桂恩先生（David
Grene, 1913-2002）的兩門文學課：一門是研讀莎士比亞
（William Shakespeare, 1564-1616）的悲劇，一門唸的是俄國
19世紀大文豪杜斯妥也夫斯基的作品。林毓生本人對他自己研
讀這些文學經典的過程，以及葛桂恩對他思想成長的關注，有
較為詳細的敘述。[13] 此處關注的是，林毓生說他本來對莎翁悲
劇不甚了解，然而當他掌握「宇宙本身缺憾」是悲劇的一個
基本要素之後，就終於能為悲劇課寫出一篇報告，去分析莎
翁筆下的《奧賽羅》（*Othello*），報告題目就是："The Tragic
Balance and Theme of *Othello*"（〈悲劇的平衡與《奧賽羅》的
主題〉）。這篇報告原本是要分析構成悲劇的基本元素與《奧
賽羅》一劇的題旨，但是其中卻顯示出，林毓生最重視的其實
是這齣悲劇的女主人翁在劇中展現的高貴人格。就他看來，女
主人翁這種人格的品質，正在於她展現出人間的至情與真愛。
第二章已經提到，筆者認為林毓生對具有「高貴靈魂」女性的
尊重與敬佩，最早的源頭是來自他的母親。因為他的母親對其
家人屈己的無私之愛，與其平等待人、臨危助人之舉，都讓他
感受到人的靈魂有一種內蘊超越的可能。我們甚至可以說，雖
然林毓生在《奧賽羅》中看到女主人翁的真愛只給她帶來痛苦

---

13 見林毓生，〈試圖貫通於熱烈與冷靜之間——略述我的治學緣起〉，收入
　《思想近作選》，頁232-234。葛桂恩先生是社會思想委員會創始人之一，
　以翻譯古代希臘文學著稱。其生平與譯作見：https://en.wikipedia.org/wiki/
　David_Grene。

悲慘的結局，但是，正是她無懼死亡而且願意為真愛做出的奉獻，讓林毓生最終理解到她展示的其實是一種類似神祇般的高貴品質。由此林毓生當時也才領悟到，宇宙間的缺憾為什麼是人力永遠無法扭轉的一齣永恆悲劇。林毓生的報告沒有繼續追問人是否有可能掙脫這樣的悲劇，不過，當我們在第八章討論他對中國人文重建的看法時，我們會看到林毓生對生命中悲劇的解讀，其實並不那麼聚焦在人永遠無法扭轉宇宙缺憾的那種莎翁式悲劇的看法；相反地，他是把重點放在理解為什麼會有人要去奮力扭轉悲劇，以及他們在扭轉悲劇時所展示出的生命意義。此處應該說明的是，林毓生本人上完這門課後，並沒有再發表特別的文章，討論他對悲劇的看法，因此我們無法完全肯定地說他對悲劇的解讀有了一個轉化。但是，他後來發表的一些文章，確實讓筆者覺得，他對生命中的悲劇解讀與他寫那篇研究報告時的看法相當不同。這個不同的看法，在第八章我們解說他對人文重建與另外幾篇相關文章的題旨時可以獲得印證。第八章的討論也會顯示個人扭轉生命困境的努力，事實上也與林毓生闡釋傳統儒家文化的一些基本價值緊密相連。我們可以先簡單地說，林毓生對儒家認為個人可以憑藉道德力量直面生命中的橫逆挫折，甚至在悲劇發生後仍不放棄奮鬥，就是一種生命高度的展現。由此我們也可以看到，個人雖然無法扭轉悲劇，但個人的奮鬥卻已經揭示生命本身潛存著的超越意義。

　　當然，個人在宇宙缺憾之下仍然努力扭轉自身命運的奮鬥，與毛澤東相信人定勝天的看法，以及由此引出他那種脫離常識的烏托邦政治運動，不但屬於截然不同的兩個範疇，而且

必須做出根本性的區隔。因為全面掌控國家與政黨機器的政治人物，絕對應該「信守」韋伯所說政治人物從政的初衷或「意圖或心志倫理」，也就是要信守林毓生所說「減輕生靈的苦難／或增進公眾福祉」的初衷。更重要的是，這些政治人物不但應該保有從政初衷的切實熱情，還必須在政治運作的過程中，具備韋伯提出的「責任倫理」。[14] 這種責任倫理需要政治人物根據「冷靜的判斷力」去務實考量專家對國家提出的不同發展方案，以及執行這些方案時可能導致的種種結果，同時，更需切實評估承受各種預期風險的可能範圍。簡言之，政治人物執意追求虛幻烏托邦所造成的災難後果，與個人在生命層次上追求扭轉自身困境的奮鬥，絕不可混為一談。

我們這裡也許可以追問：為什麼除了《奧賽羅》，林毓生從來沒有再提莎翁其他的悲劇作品？最簡單的回答也許是：他沒有必須在這方面寫研究報告的壓力。而且，多半的文學作品與他的基本關懷也不一定會有直接的相關。不過，林毓生認為黃春明早期的一篇文學作品，具有極為深刻的思想意義。這就是說，我們需要換一個視角來回答這個問題。這個回答仍然可以從他解釋黃春明的這篇作品中，找到相關線索。

---

14 林毓生對韋伯有關政治人物必須平衡意圖倫理與責任倫理的看法，有極為深入的闡釋。見林毓生大幅修訂其2000年〈政治家的條件〉一文後之新版文章〈政治家的條件──兼論韋伯的「心志倫理」與「責任倫理」〉，收入《思想近作選》，頁267-282。韋伯本人對這兩個政治倫理的說明，見其 "Politics as a Vocation," in Hans H. Gerth and C. Wright Mills, eds., *From Max Weber: Essays in Sociology* (New York: Oxford University Press, 1958), pp. 77-128, esp. pp. 120-121, 126-127。

　　我們已經知道，林毓生對黃春明這篇作品中女主人翁的分析，揭示出這位女性有一種道德自主性與超越性。但是，林毓生對學界一般都稱許是中文世界的經典作品，包括像張愛玲的《金鎖記》或白先勇《臺北人》等代表作品中的人物，卻從未著墨。顯然，他對這些作品有所保留。這樣的保留，明顯涉及每個人的閱讀會因為興趣與關懷的相異，而有不同評價的原因。然而，更重要的因素，恐怕還是與林毓生對人應該有道德自主的看法有所關聯。何以見得？因為不論在文章中，或是在平日談話時，林毓生總是強調理性的重要性。熟悉他1980年代論著的人都知道，他寫過一篇題為〈什麼是理性〉的長文。[15]對他來說，人除了要有「真感情」，更需要做的是「發揮理性」。[16]真感情雖然不可或缺，但若不能發揮理性，人就無法稱得上是一個有道德尊嚴的個體。理性對林毓生而言，既不應該是僅僅停留在常識層面的「理性」，更不應是「天真的理性主義」——亦即：不應該是類似實證主義那樣，認為只有經過實驗證明的結果才稱得上是理性的那種理性，而應該是林毓生所信服的「批判式的理性論」。林毓生的論點在：人都有常識性的理性，而且常識性理性相當重要，但卻不夠精確，甚至可能出錯。至於實證主義說的理性就更有問題了，因為這種依據驗證而得的理性，根本不可能解決生命中有關價值與信仰的基本問題，也完全忽視「理性本身的能力是有限的」這個事實，

---

15 此文收在林毓生，《思想與人物》，頁57-86。

16 此處引文是林先生1980年代初回答筆者的一個問題時提到的，見丘慧芬編，《自由主義與人文傳統：林毓生先生七秩壽慶論文集》中之〈前言〉，頁16。

因此純然屬於一種天真的理性主義。據此，林毓生就主張，必須發揮批判式的理性，同時要對這種理性加以「有效的應用」。林毓生認為，有了這樣的認知，才能真正有助我們去發現人生之中什麼是真正的「真實」，也就是可以去掌握人生中有意義而且有價值的真實。[17] 從這個角度來看，任何描繪在逆境中放棄奮鬥並墮入自戀、自憐以致喪失理性且又自縱沉淪的文學作品，都很難為林毓生欣賞或接受。根據上面的討論，我們可以說，莎翁筆下的哈姆雷特與馬克白或李爾王，因為各種疑惑與猶豫，或是耽溺於權力與讒言，使得他們無法以批判的理性去主導他們切實承擔他們應有的責任，結果造成善良與無辜生命的隕落，也使身為君王的他們不太有可能會出現在林毓生的論述中了。

　　如果上面的這個解釋可以被接受，我們也許就可以合理地說，這樣的解釋有可能就是林毓生何以除了《奧塞羅》之外，從不提莎翁其他悲劇的一個相關原因。我們甚至可以斷言，芝大的研讀雖然使林毓生經歷了思想上的「脫胎換骨」，但是，當我們將他撰寫《奧塞羅》的研究報告以及他討論該劇女主人翁的真愛，去與他母親的超越性格對照閱讀時，我們就會發現他思想內的深層「胎骨」，其實仍然浸染著儒家有關道德自主的底色——儘管這個底色可以因為不同的關注焦點而有濃郁與清淺之別。也許，這個思想的底色正是構成他日後提出傳統不需要，也不可能全面打倒，而是要對其進行「創造性的轉化」的一個基本原因吧！

---

17 見林毓生，〈什麼是理性〉，《思想與人物》，頁58-59、64與66。

三、席爾斯──意識形態與韋伯的「奇理斯瑪」

　　無論如何，林毓生對鄂蘭與葛桂恩二位老師給他的影響，都沒有再多加追敘。相形之下，他記述社會思想委員會其他授課師長對他的影響就多了許多。這些師長中，對他日後研究有直接影響的，就是當時社會學的權威學者席爾斯先生（或譯希爾斯〔Edward Shils, 1910-1995〕）。不過，林毓生剛去社會思想委員會唸書時，席爾斯正要著手研究非洲的社會，因此沒有對他想要研讀的韋伯給予什麼指導。[18] 等到林毓生日後開始撰寫博士論文時，他才注意到席爾斯其實是研究韋伯的代表學者。在用了不少時間鑽研席爾斯的研究後，席爾斯關於韋伯的看法也自然對林毓生產生了相當直接的影響。簡單地說，這個影響來自席爾斯對意識形態的研究，以及他對韋伯有關「奇理斯瑪」（或譯卡理斯瑪〔charisma〕）的內涵所做擴大之後的闡明與應用。根據林毓生自己的研讀，他知道韋伯是將基督教早期所用「奇理斯瑪」一詞來指稱人得自上帝恩典的一種天賦。林毓生也熟悉韋伯將這個天賦與他討論的一種有非凡特質的創新人格做了結合與再造，繼而又據之去說明這種人格特質形成的權威，是形成社會上最有力量的權威。換句話說，建基於這種非凡人格特質的權威，對一個整體的社會來說，可以產生最強烈的感召與動員的力量。與此同時，林毓生也看到席爾斯一

---

18 應指出，林毓生在1960年赴美時，曾在舊金山停留。當時一位美國朋友帶他去參觀加州大學柏克萊校區（University of California, Berkeley），並在書店看到韋伯的著作，他才知道韋伯是20世紀西方最重要的思想家之一，從此也就決定要鑽研韋伯的論著。

方面受到韋伯解釋這種奇理斯瑪權威的影響；但另一方面，席
爾斯卻不同意韋伯認定這種權威無法在現代官僚體制下存續的
結論。這個結論就促使席爾斯去擴大了韋伯對奇理斯瑪權威原
先界定的內涵，也就是將此權威擴大解釋作是與決定社會秩序
有關的一種基礎性力量。這種力量指涉的就是社會的中心，或
是此一中心代表的價值系統。這個社會中心，不但關係著人們
對秩序的渴望，而且也只有通過這個中心，人們才能感受到自
身確實接觸到了一個終極的超越力量，也才能覺得自己是參與
在這個力量凝聚成的奇理斯瑪秩序當中。正是席爾斯這個擴大
的闡釋，啟發了林毓生日後在研究五四激進反傳統主義時，將
中國傳統的普遍王權制度定性作是傳統中國社會的奇理斯瑪中
心。[19]

　　席爾斯關於意識形態的說明，對林毓生五四激進反傳統主
義的研究，事實上還有一個相當關鍵的影響。那就是：林毓生
將五四激進反傳統現象定位與定性作是一種意識形態式的反傳
統，因此必須稱作是一種激進的反傳統**主義**，而不能僅僅只用
反傳統思想去剖析這種激進思想所呈現的意識形態本質。也正
因為如此，林毓生才會根據席爾斯的解釋，對意識形態提出了
一個扼要的定義與說明。他界定的意識形態是指一種：[20]

<hr/>

19　林毓生在論五四激進反傳統主義的專書《中國意識的危機》中，特別提及
　　席爾斯對他的影響，尤其是關於奇理斯瑪的解說。此處有關韋伯與席爾斯
　　對奇理斯瑪權威的說明，是根據林毓生專書新譯本中的譯文。英文本見*The Crisis of Chinese Consciousness*, pp. 21-22, n. 24；中譯本見林毓生著，楊貞德
　　等譯，《中國意識的危機》，頁41-42，註24。
20　林毓生，〈邁出五四以光大五四──簡答王元化先生〉，載其《政治秩序

　　對人、社會及與人和社會有關的宇宙的認知與道德信念的通盤形態……意識形態的特色是它對與它有關的各種事務都有高度而明顯的「系統性」意見……它往往要把系統中的其它成分整合於一個或幾個顯著的價值（如平等、解放、種族純粹性等）之下。就這樣，它往往是一個封閉系統，對外界不同意見採排斥態度。從內部來看，它一方面拒絕自我革新，另一方面，要求追隨者絕對服從，並使追隨者覺得絕對服從是具有道德情操的表現。意識形態的形成與傳播則要靠「奇理斯瑪」（charismatic）型的人物的出現與領導。

　　我們在第六章會有林毓生探索並回應現代「中國意識危機」的重點討論，也會進一步說明這個危機與五四反傳統思想所形成的意識形態之間的複雜關係。不過，此處可以先說明的是，林毓生雖然接受了席爾斯對韋伯關於奇理斯瑪權威的擴大解釋，但是不應忽略的是，林毓生也提到他的研究是屬於韋伯「理念／理想型」（ideal type）分析的一種方法論。因為第六章會進一步說明林毓生何以將自己的研究歸屬於韋伯的方法論，也會討論他關於理念與理想型並不相同的解說，此處只需先強調林毓生對五四整體反傳統主義的研究分析，與韋伯提到的理念或理想型方法論，實屬同一範疇。[21]

與多元社會》（臺北：聯經，1989），頁351-371，引文見頁353-354。
21 有關林毓生受到「理念／理想型」方法論的影響，見*The Crisis of Chinese Consciousness*, p. 18, n. 19，或楊貞德等譯的中譯本，《中國意識的危機》，頁38，註19。中文譯本對此方法論譯作「理想型」，但因林先生晚近的文

四、海耶克與博蘭尼——自由民主論的建構資源

　　除了席爾斯與韋伯，另外對林毓生的研究有更加重大意
義，也是我們在第七章會特別討論的，就是林毓生經常提到的
海耶克與博蘭尼兩位大師。眾所周知，海耶克是根據古典自
由主義去闡釋自由與秩序以及自由與法治（rule of law）的關
係。他的闡釋，不但是林毓生本人建構其自由民主論述的基本
知識系統，也成為他堅持以自由主義為其立場信念的又一價值
來源。與此同時，因為博蘭尼對「自發性秩序」（spontaneous
order）的解說，是海耶克用來建立並說明其本人自由理論的一
個重要支柱，也自然就構成了林毓生討論自由時的一個必要理
據。博蘭尼本人根據科學認識論闡釋「支援」（subsidiary）與
「集中意識」（focal awareness）的關係，以及「支援意識」是
一種無法清楚說明的「默會知識」（tacit knowledge），亦即
是構成我們知識與文化的背景知識，都一再讓林毓生深切領悟
到要建立自由民主，不可能在屏棄傳統的前提之下，仍然冀望
去建立一個穩定良善的秩序。他曾經說過，當年接觸到這些大
師的代表論著，並面對他們各種複雜曲折又精微深奧的知識體
系時，他的思想是高度亢奮的，而且他是滿懷著熾烈的熱誠，

章提到其專書參考韋伯的方法論是屬於指向「歷史真實」的一種分析，因
此應譯作「理念型」更為妥適。因此，此處先採用「理念／理想型」的說
法，下文討論時，會再提出林先生對此二者實有不同的說明。此一說明也
刊於林毓生，〈韋伯「理想型／理念型分析」的三個定義及其在思想史研
究方法上的含意與作用〉，收入《思想近作選》，頁245-253，特別是頁
249。

要積極去掌握這些新知理論。即便如此，林毓生卻也說過，他那時的心情還是經常會感到寂寞。而且在心情寂寞時，他得到「最大的鼓勵與支持」，卻並不來自鑽研新知所獲得的快樂，而是建立在他與殷海光1961到1969年往來書信中論學之樂的師生情誼上。[22] 很多人都知道，他們師生的書信錄感動了許多關心當代中國知識分子思想與命運的讀書人，甚至可以說得上是為中國人文傳統在當代留下了一部動人的「翰墨因緣」錄。[23]一位大陸學者就直言他們的書信錄，代表的是「兩代自由主義的知識人，就學術中的重大問題，國家的走向與文化的發展，平等交流，理性切磋的珍貴紀錄」。他們來往書信的文字間所流露出的「真樸懇摯之心」，也被看作是一種「深具文化意蘊的中西方美妙的融合」。[24] 另有一位學者，在讀他們的書信時，也感到可以與他們在精神上相通，而且會在這樣「以精神的交流」過程中，讓他覺得可以「驅散黑暗和寂寞」！[25]

不應忽略的是，即使海耶克給林毓生那種「知識貴族精神的感召」，無法像林毓生與殷海光來往書信之誼那樣可以驅走他異域求學的寂寞，但是，如果沒有受到海氏「知識貴族精

---

22 林毓生，〈翰墨因緣念殷師〉，收入殷海光、林毓生，《殷海光林毓生書信錄》（重校增補本），頁4。這些書信的原稿仍然存放在加州史丹福大學胡佛研究中心圖書館，讀者可前往參閱。

23 此即林毓生〈翰墨因緣念殷師〉一文之題目，出處同上，頁3。

24 這些引語是胡曉明教授的評語，刊在2010年臺大出版中心出版之《殷海光・林毓生書信錄》書封封底。

25 請參閱唐小兵教授的重要書評，見其〈殷海光與林毓生：以精神的交流驅散黑暗和寂寞〉，載2016年11月12日《新京報》，https://kknews.cc/culture/omgkvr6.html。

神的感召」，林毓生是否能在通過博士資格考後化解一個「危機」，並且能繼續去完成本來出國深造的終極目標，恐怕也是難說的。按照林毓生自己的描述，他通過博士資格考後，因為多年來都在全心研讀西方自由主義的經典，到了需要選定博士論文題目的時刻，卻發現自己陷入了困境。這是因為，他不能決定是要根據西方自由主義的傳統，去做更深入的選題與鑽研，或是應該回到原先出國是要探索自由主義在現代中國的挫敗及其前景，來作為論文選題的方向。這樣的困境，造成他說自己從「心靈深處湧現出來一個不大不小的危機」。[26] 值得注意的是，化解這個危機的最主要原因是來自海耶克先生與他的一個談話。那段時間裡，海氏正好從德國回到芝大發表一系列的講演。林毓生因此就在一個秋天的下午，特地去芝大當時為海耶克安排的住所拜望老師，同時也將自己內心因論文選題造成的徬徨與迷茫，稟報了海氏。海耶克聽後，就將他自己在第一次世界大戰結束後從奧匈帝國陸軍退下，攻讀維也納大學的一些艱難情況告訴了林毓生。海耶克說，他自己在過去的四十多年中，「所有的著述都直接或間接」扣緊在他的「個人關懷」上。他又特別強調這個關懷「並不蘊涵」個人一定會因此受到自己偏見的左右，而且個人關懷與知識追求「不但不相互衝突，而且是相互為用的」。正是這樣的一番話，徹底消除了林毓生心中的危機，讓他突然領悟到個人關懷與自己的治學過程可以緊密結合，也使他再一次清楚地肯定了要將自由主義在

26　引文見林毓生，〈試圖貫通於熱烈與冷靜之間——略述我的治學緣起〉，收入《思想近作選》，頁236；有關論文題目之困境，亦見頁237-239。

現代中國的命運發展作為自己「知性探索的出發點」。[27] 也正是通過海耶克，林毓生第一次聽到博蘭尼與他的經典之作《個人知識》（*Personal Knowledge*）。海耶克提到，在這部書中，博蘭尼從認識論出發對實證主義提出的批判性分析「深具洞見」。由此也就開始了林毓生自己對博蘭尼認識論以及其對自由論著的研讀。當時他已經清楚看到博蘭尼討論自由的卓絕之見，但是他卻無法確切掌握博蘭尼《個人知識》中一些議題的論證邏輯，而且是一直要到1970年他獲得威斯康辛大學麥迪遜分校（University of Wisconsin-Madison）的終身教職，並在日後申請到研究獎助金可有一年時間專門研讀之下，他才對這本認識論有了「細緻與通盤的理解」。[28]

五、脫胎換骨

在受到像海耶克那種「知識貴族」式的訓練與陶冶，又受到像博蘭尼與韋伯學說給他在思想及方法論上的深刻影響之後，林毓生確實覺得自己已經逐漸走出了先前跟隨殷海光唸書時偏向科學實證主義的思維視域。此外，他也不再接受殷海光原先那種激烈反傳統的立場。用他自己的話說，芝大這個獨特的學思經歷，就等於是一個讓他經歷「脫胎換骨」的過程。[29]

27　同上，頁239。

28　同上，頁239-240。

29　林毓生在〈翰墨因緣念殷師〉一文之頁7-8，及頁7的註釋，已解釋他在「思想內容或論式轉折上」，都與殷海光「有相當的不同」，尤其是對學習邏輯的看法。

不可忽視的是，林毓生從來沒有因此忘記，引導他在思想和知識領域中最早認識海耶克與自由主義的啟蒙老師是殷海光。當然，站在追求知識的立場上，他並不諱言殷先生對自由主義及現代科學的認識確有可議之處。一個直接的例子是，他認為殷海光極力提倡的邏輯學，很難從實質層面對有關的研究問題建立起具體的理解。[30] 儘管如此，在接受了脫胎換骨的思想培育之後，林毓生日後對自由提出的闡釋與說明，確實也修訂並擴大殷海光對此概念的看法。更重要的是，林毓生提出的解說，也是中文世界有關自由基礎與其理據最早的有力論證。從這個角度來看，我們至少已經有理由先將他的論證看作是對中文學界提供了一個有開創意義的貢獻。

六、學位完成與成家立業

上面說到，林毓生是1970年到威斯康辛大學任教的。在此之前，他曾經在1966到1968年間去維吉尼亞大學（University of Virginia）教過兩年書。前往該處之前，他也在1966年年初，與已經認識兩年的心靈伴侶宋祖錦女士建立了自己的小家庭。維吉尼亞大學的兩年生活，除了教學並設法抽出時間撰寫論文之外，他與妻子也開始共同養育誕生不久的愛子。然而，林毓生知道，兩年時間一過，他就必須另外再找教職，內心不免有些壓力。幸運的是，他在1968年很快就獲得去奧勒岡大學

---

30 見〈翰墨因緣念殷師〉頁7，特別是註釋2，他對殷海光全力提倡邏輯與偏重「科學方法」易忽略對相關問題在實質面的具體理解。

（University of Oregon）任教的機會。雖然這仍然只是僅有一年的短期工作，但他在任期未滿之時又申請到一份博士後的獎學金。有了這份財力資源，他決定辭去奧勒岡大學的教職以便全力撰寫論文。由於當時奧勒岡大學圖書館的中文資料相當有限，結果到了1969年的春天，他與妻子就決定回到東岸麻薩諸塞州的劍橋居住。如此，林毓生才可以一方面再與他尊敬的史華慈先生討論他博士論文中的一些問題，一方面也才能充分利用哈佛大學燕京圖書館的豐富藏書，來完成論文的書寫。

七、史華慈的指導與啟發

在哈佛那樣沒有教學責任的研究環境之下，林毓生終於在一年的時間內完成已經花了六年心血撰寫的博士論文。這個論文就是他在1979年出版五四激進反傳統主義英文專書的基本原型。必須指出，早在1965年當林毓生去哈佛蒐集並閱讀材料之時，他就已經獲得史華慈先生給他的許多建議，而且自此之後，他與史華慈也建立起亦師亦友的深厚友誼。他知道史華慈原本就有世界史與西方思想史的知識背景，這個深厚的背景，雖然植基於西方人文思想的傳統，但同時也來自史華慈本人對人類境況既有陰暗低俗也有光明高貴的洞察與反省。林毓生認為，史華慈對知識那種發自內心的謙虛態度，是他在道德與思想上的資源，通過這個資源，史華慈對中國與西方思想傳統中各種不同的學說，因此就形成一種真正的同情理解。正是這樣的理解，讓史華慈對中國思想史有了遠遠超過一般水平的體悟與洞見。僅僅就他的知識格局與思想深度來說，史華慈不但在

指導林毓生的研究專題上給了他許多啟發，對林毓生這部論文的思想內容與主要論證，也都有莫大的助益。[31]

八、海耶克對林毓生論文的讚賞

　　根據林毓生博士導師海耶克的稱許，我們就可以了解這部論文何以在日後寫成了專書並獲得出版，之後更刊行了中文譯本與日、韓譯本，成為中文世界的一本經典之作。海耶克的稱許可以在他給林毓生的一封信中清楚顯現。信是在1970年5月25日發出，應該還是在海耶克由美國返回歐洲後寄出的。[32] 此處即將筆者所譯的中文與原信的內容都一併列出：[33]

　　　親愛的林，
　　　　我已在星期五晚間從紐約返回，而且已經開始用過去的

31　林毓生對史華慈的欽慕與尊敬，見其在哈佛大學為史華慈舉辦的追思紀念會上的發言"Remarks at Harvard University Memorial Service for Benjamin I. Schwartz"，收入《思想近作選》之〈附錄〉，頁505-507。

32　海耶克1969到1977年，成為奧地利索爾茲堡大學（University of Salzburg）的教授。然而，他1969年也同時在美國加州大學洛杉磯分校（University of California, Los Angeles）進行客座講學，並同時準備一本專著的研究及出版。不過，因為他多半時間在奧地利，而且當時去奧地利的客機應該多半都需要從紐約起飛，所以此信開始提及從紐約返回，應該就是指返回奧地利。有關海氏這段期間的經歷，見：https://en.wikipedia.org/wiki/Friedrich_Hayek。

33　此信係由林先生交予筆者。因林毓生是中央研究院院士，通過林先生學生楊貞德教授的申請與安排，已為林先生在中央研究院文哲所設置一個資料檔案。林毓生的一些文章手稿、教課筆記與部分個人書信，都存放於此。

這個週末閱讀你的論文。我的報告與另一封通知電報以及給你的這封信，都會在同一時間發出。

　　讀你的論文很讓我高興，對我來說，這部論文似乎是一個十分出色的傑作。我對論文中有兩章都一樣列為第三章，原先有點兒不解，但最後就假定你是嘗試要將目前的第一章改作緒論，並將下面各章再按序依次列出，同時又將陳（即陳獨秀）的章節放在討論文化──思想方法的那章之後。我發現最有趣而且最具啟發性的，就是你討論後古典儒學以及附錄的部分。我在報告中也已經如此陳述。在評論你研究的實質面向上，我的能力當然很有限，但我的報告中，對你在形式與哲學方面所做的綜合論述以及闡釋都有所強調──不用說，我已經推薦授予你這個學位了。

　　獻上最美好的祝願，並希望遲早都會再見到你。

永遠是你忠誠的

F・A・海耶克

Dear Lin,

　　I returned last Friday night from New York and have now used this past weekend to read your thesis. My report and a cable announcing it will be sent at the same time with this letter.

　　I have much enjoyed reading your thesis which seems to me quite a distinguished accomplishment. I was a little confused by having two chapters numbered III, but finally assumed that you intend to turn the present chapter I into an Introduction and to number the following chapters accordingly with the chapter on Ch'en following that on the Cultural-intellectualistic Approach. What I found most interesting and illuminating was your discussion of post-Confucianism and the Appendix and said so in my report. But I am of course little competent to judge the substance of your work and stressed in my report the formal and philosophical aspects of the exposition—needless to say, recommending the award of the degree.

　　With all the best wishes and in the hope soon or later seeing you again, I remain

Yours sincerely

F. A. Hayek

　　我們已經知道，海耶克不是研究中國問題的專家，但是在他的領域中，他當然是有原創研究的一個最高典範代表。他對追求知識真理的熱忱與執著，不可能會讓他沒有根據地就隨便稱讚學生的博士論文。換句話說，當他在這封信中稱揚林毓生傑出的研究成果時，他肯定是認為他的學生確實提出了使人信服的研究與發現才會給予如此積極正面的評價。這樣出色的論文，顯然有助林毓生在1970年獲得威斯康辛大學麥迪遜校區的一份終身教職。

第五章

教學研究、著書立說，與
知識和道義之交

　　1970年秋季，林毓生開始在威斯康辛大學麥迪遜校區歷史學系執教。這個教職原本只有一年的聘期，但很快就改成有終身的教職。有了這個教職，林毓生的教研工作不但可以從此穩定下來，而且他也在學系一直任教到2004年才正式退休。在這三十多年的教學與研究生涯之中，他除了經常出席國際學術會議，或是受邀到臺灣、中國大陸、香港、日本、韓國、新加坡等地各重點大學講學，我們知道他也在1979年出版了研究五四的論著。因為論著對五四激進反傳統思想提出的重要論證與發現，日後也才有中譯、日譯及韓譯版的刊行。[1]

　　1975年之前，林毓生其實很少用中文發表文章。這是因為他當時必須將撰寫博士論文與尋找終身教職作為首要之務。此外，他從1960年出國留學後，就一直在盡力理解「西方自由主義的歷史發展與理論根據」，不斷要努力去掌握這個理論傳

1　關於此書日文與韓文版之譯文，見本書第一章註釋2。

統「所肯定的價值與理念」，[2] 中文書寫當然就不會是他關心
的事。我們知道，1974年年底，他返臺做研究並在母校臺灣大
學歷史系開了一門「思想史方法論」的課。那時，余英時先生
仍在哈佛大學任教，但1974年卻剛好在臺北。這是因為余先生
1973年曾向哈佛大學辦理兩年休假以返回香港擔任母校新亞學
院校長，並兼任香港中文大學副校長一職。1974那一年余先生
獲選為中央研究院院士，因此與林毓生都在臺北。林毓生那時
就藉著這個難得的機會去看望余英時。談話間，余先生提到
海外「人文學者」用中文撰文的重要性，也特別鼓勵林毓生
「努力一試」，林毓生聽後內心「頗為所動」。剛巧當時選修
他歷史系課程的學生中，有一些非常「關心中國文化」的純潔
青年，他們對知識的渴求與企盼，激起林毓生「對臺灣的關
懷」，覺得也許可以通過知識的傳授與切磋，讓自己對「中國
文化未來的發展產生一點直接的影響」。需要強調的是，當時
林毓生對五四激進反傳統主義的研究，在返臺之前已大致完成
了英文專書的初稿，也對「中國思想與文化」何去何從，有了
自己的基本看法，心中自然就生出用中文書寫的意願，並決定
將自己研究的成果與對中國文化的看法，都一併予以發表。他
決定後的結果，就是我們看到他1975年開始用中文發表的一系
列文章。[3]

　　不論是透過1975年在臺大的教課內容，或是透過他當時開
始發表的中文論文，林毓生對彼時臺灣的學術思想與文化領域

2　見林毓生，〈自序〉，刊於其《思想與人物》，頁1-10。此處引文見頁2。
3　同上，頁1-3。

都產生了真切的影響。一個明顯的例子，就是1980年代聯經出版公司特地將他從1970到80年代在臺灣《中國時報》與《聯合報》兩大報刊發表的文章，一併合成為兩本論文集出版。如果他的文章沒有廣大的閱眾，出版社恐怕不會那麼快就為他出版兩本論文集。另外，這兩本論文集內的許多文章，與他此後再發表的一些中文論文，也由中國大陸在2011年另結成冊，並以《中國傳統的創造性轉化》作為書題問世。[4] 上面已經提到，他的英文專書在1986年即有中國大陸翻譯的中文版，譯本也很快成為對大陸學界極具影響的一本經典論著。這一系列著作的問世，不但證實林毓生的學術思想與研究發現，在臺灣和大陸都已產生一定的影響，也證實他在中國近、現代思想史的領域已經成為一個代表的權威。這些研究著作及其隨之產生的影響，明顯是他在1994年被選為中央研究院院士的一個主要原因。

一、教學品質與學生回饋

　　研究著述之外，在他三十多年的教學生涯中，林毓生教過無數大學部的學生，也培育出一些碩士與博士學生。美國大學部的學生，一般在上完課後都很少再與授課老師來往，但總會有一些受到啟發的學生會始終保持聯繫。林毓生教過的一位大學部學生就是如此。這個學生的名字是鞠本（Michael R. Dreeben），在2004年曾任美國司法部副檢察總長（Deputy

---

4　聯經出版的兩本論文集，是1983年的《思想與人物》與1989年的《政治秩序與多元社會》。《中國傳統的創造性轉化》增訂本則由北京三聯書店出版。

Solicitor General, U.S. Department of Justice）。2005年為林先生
七十賀壽的論文集中，筆者曾將鞠本先生在2004年知道林毓生
要退休時寫的一封長信譯為中文。這裡需要再次引用信的部分
內容，以顯示這個學生如何描述林毓生身為一位老師的品質：5

> ……您的來信，展現了所有讓您成為一位深具啟導力量
> 的老師的品質——您對嚴謹思考與分析的重視，您選擇表
> 達思想中曲折幽微看法時所用的仔細而準確的語言，您對
> 知性生活的重要性所抱持的熱情，以及您對學生高度期望
> 與對教育價值的肯定……在那門課上，我學會了讓深奧的
> 文本吐露其內蘊祕密時所需運用的分析技巧。我開始體會
> 到，如何同情地深入歷史上個別的思想家出自內心對於思
> 想世界進行的探索可以成為我們了解歷史與社會上更加寬
> 廣趨勢的關鍵樞紐。我同時也回想起您是如何透過教學顯
> 示風範：您個人的文化素養與對知識的誠實信守，您對於
> 學問事業本身的熱情，您對每個人人格的尊重，您對歷史
> 上的聲音與當今世界上的問題具有重大關聯的信念，您對
> 學者間跨世代聯繫的持續關注，您對己身師長的尊敬與
> 感情，以及您對每個人都必須有自己的立場這個重要性
> 的堅持。

任何一位從事教學研究的工作者，應該都會同意這位學生

5　此處不再引其英文原文，但這封信的英文與譯文都刊登在筆者寫的一篇
　　〈前言〉中，見丘慧芬編，《自由主義與人文傳統》，頁13-14。

對林毓生的描述，與任何有關理想老師的刻劃及期待都是一致
相近的。

　　很多人都知道，北美大學的人文科系因為考慮學生就業不
易，多半不主張接受太多的研究生，但林毓生培育出的碩士與
博士學生不能算少。這些研究生當中，除了美國本地的學生，
也有好幾位是分別在1980與1990年代，從臺灣、香港或馬來西
亞特地去跟林毓生唸書的。有些學生唸完碩士後，由於各種原
因沒能留在麥迪遜繼續研讀。不過，這些學生始終都與林先生
保持聯繫，日後也多半都與林先生一樣選擇進入學界工作，一
邊教學，一邊也撰文著書，以擴大近、現代思想史的研究視
域。6

　　林毓生幫助年輕人理解中國思想傳統的熱忱，也不限於他
自己在北美的教學工作。如前所述，他1970年代中期在臺灣大
學教授思想史課程時，就已經啟發了一些學生去思考近、現代
史上的關鍵問題。他們日後雖然不一定會將近、現代思想史選
作自己研究的主要專業，但他們之中成為這個專業的工作者，
卻都以各自的研究成果豐富了相關的歷史領域。7 如果從林毓生
當年教他們思想史課程時的初始影響來看，他對思想史後來能

6　從臺灣去跟林先生讀書的學生，現在多已返臺在中央研究院或臺灣各大學
　　繼續教研工作，包括像80年代的羅久蓉與朱曉海，以及90年代的楊貞德、
　　郭亞佩、楊芳燕、王遠義與傅可暢。另外還有從香港與馬來西亞去的鄭華
　　君與劉慧娟，以及之後改學其他專業的Christina Chan。他們之中許多人的
　　論文與研究，在網路上皆有所見。
7　除了第一章提到的林維紅與邢義田兩位教授外，當時上過林先生課，並在
　　日後出國深造後返回臺灣史學界工作且有重要研究成果的，還包括像臺灣
　　大學陳弱水教授與中研院黃進興院士。

在臺灣開出一個饒富生機的研究領域，至少可說是有啟蒙貢獻的。

二、返臺教學與中國大陸訪學建立的共識之交

　　我們知道，林毓生1970年代中期在臺灣教學時，正是國民黨威權統治開始逐漸鬆動的時期。雖然臺灣當時還不可能立即走出威權的陰影，但是國民黨高層顯然已經意識到開放權力與實行本土化政策的必要性。況且，彼時臺灣社會早已繼承《自由中國》當年以言論論政的傳統，尤其是《聯合報》與《中國時報》兩大報系的創辦人，也不斷刊登海外學者討論歷史、現代化與西方自由民主的文章，社會上更開始出現類似反對黨的「黨外」勢力，持續在抨擊國民黨的威權統治。這些不同因素的交相互動，對專制政權產生了不容小覷的壓力，使得國民黨高層不再能完全蔑視民意，更何況臺灣1971年因中共施壓被迫從聯合國退出後，如何維繫美國對臺灣的支持就更是日益迫切，也更加關鍵。在這些複雜的內部發展與詭譎多變的國際局勢影響下，國民黨也不太可能，或也不太願意再輕易去走高壓消音的老路。於是臺灣社會就逐漸出現了更多言論「自由」的空間，而威權似乎也開始尋求讓自己轉型但又不致失去權力的可行之路。正是在這樣的時空脈絡之下，林毓生回到了臺灣教課。

　　那段在臺大教學的時間，林毓生除了與聽課的一些學生建立起往後幾十年的師生之誼，也與另一位在東海大學唸書並聽過他講演的年輕人建立起特別深厚的師生關係。這位聽過林

毓生講演的年輕人是陳忠信，他日後在臺灣政壇當選過立法委員，並在2000年到2008年民進黨執政時期主掌中國事務部的職務。他對中國大陸內部的政爭歷史，以及這些政爭對中國學術與文化造成的傷害，比起彼時一般政界人物，都有更多的認識與理解。

三、陳忠信——反思韋伯現代性與臺灣現代化

　　1970年代，林毓生剛認識陳忠信時，他已經認為陳忠信這個年輕人有一流的頭腦，不但自學韋伯思想，而且能與林毓生討論學習心得和一己之見，使他在當時與林毓生接觸到的年輕人當中，顯得特別突出，因此也讓林毓生格外欣賞。後來在1987與1997這十年期間，陳忠信也將自己在報刊上以「杭之」為筆名發表的公共議題文章，都集結成冊，出版了四本專書。[8]舉例而言，陳忠信那時對韋伯有關現代性的論說特別有興趣。通過韋伯對「工具理性」與「價值理性」的討論，他看到韋伯擔心現代世界因為工業資本主義的籠罩與宗教信仰的退位，使得世界不再令人著迷。這個韋伯所說「除魅」了的世界，讓現代人在國家官僚機器不斷推動現代化的過程中，也不斷遭受計算謀利的「工具理性」驅使，而失去追求生命意義所依「價值理性」的興趣及意志。這樣的現代人，對韋伯而言，到頭來也

8　見陳忠信，《一葦集——現代化發展的反省斷片》（臺北：允晨文化，1987）；《一葦集——續篇》（臺北：允晨文化，1987）；《邁向後美麗島的民間社會》（臺北：唐山出版社，1990）；以及《國家政策與批判的公共論述》（臺北：業強出版社，1997）。

只能落入任憑「工具理性」宰制的「鐵籠」。換言之，就是成了「工具理性」役使的奴隸。

　　看到韋伯對「工具理性」可以驅使現代人陷入「鐵籠」的分析與解說，陳忠信體會到，彼時臺灣的現代化正是走在被「工具理性」掌控的路上，而臺灣「生態環境的破壞，社會結構的變遷與重組所衍生的各種問題、價值秩序的混亂與解體……」也都沒有受到政府應有的關注，更談不上有什麼特別因應的對策或改進的方案。[9] 面對1980年代臺灣現代化出現的各種問題，陳忠信發表的反思文章不啻是一個及時的警訊，對之後臺灣社會出現的各種環保團體與消費者權益的保護組織，或多或少都有了些影響。我們甚至可以說，陳忠信雖然根據韋伯對現代文明會無可避免陷入「鐵籠」的悲觀看法，去反思臺灣現代化的結果與問題，但這樣的反思，其實也呈現出一個拒絕讓韋伯悲觀的現代文明論成為臺灣現代化的註定命運。

　　儘管陳忠信不是學界的工作者，但他這種以文字批評時政的行動，與林毓生本人以言論介入公共事務的作為，就他們的公共關懷來看，基本上完全相同。據此，我們可說他們二人能

9　陳忠信的反思，見其〈序論：依賴的現代化發展的反省〉，《一葦集——現代化發展的反省斷片》，頁1-32，特別是頁12-29；與〈永恆的難局——「一九八四式」危機之倫理根源的弔詭性〉，同書頁47-57，特別是頁49-53。韋伯對「價值理性」與「工具理性」的說明，見其"Basic Sociological Terms," in *Economy and Society*, edited by Guenther Roth and Claus Wittich, Vol. 1 (Oakland: University of California Press, 1978), pp. 24-26；對現代世界除魅後可受「工具理性」宰制而困在鐵籠的說法，見其討論新教倫理與資本主義精神的代表作，即Talcott Parsons, trans., *The Protestant Ethic and the Spirit of Capitalism* (London: George Allen & Unwin, 1976), esp. pp.181-183。

延續幾十年的交往，確實其來有自。

　　雖然陳忠信沒有選擇進入學界，但他全心投入彼時臺灣的黨外運動時，他顯然認為參與政治運動才能對那時的威權統治施加直接的社會壓力，並有可能產生一些實際效果。他當時最大的企望，也顯然是希望黨外的壓力能直接結束威權統治，並開始建設臺灣的自由民主。在這個層面上，陳忠信會以投入政治運動作為一己志業之抉擇，也就很可理解了。然而，他的抉擇在那段時間卻只能帶給他挫敗，甚至讓他在1979年，因美麗島事件遭到四年的牢獄之災。

　　要指出的是，林毓生對這個幾近私淑弟子的重視，並沒有因為他投入政治活動而有所改變。林毓生那時不知道黨外抗爭最後會有什麼結果，但當黨外力量在1986年正式成立民進黨，並且在2000年首次取得執政權之後，林毓生和彼時的臺灣社會都是真切冀望民進黨的執政，會將自由民主的基本建設作為當務之急。也是在那樣的歷史背景之下，林毓生特別對陳忠信寄以厚望，希望他的知識與能力，可以發揮一些促使權力去啟動政治改革的正面作用。不過我們都知道，臺灣首次政黨輪替後的執政，是以第一家庭貪腐入獄的結果告終的。[10] 第七章會討論林毓生對這樣的負面施政如何失望，以及他對此提出的尖銳批評。這裡要強調的是他對陳忠信的支持，以及曾經對這位私淑弟子所寄予的厚望。林毓生跟筆者說過，陳忠信是一個「有情有義」的人。雖然他沒有告知「有情有義」的具體內容，根據我的理解，這個內容至少與陳忠信從未因為林毓生不同意民

---

10 有關此貪汙的判定，見：https://zh.wikipedia.org/wiki/陳水扁。

進黨的臺獨立場，而對林毓生有所不敬有些關係。而且每次林毓生返臺，陳忠信無論如何都會與林先生小聚，有大、小事，也會盡力做到「有事弟子服其勞」。

對陳忠信來說，他1979年入獄之後，新婚不久的妻子本來會因他之故而失去在一家雜誌社的工作。他後來才聽說林毓生當時曾經跟可以與政府高層說上話的清華大學教授沈君山提過，是否可幫忙保住他妻子工作之事。那時陳忠信妻子工作的雜誌社負責人剛巧也有認為臺灣言論應該開放的傾向，結果通過各方的努力，陳忠信妻子的工作就穩住了。他們家中的經濟來源因此未被切斷，生計也得以繼續維持。

陳忠信很清楚，威權鎮壓是沒有邊界的。不論當年林毓生為其妻說話的實際效果是什麼，他與妻子對林先生那時的支持是銘記在心而且從未或忘，[11] 或許這也是林毓生與陳忠信幾十年來從沒有讓他們政治立場的分歧影響他們幾近師生關係的另一個主要原因。這樣的師生之誼，在人情相對淡薄的現代社會當然彌足珍貴。

四、與年輕學者合作的研究成果

除了與陳忠信的師生之誼，林毓生1980年代後因為經常在暑期返臺，所以也有機會認識了許多年輕朋友。這些朋友包括那時剛進入中研院歷史語言研究所的王汎森教授，以及像他那樣在學術研究上都相當出色的一些年輕學者。1994年林毓生

11　承陳忠信先生告知其妻當時工作之事，謹此致謝。

被選為中研院院士後，因為每隔兩年都必須返臺參與院士會議，使他自然就有更多機會接觸一些中研院的年輕學者。而且1999年，林毓生發起「公民社會基本政治社會觀念研究」的計畫獲得國家科學委員會的支持，在2000年又決議成立一個工作小組，由他本人返臺在中研院中山人文社會科學研究所（現為人文社會科學研究中心）親自主持並執行這個計畫。這個重要研究的開展，也更增加他接觸年輕學者的機會。雖然經過十四年的時間，這個計畫才以出版厚達九百頁的兩大冊專書劃下句點，但只要翻閱兩冊專書涵蓋的論題，我們就會看到這些論題及其內容，不但給中文世界提出在此之前從未確切釐清的一些重要概念，也專門針對這些概念提出了兩個系統性的論述。

　　第一個論述，對「直接及間接與西方民主有關的重要詞彙的核心意義」，做出關於「每個觀念的歷史、內容、含意及其問題」的扼要說明。第二個論述，則是參照第一部分對各個觀念的說明去釐清、追溯，並解釋這些觀念在「近、現代中國歷史脈絡中」的源起與演變。據此，再接著比較它們和其原先在西方民主制度下使用時之意義是否相容，或有所扞格，進而提出何以致此的緣由說明。[12] 參與這個計畫並撰寫相關論文的，除了林毓生本人與他的兩位學生之外，還包括對此兩部分的觀念或其相涉之歷史有專門研究的十六位學者。[13]

---

12 林毓生對這個計畫的源起、進展與結果有詳盡說明，見其〈主編序〉，刊林毓生主編，《公民社會基本觀念》（上）（臺北：中央研究院人文社會科學研究中心，2014），頁v-vii；此書下卷亦於2014年同時出版。

13 這些撰稿學者及其所涉論題與內容，見林毓生主編，《公民社會基本觀念》（上、下）。

　　因為建設臺灣自由民主是林毓生一直在學術思想上鑽研與思考的關鍵議題，所以他格外注意以西方自由民主與共和主義為專業研究的年輕學者及其著作。職是之故，他對錢永祥與蕭高彥在這方面的研究就特別感到興趣。[14]

五、錢永祥——質疑韋伯自由主義思想的純正性

　　錢永祥與蕭高彥是兩位思想型的學者，他們當時都在中研院的人文社會科學研究中心工作。錢永祥雖然幾年前已退休，但仍為該中心兼任研究員，並同時負責《思想》雜誌的總編工作。他在2005年撰寫的一篇論文中已經指出，林毓生看到自由主義在中國近、現代歷史的進程中往往只是追求國富兵強的工具，工具一旦失去效用就可隨時被棄。因此，中國自由主義的失敗根本談不上有什麼悲劇意義。[15] 林毓生認為，錢永祥這個觀察對他的「了解」不但「是深刻的」，[16] 他有關西方幾位重要思想家從黑格爾（Georg Wilhelm Friedrich Hegel, 1770-1831）、韋伯，到柏林（Isaiah Berlin, 1909-1997）、羅爾斯

14　錢永祥的簡歷與其研究論文，參見：https://www.rchss.sinica.edu.tw/people/bio.php?PID=18，這些論文有許多已收在他的專書，見錢永祥，《縱慾與虛無之上：現代情境裡的政治倫理》（臺北：聯經，2001），與《動情的理性：政治哲學作為道德實踐》。蕭高彥的簡歷與論文見：https://www.rchss.sinica.edu.tw/people/bio.php?PID=23，其專書見《西方共和主義思想史論》（臺北：聯經，2013）。

15　錢永祥，〈道德人與自由社會——從林毓生先生對中國自由主義的一項批評說起〉，原刊丘慧芬編，《自由主義與人文傳統》，頁33，後收入錢永祥，《動情的理性：政治哲學作為道德實踐》，頁25。

16　此處引用林毓生的這句話，是出自林先生2005年6月14日給筆者的信。

（John Rawls, 1921-2002）的研究論文，也都提出了細緻的思想分析。當然，錢永祥在1980年代中期編譯韋伯〈學術作為一種志業〉（"Science as a Vocation"）與〈政治作為一種志業〉（"Politics as a Vocation"）這兩篇著名演講，也早就為中文世界提供閱讀韋伯給20世紀思想留下「最重要文獻」的可貴譯本。[17] 與我們的討論更相關的是，錢永祥近年的研究讓我們看到韋伯政治思想中有一個極為複雜但卻無解的衝突與矛盾。

　　錢永祥是根據德國學者蒙森（Wolfgang J. Mommsen, 1930-2004）1959年研究韋伯與德國政治的中譯本，對韋伯政治思想中的這個衝突與矛盾做了分析與闡釋。他的闡釋讓我們看到，韋伯雖然自認是一個自由主義者，也表明他本人支持民主議會制的立場，但民主議會對韋伯來說，似乎只具有選出政治領袖的工具價值。更弔詭的是，錢永祥指出，韋伯雖然認為自己的立場建基於自由主義，蒙森的探勘卻揭示出韋伯的自由主義事實上與他思想中一種激進國族主義互相呼應。何以如此？因為議會的作用一旦被韋伯化約成只剩工具價值時，韋伯的自由主義就根本無法讓他掙脫他認為德國國族有其對自身及對世界那種特殊文化使命的信念。換句話說，韋伯的自由主義就變成了不過是他渴望德國國族完成其在世界上領袖群倫的一個工具。

　　必須指出，錢永祥沒有因為蒙森的分析就忽略晚近其他學

---

17 此處引文為韋伯著，錢永祥編譯，《學術與政治：韋伯選集》（一）2014年新版之內容簡介。見網路書店：https://www.books.com.tw/products/0010656982。

者對韋伯思想的釐清與說明。這些學者的主要論點在認為，韋
伯思想中會有這種看似無解的矛盾，是因為他對彼時資本主義
下出現的那種德國社會狀態感到極度悲觀，甚至可說是幾近絕
望。他幾近絕望的悲觀，結果就導致他堅信只有在結合國家權
力與「菁英主義」的領導下，才有可能為個人和德國社會再次
找到自由的出路。18

　　韋伯思想中關於自由主義與國族主義間的複雜糾結，在
2016年錢永祥主編的《思想》雜誌中也有兩篇深度探究的論
文。這兩篇論文都不接受韋伯是國族主義者的看法，也都提出
韋伯為什麼會被視為是國族主義擁護者的關鍵原因。第一位作
者周濂不同意輕率否定韋伯的自由主義立場，不過，他明確指
出韋伯的政治思想確實少了一個重視「個體權利的視角」，
這應該是韋伯自由主義立場引人詬病的一個主要原因。第二位
作者楊尚儒強調，如果我們要理解韋伯的政治觀，就必須先將
韋伯放回他身處的歷史情境，否則不可能真正掌握他的基本立
場，尤其是不能掌握他1917-1918年涉入政治後的立場。簡單地
說，楊尚儒強調韋伯始終關注議會與國家領袖在權力上的對立
與相互制衡的關係。韋伯不但相信「人民經由議會進行政治參

---

18 錢永祥，〈韋伯：「大國崛起」的思想家〉，轉自「愛思想」，刊出時間
　　為2016年11月10日，網址為：http://www.aisixiang.com/data/102071.html；
　　在研究尼采留給德國的思想遺產專書中，Steven E. Aschheim也特別提到蒙
　　森指出韋伯的自由主義其實否定了自由主義的普世客觀價值，而且堅持這
　　些價值純粹是自發的、個人創造的。見Aschheim, *The Nietzsche Legacy in
　　Germany 1890-1900* (Oakland: University of California Press, 1992, 1994), pp.
　　311-312, esp. p.311, n.4。

與的可能性」，並且不斷希望「透過種種的制度設計來強化議
會功能以及維持議會制度的穩定」。他強調，涉足政治的韋伯
並沒有忽視個體的政治參與權，也始終支持議會所代表的自由
民主制。在這個意義上，韋伯自由主義的立場是不應受到質疑
的。[19]

　　錢永祥對韋伯政治思想的解說與《思想》所刊兩篇論文的
題旨，讓我們看到，即使我們接受韋伯支持議會制與個體政治
參與權的自由主義立場，但他的思想缺少一個「個體權利的視
角」，卻很難不讓人詬病。因為個體權利如果在國家尋找「自
由出路」的名義下被取消，甚或遭到武力鎮壓，那韋伯自由主
義的立場當然也就等同被取消，他不重視個體權利的立場甚至
可以說是造成這個取消的一個原因。有趣的是，如果我們將韋
伯與殷海光來做一個對照，我們會看到，即使殷海光在知識與
思想的縱深層面都很難與韋伯相提並論，但殷海光一生從未因
為國家出路而放棄他對個體權利的堅持，以及他從1950年代中
就給了林毓生去探究五四初期追求自由民主何以失敗的建議，
就很值得我們尋思了。

　　質疑韋伯自由主義的純正性之外，筆者提出錢永祥對韋伯

---

19 見《思想》雜誌第32期（2016年12月）的兩篇論文：周濂，〈韋伯論個人
　自由與大國崛起：從馬克斯・韋伯的政治光譜談起〉，頁293-315；與楊尚
　儒，〈另一種韋伯的故事：政治參與方能造就政治成熟〉，頁317-348。楊
　尚儒之後又在韋伯逝世100週年時，發表了〈韋伯菁英民主論對當代中國的
　啟示〉一文，其論旨與《思想》上的文章相去不遠，即：韋伯是支持民主
　制度的，其對民主的辯護也是有普遍化意義的。見《二十一世紀》，2020
　年6月號（總179期），頁20-32，特別是頁28-30。

政治思想的討論，也是要說明錢永祥對西方自由主義思想的研究，以及他負責編輯的《思想》雜誌內容，確實都豐富了中文學界對自由主義的認知與了解。我認為正是有這樣的貢獻，才會使林毓生一直關注錢永祥探討有關自由主義的其他著作。我們可以用錢永祥解說羅爾斯的思想來支持這個看法。

毋庸諱言，林毓生因為服膺海耶克的古典自由主義，讓他不怎麼討論羅爾斯在自由與平等之間偏重以平等來考量社會正義的看法。然而，這並不影響他理解錢永祥關於羅爾斯是要在自由的前提下來追求平等的說明。重要的是，錢永祥對羅爾斯《正義論》（*A Theory of Justice*）提出的細緻說明，不但有助中文學界了解自由主義在現代的多元發展，也有助中文世界去思考自由主義對現代民主政治制度及運作，是否還有尚未開發的價值面向。從參照意義來看，錢永祥對羅爾斯的研究，也可幫助我們從當代自由主義追求平等的角度，來發掘其與古典自由主義是否具有可以彼此支援的關係。換言之，自由與平等的關係不必然是矛盾衝突的。

六、蕭高彥——自由民主與共和主義的支援互補

林毓生關注西方自由主義在中文學界的研究著作，也可從他對蕭高彥研究西方共和主義的重視看出來。蕭高彥本人說過，他是因為參加了林毓生有關「公民社會基本觀念」的「大型整合計畫」，才有機會與許多撰文的學者交流互動，同時也使他「在探討西方共和思想史時」，「確立了基本的詮

釋觀點」。[20] 林毓生重視蕭高彥的研究，固然是因為他有關西方共和主義思想史的專書是中文世界第一部對此論題做出系統解釋與說明的重要著作，但也可能與蕭高彥在此著作中解析鄂蘭的思想有些相關。因為蕭高彥在說明鄂蘭分析權力與權威的歧異時，特別注意到鄂蘭「認為權威依賴於傳統的延續性」，也因為我們在第七章討論林毓生有關權威與傳統的看法時，會看到他與鄂蘭在這方面的看法幾無二致，而他們思想的相近，在該章也會有較為具體的說明，這裡就不需深究，更何況我們此處只是要提出林毓生重視蕭高彥研究的另一相關因素。

　　不過，可以先提出的是，林毓生有關傳統與權威的文章，是以海耶克與博蘭尼這兩位思想家在此議題上的觀點，作為他論證的支柱，因此鄂蘭對自由與權威的看法，基本上不是他討論時的參照座標。但也正因為如此，蕭高彥對鄂蘭思想的解說，就可以看作是為我們提供了一個中介的管道。通過這個管道，我們可以將林毓生和鄂蘭對自由與權威的觀點做一個對照，由此也才能肯定他們在這個議題上的看法，確實有具體的思想關聯。

七、重返中國大陸與思想的連結

　　1978年年底，中共領導階層面對大陸在毛澤東文化大革命造成的「十年浩劫」之後，終於在那年12月召開的「三中全

20　見蕭高彥，〈自序〉，刊於其《西方共和主義思想史論》，頁v。

會」上，告別了毛本人發動的極端社會主義。之後，中共在鄧
小平主導的經濟改革開放政策下，開始恢復與西方——特別是
美國——在經濟、政治與文化學術等各方面的溝通與交流。[21]
林毓生就是通過這種學術交流的機會，在1979年以威斯康辛大
學教授代表團的成員身分，前往南京大學訪問。當時因有需
要，林師母也以翻譯人員的身分一起同行。後來在1981年，林
毓生本人又代表威大到南京大學進行了三個月的正式講學。那
時大陸在遭受三十年不斷的政治運動與隨之而來的各種巨大災
難後，各個方面都早已殘破到解體的邊緣。我們知道，南京曾
經是重要的歷史文化古都與政治經濟中心，也是國民政府1927
到1937年的首都重地，但三十年的時空距離，與在經過極端社
會主義實驗後的南京，帶給林毓生的衝擊卻是難以言喻的。我
們已經說過，林毓生對吃相當講究，他不一定要什麼美酒佳
餚，但可口小食卻是他記憶中對自己原鄉各地都應有的一個印
象。沒想到，在南京講學那段時間，他覺得原來各地本來應有
的飲食文化風味都消失不見了。即便在他回到山東去探望三十
年未見的大哥與大嫂，他們對有關家鄉飲食文化的傳統也不甚
了了，好像全都一股腦兒地忘卻了。不過，林毓生大哥的改
變，給他的衝擊應該是最強烈的。

　　筆者清楚記得，1980年秋天開始在威大聽林毓生講課時，
他不只一次提到1979年重返大陸時看到大哥的感覺。他講課的

21　有關此一開放政策，可參考Ezra F. Vogel, *Deng Xiaoping and the Transformation of China* (Cambridge: Belknap Press of Harvard University Press, 2011)，亦可見：https://zh.wikipedia.org/wiki/改革开放。

本意，是要指出毛澤東極端社會主義帶給中國文化與社會的災難何等令人吃驚，但他似乎覺得如此的陳述不夠具體，因此提到自己大哥在那種極權的折騰下，人幾乎都給毀了的情形。林毓生提到他大哥看到自己三十年未見的弟弟時，只不斷地說：「我們都是毛主席的好孩子。」顯然，這句話給了他極大的震撼。我還記得林毓生在舉這個例子時，身體也學著他的大哥不斷左右來回地晃動，臉上也像他說他大哥那樣地完全不帶絲毫表情。

　　很難知道彼時聽林毓生講課的其他學生有何感觸。我只記得在看了許多有關毛澤東文化大革命導致人間悲劇的研究與小說後，林毓生對他大哥的形繪仍然是讓我對極權如何殘害人的情形最為難忘的一個實例。我當時覺得，林毓生在課堂上用自己大哥做例子，是希望學生去思考一個問題，那就是：要在一個怎樣控制與鎮壓的政權下，一個活生生的人才會給變成了一個傻乎乎的活死人？

　　1979年之後，林毓生幾乎每隔兩、三年在他返臺時，都會盡量利用空檔的時間去大陸講學。這期間不但他的專書中譯本在大陸出版，如前所述，他也受邀在各地重點大學如北京大學、上海復旦大學、華東師範大學與廣東中山大學都做了講演。他專書中對五四激進反傳統主義的根源與災難性的後果，以及其歷史含意的追溯、闡明與解析，也因此能透過這些不同的講演，對彼時大陸學界與文化界產生影響，進而也使這本專書成為中國大陸日後研究五四思想時必須參考的一本經典。林毓生本人更是透過講學認識了許多大陸的學者與年輕人，也和其中許多學者像吳宏森、韋森與夏中義等幾位教授都成了

朋友。

　　韋森特別將其為海耶克《到奴役之路》的新中文譯本所寫的〈導言〉寄給林毓生。林毓生在2013年7月30日寫給韋森的信上，對〈導言〉給了許多正面的評語，但也提出一些相關的修訂建議。在結束這封信時，林毓生也告訴自稱是他「知音」的韋森，若他將來再去上海，與韋森「當謀見面、聚談」。[22] 即使他們因此成為朋友，然而，真正與林毓生建立起幾十年持久深交的大陸友人卻並不多。據筆者所知，這樣的深交有已經從北京中國社會科學院退休的王焱教授；原上海「季風書園」、《季風書訊》，現為三輝圖書公司創辦人的嚴搏非先生；以及已經往生的華東師範大學教授，且為上海第七屆政治協會常委，並曾負責上海宣傳部工作的王元化先生。[23]

八、王焱──托克維爾的具體理性

　　對林毓生來說，王焱應該是他認識的中國大陸知識分子中，在經歷1949年現代中國歷史後，對西方自由主義有深入鑽研並有具體成果的一位學者。大陸的一個知識網站，在2008年為王焱講演做介紹時，也說他「堪稱」學界「大家」，而且特別提到林毓生曾經有王焱是「大陸學人中見識第一」的稱揚之

22　此處引句是林毓生信中的原句。筆者手邊的信是林先生以電郵傳來的副本。

23　王元化先生的生平與經歷，可參考https://zh.wikipedia.org/wiki/王元化；另見徐慶全所撰專文〈王元化：「五四的兒子」走了〉中，對其思想生平的深入描述：http://www.aisixiang.com/data/23588.html。

語。24

　　林毓生認識王焱是在1980年代的後期。我們記得，1986年冬季，林毓生《中國意識的危機》中譯版第一版已經刊行。後來北京一些學界人士也辦了一個讀書會來討論這本專書，並邀請林毓生出席。林毓生曾經告訴筆者，當時會上發言的人很多。不過，其時擔任《讀書》雜誌編輯的王焱聽了眾人發言之後，卻站起來說大家都沒弄清楚林毓生《中國意識的危機》這本書的題旨。接著他就將題旨重新做了一個清楚的陳述。林毓生聽了王焱的發言之後感到非常高興，認為王焱對自己專書的理解真是出人意料地到位，兩人就這麼成了朋友。25

　　王焱的研究涵蓋極廣，包括對晚清到民國政治思想傳統的探究，以及對法國啟蒙思想的鑽研。不過，與林毓生一樣，他對啟蒙思想中呈現出有關人類理性的樂觀信念卻很有保留。

24　此係豆瓣網2008年7月14日，為王焱在「小鳳直播室」講演的介紹，見：https://www.douban.com/group/topic/3694098/。

25　嚴搏非2020年11月13日在溫哥華與筆者交談時提到，林先生也曾告訴他王焱在此一討論會上的發言。如前所述，由於嚴搏非亦欲探究過去幾十年林毓生對中國大陸政治現實所做的觀察與思考，因此他也仔細記下了林先生告訴過他的人與事。然而，2021年5月15日嚴搏非返回溫哥華與筆者再次溝通時，又告知林先生2020年回到上海時與王焱有一個電話交談，電話中他特別向王焱問及他當年在讀書會上的發言內容。不過王焱說，他記得彼時辦的那個讀書會是因為很多大陸學人都對林毓生是海耶克學生特別感興趣，提的問題多半與海耶克有關。嚴搏非認為，王焱與林毓生對那讀書會的討論出現了記憶上的時間錯位。筆者要特別謝謝嚴搏非先生提供的這些資料，也接受記憶會有時間錯位的可能，尤其因為林先生本人已記不得確切的時間。不過，筆者此處是要解釋林毓生何以如此重視王焱，以及他們之間能建立持久交誼的一個主因，記憶有時間錯位的問題並不影響此處解釋的內容。

這個保留導致他對啟蒙之前的思想家，即類似17世紀巴斯葛
（或譯帕斯卡爾〔Blaise Pascal, 1623-1662〕）那種認為理性
不應絕對化的法國古典思想更感興趣。此外，與林毓生在思想
上還相當接近的，就是王焱也特別重視托克維爾。王焱重視托
克維爾不但因為他是19世紀受到巴斯葛影響的一位法國思想大
家，更因為托克維爾本人特別強調「具體的理性」。[26] 簡單地
說，強調具體理性，就說明王焱認為純粹的理論或思想，若要
能對社會的公益發生作用，就必須建基於對彼時社會具體實況
的了解，並能在思想上做出必要的調整，以期對具體情狀可以
產生切實的幫助。否則，若只想基於簡單的純理性思想去改造
社會，不但容易流於空疏，而且也容易失去實踐之意義。尤甚
者，更可能會因為政治力量的操縱，使其在被奉為政治實踐的
最高理論依據後，在缺乏任何糾錯機制的情況下，造成無法想
像的大破壞。此處，林毓生與王焱之間為什麼會建立互動的原
因，可以說已經清楚地呈現了出來。我們還可以說，林毓生研
究五四激進反傳統主義造成的意識危機，與由此所涉毛澤東統
治下對現代中國造成解體危機的激進意識，都可能激起王焱對
自己切身經歷過的歷史有所反思，並給出沉痛的回應。[27]

---

26 見王焱，〈托克維爾的政治思想〉，2008年3月5日三味書屋演講，見：
    http://www.aisixiang.com/data/29298.html；王焱簡歷，可參見〈中法社會轉
    型是否有同「解」？──《讀書》雜誌執行主編王焱談中法歷史文化〉，
    見：http://zhuanti.oushinet.com/50years/50years_17wy/。

27 筆者將王焱為《林毓生思想近作選》所撰專文，視為沉痛之回應。其文之
    題目為：〈敬畏知性的神明：《現代知識貴族的精神──林毓生思想近作
    選》解讀〉，頁xxxix-iv。筆者視為沉痛回應之語，見《近作選》之〈編者
    序〉，頁xix。

　　我們討論過林毓生本人堅持以「批判式的理性論」作為自己的立場，也提到他雖然強調理性的重要，但卻清楚指出理性本身的效力有其內在的限制。從林毓生及王焱都對理性效力有所保留的態度來看，他們二人在思想上的相近是可想而知的。當然，我們還可以將王焱對具體理性的重視，看作是上面已提到他對毛式極端激進主義帶給中國社會「浩劫」後的一種反思與回應。這樣的反思，顯然導致王焱會對托克維爾解釋法國大革命的論著格外關注，讓他特別以此作為專題研究，並出版了《托克維爾的政治思想》專書。應該提到的是，王焱非常強調托克維爾有關民主與自由之間的緊張關係。他指出，托克維爾真正關心的議題，是在考索如何能「在社會平等成為事實的基礎上保持自由」。[28] 就筆者而言，王焱對托克維爾的研究，不但是他本人在經歷毛式極端社會主義實驗的災難後，對現代中國未來路徑發展的一個反思回應，而且也有助我們在第六與第七章討論林毓生說明儒家烏托邦思想以及他對自由與民主的論證時，看到他與王焱在這個複雜議題上的相近之處。這裡要強調，林毓生與王焱最主要的相近觀點就是：他們都認為自由不應被社會平等侵蝕甚或取代的基本立場。有了這個共同的基本立場，他們二人會成為朋友實在就是再自然不過的事。

　　另外需要說明的是，雖然王焱對中國在五四新文化運動提倡的「民主」與「科學」，尤其是對「民主」在1949年以後

28　王焱，〈托克維爾的政治思想〉。亦見王焱在其〈托克維爾和他的「新政治科學」──《論美國的民主》導讀〉一文中，對簡單理性的討論，見：http://wangyan.blog.caixin.com/archives/235451。

社會主義的實驗下幾近死滅的狀態，並沒有發表特別的研究專著，但從他對托克維爾政治思想的討論來看，他對這個議題的關注是毫無疑義的。應該正是這樣的關注，在他唸了林毓生研究五四激進反傳統主義的中譯本後，就掌握到林毓生對五四反傳統主義提出的解釋與相關的意涵，也接受林毓生有關傳統一元整體的思維模式與「借思想‧文化以解決問題」的方法有內在邏輯關聯的論證。結果他自然也看到林毓生的這個論證，還揭示出毛澤東那種極端反傳統的思想，與傳統一元整體的思維模式之間，也同樣有一個內部邏輯的糾結。

王焱對林毓生論著的理解，在他為林毓生2020年《思想近作選》一書所寫的導讀專文中已清楚展現。筆者要再次指出的是，王焱對林毓生思想的理解，應該是他們成為林毓生所說「道義之交」的另一根本原因。當然，王焱在這篇導讀專文中將林毓生定為「知識貴族」的說明，更是真切地顯示他對林毓生在思想上的追求與貢獻何等尊敬，遑論對他們彼此道義之交的珍惜與看重。

九、嚴搏非──韋伯「價值中立」的致命缺陷

林毓生與嚴搏非之間的深交同樣是基於他們對知識與真理的追求，以及他們對中國現代化路徑發展的共同關懷。在嚴搏非回答筆者林毓生讓他最欽慕的特點為何時，他是這麼說的：[29]

---

29 這是嚴搏非2021年1月6日回答筆者問題的電郵中之部分內容。

自幼識得的前輩，或者有過左翼的經歷，或者受過左翼政治多年的脅迫和影響。因而如林先生這樣，浸淫自由主義數十年，從未受過左翼誘惑和影響，又以最大的刻苦去通曉自由主義并身體力行的前輩，是我識得的唯一一個。這也是我第一次不是從書本上而是在現實中遇見真正的自由義。

他信奉韋伯意義的「以學術為志業」，認為只有好的學術才能在政治上產生力量，從而改變中國近代以來的苦難。所以他的每個論點，都會反復思考直至透徹和精微。於是，與林先生長談，會覺得他就像一把自由主義利刃，政治和學術，竟如此地渾然一體。

嚴搏非原本在上海社會科學院研究科學哲學。後來雖然沒有選擇留在學界，但他創辦的「季風書園」，從1997到2013年這段時間內，卻是中國大陸少有幾家獨立書屋的主要代表之一。[30] 書園創立之時，就是以「獨立的文化立場，自由的思想表達」為其宗旨。[31] 除了在商言商地銷售書籍，嚴搏非經營下的獨立書園還會辦理經常性的思想講座活動。他顯然希望能藉著這樣的活動，來促進知識的傳播並提升文化的品質。為了能更好地達成他的目標，他在這段時間也同時創辦了《季風書訊》。一方面，他試圖通過《季風書訊》為讀者介紹各種中文

---

30 當時北京一個獨立書園的著名代表，即劉蘇里和甘琦於1993年創辦的萬聖書園。有關此書園的歷史與變遷，見：https://zh.wikipedia.org/wiki/万圣书园。

31 見維基百科對季風書園之簡介：https://zh.wikipedia.org/wiki/季风书园。

與中譯的英文新書；另一方面，他也不斷刊登學者對一些重要
書籍的讀後心得與評論，這其中還包括他本人閱讀各種與中國
相關書籍後所寫的書評。嚴搏非自己為《季風書訊》寫過幾百
期閱讀各種重要書刊後的評論。對許多中國大陸的讀書人來
說，《季風書訊》在那段時間，已經成了他們精神上不可或缺
的重要思想資源。[32] 這樣努力拓寬知識的耕耘精神，以及由此
提供的新書資訊與書評貢獻，在當時大陸的學術文化圈中是極
為突出的。雖然嚴搏非因為各種複雜原因不再負責季風書園，
《書訊》也因此必須停刊，不過他在2003年成立的三輝圖書公
司還在繼續經營，他本人也堅持將圖書出版的「核心使命」，
看作是要為中國大陸「當下遇到的問題提供思想」的一種志
業。[33] 他的這種使命感，毫無疑問地也是出自對他們那一代走
過的歷史所做出的反思與回應。這樣的反思，當然也促使他本
人去挖掘造成他們經歷文革夢魘的根本原因。在他撰寫的一篇
論文中，他一方面對理解文革的根源，以及文革何以造成無數
年輕人會從狂熱的擁護墜入「幻象的湮滅」提出了細緻的解
說；一方面也對文革何以會帶給中國社會那種災難性的影響，
做出批判的分析。[34] 這樣的探究顯然也是他與林毓生成為好友

---

32 見百科人物2019年9月9日對嚴搏非的介紹，題為：〈嚴搏非：此生朝向
「值得注意的……」〉，網址為：https://baike.baidu.com/reference/6594503
/13a6k6IQ8hFgkGC7---ezNgEuF4naSqZf9rwzE4zDvmi0XLlvnRdEAEy3SLEb
WaWBURICe4KqsBVB9eWSjN3aQ。

33 有關三輝圖書及此核心使命，見豆瓣讀書網：https://book.douban.com/
series/39082?brand=1。

34 見嚴搏非，〈幻象的湮滅〉，刊《思想》，第33期（2017年7月），頁171-
209。

的一個重要因素。

　　嚴格地說，嚴搏非認識林毓生算是比較早的。因為1980年代，嚴搏非曾經在上海與朋友辦過一個沙龍。有一次林毓生剛好在上海，朋友就邀請林毓生來參加他們的討論會。因為時間倉促，嚴搏非事先並不知道，所以失去了認識林先生的機會。一直要到1991年，嚴搏非去香港參加胡適誕辰百年紀念會時，正好碰到也是會中主要發言者與評論者的林毓生，他才開始有機會與林毓生交流。嚴搏非說，他那時在會上發表的是有關科學哲學的論文，論文主要在質疑有關五四時期科學主義的一些看法，所以就從中國科學主義究竟源自何處的觀點提出了一些批評。他記得林毓生聽後，並沒有負面的回應，但也沒有給他特別的評語。那次會議之後，林毓生每次去上海他們就都會見面。[35] 這主要是因為，嚴搏非讀過林毓生研究五四激進反傳統主義的專書，所以總會專程去聽林毓生在1991年後接受王元化先生邀請，到上海華東師範大學做的一些演講。嚴搏非雖然不是王元化的學生，但對王元化卻非常尊敬。這是因為，王元化1950年代中就被捲入中共整肅異己的政治運動，在當時被打成右派，也被開除了黨籍。然而，王元化始終拒絕接受加在他身上的「罪名」。文革後，王元化像許多知識分子一樣，不斷反思這一段歷史，也不斷批判毛式極權實驗所帶來的災難後果。同時，王元化也自覺地去反思自己少年時代所接受五四啟蒙思想的教育，再度自發地去推動五四倡導的民主理念，並堅持這

35　此處資料是嚴搏非2020年11月13日與2021年5月5日，在溫哥華與筆者溝通時所提供。

是知識分子應有的立場。更有趣的是，王元化從此還開始稱自己是「五四的兒子」。[36]

王元化認同五四自由民主的信念與立場，不但在當時的上海受到知識文化界的普遍敬重，也被看作是文革後上海自由主義者的一面代表旗幟。值得提出的是，相對於上海，北京那時也有一位被視為是北方自由主義代表的李慎之先生（1923-2003），這也成了彼時這二位自由主義者何以會被大陸知識界尊為「南王北李」的原因。[37] 嚴搏非對王元化的尊敬，顯然很容易讓他與林毓生開始有更多對話的可能。不過，直到王元化告訴林毓生，嚴搏非是一個「有德之人」後，才真正讓林毓生對嚴搏非產生了一份由衷的信任，因此開始了他們幾近三十年的持久之誼。[38]

與我們討論更相關的是，嚴搏非1980年代後期就唸過當時大陸學者首次翻譯韋伯新教倫理的完整中文譯本，[39] 可以說

---

36 有關王元化先生早年被整肅的歷史，以及其後之反思且成為「五四之子」的經過，見徐慶全，〈王元化：「五四的兒子」走了〉，http://www.aisixiang.com/data/23588.html；有關胡風事件引起的政治整肅與牽連，見：https://zh.wikipedia.org/wiki/胡风反革命集团案。嚴搏非根據王元化告訴他，有關其一生如何從早年信仰共產主義的理想，到日後被整肅迫害，再到文革後的平反並重新思考自己一生的資料，撰寫成文，並發表在其2019年追念王元化先生的文章，即〈王元化先生二三事〉（之一到之三），「三輝圖書微信公眾號」，2019年7月14日。筆者承嚴搏非惠賜大作，再次感謝。

37 「南王北李」之說，見2016年10月31日由東方網發表於「每日頭條‧文化」的〈「五四之子」王元化〉一文，網址為：https://kknews.cc/culture/l882gjb.html。

38 「有德之人」一語，由嚴搏非於2021年5月15日告知筆者。

39 根據研究，中國大陸在1930年代，已有學者鄭太樸零星譯介了韋伯的一些

比較早就接觸到韋伯的代表作，也因此比較早就已經對韋伯思想產生了濃厚的興趣。他那時認為，研讀韋伯可以有助徹底解構他們曾經奉毛澤東為神明，並對其頂禮膜拜的那種瘋狂「神學」。[40] 不過，林毓生有關韋伯堅持以「責任倫理」為從政規準的一些論文，對嚴搏非仍有一定程度的啟發，而且由此也讓他繼續去研讀韋伯的其他論作。嚴搏非後來對韋伯有關現代官僚合理化過程，會將人類鎖進他說的「鐵籠」因而失去自由的說法，也逐漸產生了共鳴。不過，嚴搏非在研讀韋伯堅持政治上應持「價值中立」的看法後，卻開始對韋伯本人的自由主義立場，有了一些質疑與保留。我們可以根據嚴搏非提出的一篇論文來說明其中的緣由。這篇文章基本上也是根據蒙森研究韋伯與德國政治的論旨及論證而展開的。從蒙森的論證中，嚴搏非看到韋伯自由主義思想中有一個嚴重盲點，他的論文也就試圖通過討論這個盲點，指出韋伯當年參與《威瑪憲法》起草時未曾意料到的一個嚴重缺失。文中最重要的一個旨意，就在揭示德國威瑪民主的崩壞，與韋伯當時主張政治上「價值中立」有一定的相關。

　　嚴搏非主要是從納粹1933年上臺後，利用《威瑪憲法》容許「以緊急狀態之名義實行憲法專政」的這個事實來提出論

著作，但要到1987年才首次由三聯書店發行了由于曉、陳維綱所翻譯的韋伯《新教倫理與資本主義精神》之完整中譯本。見李猛、劉周岩，〈韋伯：中國作為一種文明所面臨的核心問題〉，2017年1月25日，「愛思想」http://www.aisixiang.com/data/102930-2.html。

40　此亦嚴搏非2020年11月13日告知筆者之語。

證的。[41] 他特別指出韋伯「價值中立」的立場，其實促成了威瑪制憲時期「法律實證主義」學者去掌握制憲的主導權。這些法律實證主義者認為「法律不再具有內在的價值或正當性」，也就是說，即使民眾視法律具有正當性，這些學者也只會將法律視為一種純粹的治理工具，因此根本無關任何的價值。我們很難知道韋伯那時是否真的同意這些法學者的立場，但嚴搏非研讀蒙森的論著後，確實認為韋伯的學說有一個大問題，那就是：韋伯既然已經主張「價值中立」，他當然就不可能再根據理論上可有的價值規準，去界定法律的任何內在價值或正當性。結果也就導致《威瑪憲法》在起草時，根本沒有將保障人的基本權利作為當時立憲的前提。等到納粹在1930年代掌權，並祭出一連串諸如廢除議會及剝奪公民權利等的指令時，也就無可挽回地造成法律成為專政工具的必然結果。在這個意義上，嚴搏非將「價值中立」與《威瑪憲法》起草時允許「緊急狀態」下的國家可以剝奪公民基本權利的相關性，都清楚呈現在讀者面前。也是在這個意義上，我們可以說嚴搏非對韋伯自由主義立場是有保留的。

　　嚴搏非對韋伯自由主義的保留態度，在另一位學者於2020年6月討論韋伯國家觀點的一篇專文中，也可以看到；特別是在涉及韋伯捍衛《威瑪憲法》第四十八條的立場上，此位學者更認為韋伯「鑄成大錯」。[42] 有趣的是，在2020年6月11日《紐

41　見嚴搏非，〈今天我們如何學習韋伯？〉，2016年12月11日由《東方早報》發表於「每日頭條‧資訊」，網址為：https://kknews.cc/news/2aopa3r.html。

42　見洪鎌德，〈韋伯國家觀的評析〉，《二十一世紀》，2020年6月號（總

約書評》（*The New York Review of Books*）的一篇討論韋伯的專文中，我們又看到一個類似的例子。該專文是在討論韋伯以學術與政治為志業兩篇講演內容的最新英譯版，書評作者提到，韋伯是在1917與1919年這段期間分別做了這兩個講演。那時的韋伯，完全沒有改變他原本就有的那種充滿強烈熱情的國家主義立場，但這個立場並不影響他當時在標榜中間主義的德國民主黨行政委員會內任職，且還參與了《威瑪憲法》的起草工作。誠然，韋伯確實將現代國家看作是一個巨大的官僚機器，而且還是唯一具有正當性來合法使用暴力的壟斷機器。不過從這篇書評作者的角度來看，韋伯基本上認為，只要有純正的菁英領袖來做這個機器的導航者，這個機器就可以發展出民主。書評作者同意，韋伯確實指出了純正的政治領袖不能只靠「未經馴服的奇理斯瑪」（untamed charisma）來作為領導國家的掌舵者，而且也說領袖必須有一種合宜適中的節制感，以及能掌握在現實允許下執行政策應有的一種實際分寸感（a sense of proportion and a sense of what reality permits），但是書評作者同時指出，對韋伯而言，菁英領袖無論如何都是他有關民主看法中最根本的一個要素。[43] 在這個意義上，我們可以說《紐約書評》專文提出的這個解釋，與上文有關韋伯略而不論「個體權利」的情形相當接近，也可以說這篇書評作者的看法，為嚴搏非對韋伯自由主義立場的保留，提供了間接的旁證。[44]

179期），頁4-19，引文見頁7。

43　該書評為：Peter E. Gordon, "Max the Fatalist," *The New York Review of Books*, June 11, 2020, Vol. LXVII, No. 10, pp. 32-36.

44　此處是在討論韋伯價值中立觀對《威瑪憲法》的影響，而非威瑪民主失敗

　　上面提出有關韋伯思想內部糾結的一些討論，是為了要強調，雖然林毓生本人沒有特別討論過韋伯自由主義的信念與立場，也沒有特別探究這樣的立場與國家主義潛在的複雜關係，但是，嚴搏非對韋伯思想的研究，顯然讓他與林毓生可以有更多溝通互動的知性議題。對林毓生來說，嚴搏非不但對知識的多元具有「開放的胸襟」，而且如此用心思考造成他們經歷過那個毛澤東時代的苦難問題，當然可說是一個像他本人那樣不會放棄關懷中國前途的知識分子。[45] 他們之間能建立起近三十年的深交厚誼，自然也就順理成章了。

十、王元化——回歸五四初期的理念與立場

　　上面提到，王元化先生曾經邀請林毓生去上海華東師範大學講演。有趣的是，王元化在1986年後開始閱讀《中國意識的危機》中譯本時，由於沒有完全掌握這本專書的基本論點，因此在1988年11月底發表對此專書的兩篇論文中，頗有一些不甚公允的評語。[46] 然而令人感念的是，他與林毓生在1991年認

所涉的各種複雜原因。若欲探討原因，可參閱Daron Acemoglu and James A. Robinson, *The Narrow Corridor: States, Societies, And the Fate of Liberty* (New York: Penguin Press, 2019), pp. 391-405, esp. pp. 400-404。

45 見同本章註32，百科人物對嚴搏非的介紹〈嚴搏非：此生朝向「值得注意的……」〉。

46 見林毓生，〈邁出五四以光大五四——簡答王元化先生〉，並見附錄其文後之王元化原文〈論傳統與反傳統——從海外學者對「五四」的評論說起〉，二文皆收入林毓生，《政治秩序與多元社會》，頁351-371及頁372-385。

識之後，不但非常願意和林毓生溝通，而且在聽了林毓生為他所做有關《中國意識的危機》論旨的解說之後，也完全樂意接受，並同意林毓生對五四全盤化反傳統主義的分析和詮釋。二人從此居然成了難得一見的「摯友」，在當時上海學界也傳為一時的美談。[47] 毫無疑問，他們在知識層面的溝通，也是因為他們都不接受任何帶有「終極性」以建立人類天堂為目標的抽象理論。[48] 不同的是，王元化是備嘗艱辛後才徹底揚棄他年輕時的信仰，而林毓生則是在開始跟隨殷海光唸書時就已經清楚，「到奴役之路」是以浪漫崇高的普世理論所鋪出的血淚之路。

　　特別值得一提的是，王元化在他自己的回憶錄中，曾仔細記下他與林毓生成為摯友的經過。[49] 從他的回憶錄當中我們看到，他認為林毓生對他們原先在學術上的爭議不以為忤是一件相當難得的事。王元化也認為，他們二人對爭議都是秉持「學術民主的立場和態度」來交換意見。爭論後，即使意見仍有分歧，但他感到自己與林毓生在「心靈」上還真是十分「相契」。王元化特別提到林毓生是一個「平實」、「質樸」之

---

47 王元化對他初識林毓生與之後他們何以能成為摯友，提供了非常感人的紀錄。見王元化，〈王元化：1991年回憶錄〉，網址為：http://www.aisixiang.com/data/77906-2.html；有關他們成為學界難得一見摯友的記載，可參考吳琦幸，〈高山仰止的真誠友情——記王元化與林毓生的交往〉，見：http://whb.news365.com.cn/bh/201505/t20150507_1900858.html。

48 嚴搏非在其〈王元化先生二三事〉（之三）中，記述了王元化何以不再信任這種「終極性」的大理論。

49 見王元化，〈王元化：1991年回憶錄〉。北京人民文學出版社2005年發行之王元化《人物‧書話‧紀事》一書中，也有此記載，見該書頁36-38。

人，開會時的講話，雖然有時會口吃，但都是因為林毓生極度認真，力求以精準語言來將論文的旨意表達得更加周全完善所致，因此與一般那種「揚才耀己」毫不相干。在這裡，我們也清楚看到林毓生為什麼會成為王元化「最敬重的朋友」了。[50]

　　當然，他們二人的友誼，不會只是因為王元化或林毓生都有尊重學術溝通的謙沖胸懷，或只是出於他們性格上的相近相契，更重要的，應該還是因為他們彼此都覺得有責任為中國在五四初期追求的民主道路上繼續堅守並奮鬥下去。[51] 王元化雖然已經在2008年辭世，但在此前，林毓生每次去上海，王元化都必定會與他小聚，也都會安排與林毓生一塊兒去杭州西湖等上海近郊名勝，遊覽散心。在林毓生撰寫的〈王元化、林毓生對話錄〉中，我們還可以看到他們除了討論韋伯的方法論，與馬克思、列寧及毛澤東的革命觀，也觸及關於個人自由與自由主義在中國前途等的重大議題。[52] 如此說來，王元化與林毓生能夠建立起深厚的友誼，最關鍵的原因之一，應該還是在他們二人都自覺要繼續推動五四以來許多知識分子追求的自由民主。王元化本人能活過那個高壓統治的年代，並重新認同五四追求的自由民主，也揭示出五四的理念即使在最黑暗的政治壓

50　此處討論與引文，皆見王元化，〈王元化：1991年回憶錄〉。

51　王元化的生平簡歷，可參考維基百科：https://zh.wikipedia.org/wiki/王元化。
　　他與林毓生的深交以及林毓生對其之敬重，見林毓生，〈王元化、林毓生對話錄〉，此文原是林毓生在王元化先生辭世後第十天（即2008年5月19日）重讀後予以修訂之完整版，並於2011年7月21日完成最後定本，在此文之題目後，林毓生特別標明以此〈對話錄〉「敬悼　元化先生」。本文完整版刊於《思想近作選》，頁427-461。

52　見林毓生，〈王元化、林毓生對話錄〉，《思想近作選》，頁427-461。

抑之下，也沒有完全死滅。因此，我們可以再進一步斷言，這正是林毓生為什麼會認為王元化一生有其深厚公共意義的根本原因。換句話說，王元化的堅持與奮鬥，彰顯出他作為中國知識分子，是「根據理性所蘊涵的自由與責任【去】探討中國的新生所應走的道路」。[53] 王元化先生雖然已經往生，他與林毓生的真摯友誼卻通過文字，為現代知識分子的歷史，留下了動人的一頁。

　　我們上面已經多次提到，林毓生是在1979年出版了他研究五四激進反傳統主義的專書，也指出在這之後，他還不斷發表中文論文討論各種公共議題，特別是那些與建設自由民主有關的議題。既然他的專書與這些中文論作，對於中華文明在現代以及未來發展的方向與路徑都有關係，下面就讓我們開始討論他著述中的基本觀點，以及其所顯示的意義與意涵。

53　同上，頁428。

第六章

意識危機的探究與回應

　　要討論林毓生對中國意識危機的探索與他本人對此危機
的回應，他1979年的英文專書《中國意識的危機》自然是我們
展開討論的起點。我們首先可以將這本書的研究成果，看作是
林毓生接受殷海光1955年給他治學建議之後所完成的第一個目
標，也就是完成了探索五四初期倡導的自由民主何以會徹底失
敗的第一步。這個第一步，不僅建立在他發現並論證五四激進
反傳統主義是中國意識危機的一個根本原因，也建立在他的論
證顯示出這個危機與五四自由民主的失敗命運有相當密切的關
係。其次，我們也可以將這本書的發現，看作是林毓生完成他
自己說要為「中國思想現代化」提出一些意見的第一步。[1]

　　林毓生從來沒有對這個中國思想的現代化給出明確的解
說，但從他研究五四激進反傳統主義的專書與他發表的有關文
章旨意來看，思想現代化的首要之務，當然就在理解並化解這
個反傳統主義顯示的意識危機；而要化解這個危機，也就必須
要清楚這個激進的反傳統主義，事實上是深深受到傳統思想模

1　見林毓生，〈自序〉，刊於其《思想與人物》，頁4。

式的制約。正因如此，對林毓生來說，中國思想現代化的「首要課題」，就在「思想模式的現代化」。[2] 從這個視角來看，討論他五四激進反傳統主義的研究發現就絕對必要，而且至為關鍵。

　　我們討論的切入點是《中國意識的危機》這本專書獨特的分析範疇與基本論證，這樣的切入會讓我們更接近林毓生為中國思想現代化所提出的第一個建議，也就是提出第一個有關中國思想模式現代化的根本性建議。

一、分析範疇與基本論證

　　讀過《中國意識的危機》之英文專書或是此書中文譯本的讀者，雖然不一定會完全同意此書的題旨或論證方法，[3] 但大概

2　林毓生，〈「創造性轉化」的再思與再認〉，收入其《中國激進思潮的起源與後果》，頁39-92，特別見頁44。

3　上面已提到，王元化先生最初對此書有所批評。孫隆基先生對此書的論證方法亦有批評，其主要觀點以及林毓生對其評斷之回應，見林毓生，〈關於《中國意識的危機》──答孫隆基〉，收入林毓生，《中國激進思潮的起源與後果》，頁261-285。另有張曉東，〈傳統與現代之間：試論五四反傳統的歧義性〉，刊於《江漢論壇》，2018年第9期，頁96-101。張文指出，林毓生對五四的研究對中國學界影響「頗大」，但認為激進的反傳統主義觀點是一種對五四「單向的定義」。我們的討論會揭示這樣的判定並未真正掌握林毓生此書的論旨。徐友漁在〈當代思想文化爭論中的五四與啟蒙〉一文中，認為林毓生是將五四與文化大革命「相提並論」，也並不確。徐文收入資中筠編，《啟蒙與中國社會的轉型》（北京：社會科學文獻出版社，2015），頁201-216，特別是頁204-206。王遠義在其2020年〈中國自由主義的道路：林毓生的政治關懷與五四全盤性反傳統主義研究〉一文中，也提到王元化先生之文，並提及對林毓生研究五四此書有保留的三篇文章，請自行參閱王文，頁156註釋6。

都知道這本專書的一個基本主題，就是在說明儘管五四時期的主流代表思潮是一種激進的反傳統主義，但這種反傳統主義卻反映出一個世界史上少見的弔詭現象，亦即：這個思潮展現的雖然是激進式的反傳統，但這種反傳統的思潮卻又與中國傳統「一元整體的思維模式」（holistic mode of thinking）有著極其複雜的糾結關係。[4] 這個糾結，事實上是在五四主流知識分子領袖，採用「借思想·文化以解決問題」的方法上顯現出來的。而這個方法本身，與一元整體的思維模式，卻又有內在邏輯的相關性。換句話說，激進的反傳統主義，顯示出的卻是傳統對這個主義有著根深蒂固的制約影響。

　　據筆者所知，林毓生專書的中譯本，應該是中文學界最早接觸以「思想模式」為分析範疇去研究五四主流激進反傳統思想的一本論著。[5] 從這個事實來看，林毓生專書對中文學界就有

4　見林毓生著，楊貞德等譯，《中國意識的危機》，頁49-54。另見王遠義2020年〈中國自由主義的道路：林毓生的政治關懷與五四全盤性反傳統主義研究〉一文，對林毓生此書的討論。

5　以思想模式為分析範疇在西方學界並不特殊，可參見Carl J. Friedrich的討論，見其 *Tradition and Authority* (London: The Pall Mall Press, 1972), p. 39。作者在此書中討論印度傳統在其現代化過程中所扮演的角色時指出，傳統與現代若要成功接榫，往往會涉及不同因素，思想模式亦為其所列因素之一。另見余英時，〈「君尊臣卑」下的君權與相權——「反智論與中國政治傳統」餘論〉，收入余英時，《歷史與思想》（臺北：聯經，1976），頁47-75。該文引用Carl Friedrich的著作，並翻譯了Friedrich提到思想模式的原文。余先生在其2014年由聯經出版的《論天人之際——中國古代思想起源試探》一書中，也是以思想模式作為討論的一個主要分析範疇。不過一般而言，中文學界建基在這個分析範疇上的研究並不多見。這應該是因為研究傳統與現代的接榫可以有多樣與多元的方式，也就無須拘泥於特定的研究路徑。

一個引介新分析範疇的意義。

　　換一個比較完整的角度來討論，我們可以說，林毓生的專書是在論證五四時期激進反傳統主義為何，以及如何成為中國意識的一個危機表徵。基本上，林毓生不將五四時期限定在學界一般採用1915到1927年的那種分期方式。因為他的研究顯示，五四這種反傳統主義到了1930年代依然可見，甚至在1960年代毛澤東動員的「文化大革命」中，也還可看到這個五四激進反傳統思想的遺產。[6] 根據林毓生的研究，這個反傳統思想不僅極端激烈，而且對人與對一切事物，包括對道德理念和宇宙認知，都表現出他的老師席爾斯所說的那種具有高度封閉的意識形態，或一個「通盤形態」的看法。林毓生因此就將這樣的反傳統，解釋為是一種意識形態化了的「整體主義的反傳統主義」。這個「整體主義」的英文原為totalistic，若要有較為合適的中文對應詞，「全盤化的反傳統主義」也許更接近原意，但為了讓一般讀者明瞭此用語之意，他也用「全盤性反傳統主義」作為對應譯語。[7]

6　有關分期的說明，見林毓生著，楊貞德等譯，《中國意識的危機》，第一章，特別是頁23-24。

7　林毓生的英文原著中，「全盤性反傳統主義」的英文是「totalistic anti-traditionalism」。他認為，若直接翻譯此英文詞語，應該譯為「整體主義的反傳統主義」，但在1986年的中譯本中，譯者將此英文語詞譯作「全盤性反傳統主義」，見該書頁6及頁11的註釋3。不過，在2020年聯經版的中譯本內，此語詞改譯為「全盤化反傳統主義」，見該書頁21及同頁註釋4。林毓生本人在其〈邁出五四以光大五四──簡答王元化先生〉一文中，解釋他為避免「整體主義的反傳統主義」的中譯會使一般讀者難以理解，又因為「全盤性反傳統主義」在中文世界流通已久，故予以沿用。但他同時也提及「全盤化反傳統主義」也許更為合適。此處筆者將兩個中譯語詞交相

二、「全盤性反傳統主義」的獨特性

　　研究中國近、現代思想史的學者，應該都會同意「漫長的20世紀」對中國來說是一個民族主義的世紀。[8] 然而，林毓生關注的是：既然這個20世紀是中國的民族主義世紀，為什麼又會是「全盤性反傳統主義」成為主流思潮的世紀？他很清楚反傳統的現象經常出現在社會變革的時候。要求變革的聲音，也往往認為只有去除傳統的有害部分，才能為現在帶來進步。不過，他注意到這種聲音在其他社會出現時，很少會變成「全盤性反傳統主義」。相形之下，在20世紀初期的中國，「全盤性反傳統主義」不但出現，而且成為占據優勢的主流思潮。林毓生更注意到，這個現象從五四時期出現之後，一直到1970年代末期，都還持久不衰。由此而產生的後果，對中國的影響不但至為深遠，而且也的確是「一種空前的歷史現象」。甚至在近、現代世界史上，也可能都是「獨一無二的」。[9] 對林毓生來說，這種要「徹底摧毀過去一切」的反傳統式的民族主義，本

　　使用。林毓生的解釋，見其《政治秩序與多元社會》，頁357-358；有關意識形態的解說，亦見該書頁353-354。

8　此處是指Timothy Cheek在他2015年出版的專書中，形容中國20世紀的看法。這個看法也是西方學界研究中國近、現代史的一般共識。見其 *The Intellectual in Modern Chinese History* (Cambridge: Cambridge University Press, 2015), p. 320。「漫長的20世紀」當然是Giovanni Arrighi專著的書名，見其 *The Long Twentieth Century: Money, Power and the Origins of our Times*, new and updated edition (New York: Verso, 2010)。

9　有關林毓生對此現象的解說，請參見林毓生著，楊貞德等譯，《中國意識的危機》，頁19-20、28-36，及頁21的註釋4。

身就蘊涵了一種矛盾，而這樣的矛盾也正是中國意識在文化認同上顯現出的一個深沉危機。

　　為了顯示這種植基於民族主義的「全盤性反傳統主義」不但有「統一性」，而且有「多樣性」，林毓生特別以比較陳獨秀、胡適與魯迅三位五四時期知識界領袖的個別思想，來作為他闡釋的實例。我們已經知道，陳獨秀是當時《新青年》雜誌的創辦者。雖然他在1919年左轉成了中國共產黨的創黨人之一，但他與胡適同為白話文學革命的倡導者卻是事實，更不用說魯迅彼時的文學創作，也成了五四新文學無可取代的一個明顯標幟。我們甚至可以說，如果沒有他們的論說與創作，現代中國的歷史恐怕會有完全不同的圖景。在這個意義上，他們三人通過文字對傳統全面且徹底的抨擊，在當時歷史情境下所引起的強烈反響，以及由此激起全面反傳統成為五四的一個主流意識形態，並成為這個意識形態的領袖代表，應該也是不爭的事實。

三、「全盤性反傳統主義」中的「統一性」

　　根據具體地分析與論證，林毓生揭示出胡適、陳獨秀與魯迅這三位領袖的「全盤性反傳統主義」，事實上和傳統中國「一元整體式的思維模式」，特別是與儒家思維中傾向「借思想・文化以解決問題的途徑」模式，有著非常曲折的糾結與纏繞。[10] 這種糾結呈現出的矛盾，構成了林毓生所說，中國意識

10　林毓生《中國意識的危機》第一、二與第三章中，對一元整體式的思維模

在不同層面上出現的深刻危機。對他而言，要了解這種深刻意
識危機的「根源和性質」，就必須先了解這是一個「史學問
題」。這樣的問題若採用類似心理學或是其他社會學科所用的
「概括性的概念」，會很難真正掌握歷史現象涉及的多重複雜
面向，也不容易對歷史過程中出現的「變化與連續性」，有真
切深入的理解。

　　林毓生不同意用概括性的概念去解釋複雜的歷史問題，是
因為他反對美國學者賴文森（Joseph Levenson, 1920-1969）在他
1950末到1960年代的著作中，對這些五四知識分子激進思想的
解釋。賴文森認為，現代中國知識分子的立場，在知性層面上
是肯定了西方，但他們在感情上卻仍舊依戀著中國的過去。賴
文森這種只是簡單地將複雜的歷史問題化約為心理或是情緒問
題的看法，對林毓生來說，就等於是將五四主流知識分子認定
傳統價值無法抵擋西方現代文明的入侵，看作是對中國傳統失
去信心而出現價值失落的一個文化認同問題。[11] 職是之故，林
毓生在討論五四時期這種「全盤性反傳統主義」時，就去追溯
和分析這種「反傳統主義」與傳統「一元整體的思維模式」是
否有根源性關係。同時，他也將自己的分析放在晚清到五四時
期，外力入侵造成內部秩序解體的歷史背景當中來進行。他之

式及「借思想・文化以解決問題的途徑」，皆有詳盡的解釋。
11　林毓生不同意賴文森的看法，見其《中國意識的危機》，第六章的討論，
　　特別是頁147-148，以及頁148註釋3的說明。在另篇回答孫隆基的文章中，
　　林毓生對自己何以反對賴文森的看法也提出了更加詳細的說明，見林毓
　　生，〈關於《中國意識的危機》──答孫隆基〉，收入其《中國激進思潮
　　的起源與後果》，頁261-285。

所以突出歷史脈絡與思想興起的關係，正是要說明五四「全盤
性反傳統主義」是在各種外緣與內因互相激盪之下才產生的結
果，而不是從簡單的心理或情緒性的文化認同觀點，就可以掌
握其中曲折的複雜性。[12] 林毓生知道，傳統中國社會對激烈的
反傳統思想並非全然陌生。除了有戰國時期的莊子與東晉鮑敬
言的激烈思想，在晚清末年更有像譚嗣同（1865-1898）「衝決
羅網」那樣的先例。但是，林毓生的一個基本論點是：只有當
傳統高度整合在普遍王權下成為一體的政治、社會與文化道德
秩序在1911年全面崩潰之後，才為「全盤性反傳統主義」提供
了一個「結構的可能」。[13]

　　我們可以肯定地說，沒有這個結構的可能，「全盤性反傳
統主義」是不會出現的。換句話說，儘管傳統中國社會有一些
反傳統的激烈思想，但這些思想從未變成「全盤性」反傳統的
意識形態，而且只有在傳統秩序結構全面崩潰後，才會出現文
化與道德各個方面都不再讓人信任的各種危機。顯然，出現這
個結構的可能，正是「傳統文化與道德的架構（framework）解
體」之後所產生的結果。[14] 此處，我們看到林毓生特別將「架
構」一詞以英文「framework」標示出來。這與他的老師鄂蘭

---

12 林毓生著，楊貞德等譯，《中國意識的危機》，頁28、49-51。

13 同上，頁36-38，該處解說了此「結構的可能」。林毓生在他〈邁出五四以
　 光大五四——簡答王元化先生〉一文中，對此亦有摘述，見其《政治秩序
　 與多元社會》，頁361。關於傳統激烈思想的例子，他在專書中則以莊子
　 和鮑敬言為代表，見《中國意識的危機》，頁31、34-35；譚嗣同的激進思
　 想，見該書頁60-61。

14 引文見其《中國意識的危機》，頁36-37。引文中的英文字「framework」，
　 乃書中所用。

在解釋德國納粹興起時，將1930年代初「反猶太主義、帝國主義、種族主義及國族主義」出現的主因都放在彼時「歐洲各個國家傳統的社會與政治架構（framework）崩解」後的歷史脈絡下來說明，就可說有一個研究路徑的相似性。[15]

我們已經提到林毓生與鄂蘭在思想上有相近之處。林毓生提出傳統中國政治、社會與文化及道德秩序的架構解體，與鄂蘭所用架構的指謂，內容雖然完全相異，但他們根據一個秩序架構崩解而出現的結構可能來分析一個獨特歷史現象的興起，卻沒有基本的歧異。我們可以將這個研究路徑的相似，看作是鄂蘭影響林毓生的一個具體表徵，也可以看作是林毓生在其研究五四專書中感謝鄂蘭指導的一個主要原因。

必須強調的是，林毓生在討論中國意識危機時清楚看到，對陳獨秀、胡適與魯迅這三位當時知識界的領袖來說，中國過去的一切都不再能與現代化生活相容。為了中國的現代化，他們雖然在五四初期都認為必須奮力追求他們理解的「科學」與「民主」，但面對傳統秩序結構的全面解體，內憂外患不斷交相侵凌的困境，他們主張走出困境的方法卻是要從「思想、文化」的層面去著手，由此就讓林毓生發現了一個奇特的現象。也就是說，林毓生發現這種「藉思想、文化」去解決問題的方法，因為本身深受傳統「一元整體的思維模式」影響，使得這個方法也無法避免地成了一個「整體觀的思維模式」。這樣的

---

15 此處所引鄂蘭的語句是筆者的中譯。鄂蘭語句的原文及討論，見Hannah Arendt, *The Promise of Politics*, edited and with an Introduction by Jerome Kohn (New York: Schocken Books, 2005), pp. xi-xii。

思維模式，不但使得這三位五四知識界的領袖，將傳統看作是一個無法對其內部質素加以區隔的「有機」整體，而且「在意識形態的層次上」，也出現他們要將傳統全盤徹底打倒的「反傳統主義」。從這個角度來審視他們這個「整體觀」的思維邏輯，我們就可以理解林毓生何以會提出，「藉思想、文化」去解決政治、社會等問題的方法，造成陳獨秀和胡適在五四時期既要全面反傳統，卻又無法自覺到本身思想實際是受到傳統「一元整體的思維模式」影響，也完全無法自覺到由此產生的思想矛盾與張力。[16] 這樣的矛盾，一方面揭示了他們自己思想上的混亂，以及由此呈現的意識危機；一方面也顯示這個意識危機對他們想要解決彼時中國所面對的問題，根本無效。

因為陳獨秀、胡適以及魯迅都主張，必須透過「思想、文化」的途徑來改造國民素質並建立新的文化與道德觀，進而再去重建政治、社會與經濟的秩序，他們事實上就都等同在將「文化革命」和「思想革命」當作是建立政治、社會與經濟秩序的前提與基礎。也正是在這個意義上，林毓生特別指出他們的「全盤性反傳統主義」中，事實上有一種「統一性」。

四、「全盤性反傳統主義」中的「多樣性」

有趣的是，在這三位思想領袖呈現的「全盤性反傳統主義」中，雖然陳獨秀與胡適有時會肯定傳統文化內諸如儒家思

---

16 胡適本人在論著中說他是改革主義者，而非全盤化或整體主義地反傳統。但林先生的論證顯示，這一矛盾現象，事實上說明了胡適未能從傳統「借思想・文化以解決問題」的一元式思想模式中解脫出來。

想中的一些道德觀念，但林毓生發現，他們的這種看法並沒有
讓他們認為中國文化因此可說有什麼優美特質。何以如此？因
為他們將儒家的一些道德看作是世界所有文明都普遍共有的道
德，結果根本沒有將這些道德價值當作是中國文明特色的表
徵，也造成他們即使在思想內容上肯定了一些傳統的美德，卻
完全無法動搖他們深受「一元整體式思維模式」制約而形成的
「全盤性反傳統」的意識形態。[17] 換句話說，他們意識中呈現
的矛盾只是一個邏輯上的矛盾。這種只具邏輯意義的「形式」
矛盾，與林毓生解釋魯迅意識中出現真正折磨他的「實質」矛
盾，形成極為鮮明的對比，也讓我們了解林毓生為什麼會說他
們這種「全盤性反傳統主義」仍然有著相當複雜的分歧，因此
可以說統一性當中仍然有一種「多樣性」。[18]

五、魯迅意識中的實質矛盾

此處，有必要對林毓生如何解釋魯迅意識中的實質矛盾做
一說明。不同於胡適和陳獨秀，林毓生發現，魯迅在他隱含未
明言的意識層面上，已經自覺到他認同的一些傳統美德，與他
激進的反傳統思想是彼此矛盾的。這個矛盾是他清楚認知，也
非常真實具體，因此不是形式矛盾，而是實質的矛盾。

---

17 林毓生在〈邁出五四以光大五四——簡答王元化先生〉一文中，對陳獨秀
　　和胡適這種意識，有極精到的摘要解說，見其《政治秩序與多元社會》，
　　頁358-359。
18 有關統一性與多樣性的討論，見林毓生著，楊貞德等譯，《中國意識的危
　　機》，頁22-23。

　　為了能更完整地說明魯迅意識中的這種實質矛盾，我們有必要將林毓生專書中探究魯迅思想的章節，與他後來發表有關魯迅思想特徵的兩篇論文，都一併列入討論。林毓生第一篇探究魯迅思想特徵的論文是在1988年發表的，當時這篇文章收在他《中國意識的危機》中文增訂再版專書中，也成為他擴充解釋魯迅複雜意識的一個章節。[19] 之後，他在1989年又發表了一篇分析魯迅政治觀困境的專論。2011年，他討論《中國傳統的創造性轉化》增訂本問世之時，我們看到上面這兩篇文章合為此書中之一章，同時又增加了一篇林毓生重新修訂、有關考察〈魯迅個人主義性質與含意〉的論文。[20] 等到2020年《中國意識的危機》最新完整中譯本問世時，我們也看到這幾篇論文都一併收入該譯本之〈附錄〉。[21] 至此，林毓生對魯迅思想的特徵基本上已經提出了相當完整的系統性解說。下面就讓我們根據上述的論文以及專書中的專章來討論林毓生如何闡釋魯迅意識中的實質矛盾，以及此一矛盾對魯迅的影響。

　　在《中國意識的危機》專書中，林毓生的一個重要發現，就在揭示魯迅表現出的「全盤性反傳統主義」，並沒有使他忽視傳統文化中具有意義的一些成分。透過分析魯迅的作品，林

---

19 見該書1988年貴州人民出版社的增訂再版，頁251-271。
20 林毓生，〈魯迅個人主義的性質與含意——兼論「國民性」問題〉，《中國傳統的創造性轉化》（增訂本），頁520-534。
21 見林毓生，〈魯迅的「個人主義」——兼論「國民性」問題以及「思想革命」轉向政治，軍事革命的內在邏輯〉，與陳忠信譯，林毓生校訂，〈魯迅思想的特質及其政治觀的困境〉，分別收入林毓生著，楊貞德等譯，《中國意識的危機》，頁251-270，以及頁271-309。

毓生特別說明，在魯迅不曾明言的意識層次中，他對「念舊」
這種優美的傳統文化質素，事實上有他在「知識與道德」立場
上的堅持與承擔。魯迅的堅持與承擔，顯示他對傳統一些優美
的文化質素，有他真實的信念與願意將信念付諸實踐的行動。
然而，這樣的信念與實踐，卻與他全盤性反傳統的意識形態，
不可避免地產生了巨大的衝突。這個衝突不斷讓他感到椎心的
痛苦與煎熬，覺得自己已經陷入徬徨於無地的絕望。但林毓
生的討論同時也清楚顯示，匈牙利詩人裴多菲（Sándor Petőfi,
1823-1849）的「絕望之為虛妄，正與希望相同」詩句，是當
時激發魯迅強調用意志來對抗絕望的一個精神資源。林毓生認
為，魯迅強調意志的重要性，正是他「努力回答生活召喚」的
一個表徵，這個表徵和存在主義賦予意志以重大的意義，頗有
相同之處。即便如此，林毓生的重點卻是：魯迅並沒有因此像
存在主義那樣，認為生命本身是荒謬的。[22]

　　雖然在研究五四激進反傳統主義的專書中，林毓生沒有解
釋魯迅與存在主義對生命本身理解上出現的分歧，但在他闡述
魯迅思想特徵的文章中，一個很重要的部分卻正是在說明魯迅
思想因為受到中國宇宙論的影響，因此沒有產生那種「存在」
就是「荒謬」的看法。

---

22 林毓生對魯迅意識危機的討論，請參考林毓生著，楊貞德等譯，《中國意
　識的危機》，第六章第一至第五節，頁147-207，特別是頁158-159、203。

六、魯迅思想特徵與中國宇宙論的關係

　　基本上，在考察魯迅思想特徵及其與中國宇宙論的關係時，林毓生是要從不同的角度來繼續論證魯迅「全盤性反傳統主義」與他對「中國傳統中一些優美成分的真切而具體的了解，其實是同時並存的」。他討論魯迅沒有成為虛無主義的文章，也重在顯示魯迅本人沒有表述過的「天人合一」宇宙論，事實上是他最終能走出絕望的一個意義資源。[23] 雖然林毓生在考察魯迅思想特徵的這篇文章中，沒有使用「內向超越」的概念來解釋「天人合一」的宇宙論，但是在他後來發表的論文中，林毓生清楚闡明了「內向超越」是儒家宇宙論的基本特性。[24] 可以說，「天人合一」的宇宙論就在指出通過內向超越的途徑，人與宇宙的「道」，亦即代表源自上天的抽象道德觀念與原則，可以做出「有機」的連接，並可由此再去發掘人在現世生活中的超越意義。[25] 根據這個理解，林毓生就認為在「意識的深層」，魯迅對於個人可以在生命中發現「正面的、美的東西」始終有著堅定的信念。[26] 當然，正是在既要激進全

23　林毓生，〈魯迅思想的特質〉，見其《政治秩序與多元社會》，頁235-252。

24　見林毓生，〈反思儒家傳統的烏托邦主義〉，收入其《政治秩序的觀念》，頁188-203，特別是頁197-198。

25　林毓生著，楊貞德等譯，《中國意識的危機》，頁270。在〈反思儒家傳統的烏托邦主義〉中，林毓生對此亦有說明，見其《政治秩序的觀念》，頁197-198。

26　見陳忠信譯，林毓生校訂，〈魯迅思想的特質及其政治觀的困境〉中之討論，林毓生著，楊貞德等譯，《中國意識的危機》，頁281-288以及頁286的註釋9。此處引文見頁273與頁287。

面地反傳統，又仍然要在傳統宇宙論影響之下堅信生命自有意義的兩個並存的意識層面上，我們看到林毓生發現魯迅「思想（上的）矛盾與精神上的衝突」。我們同時也看到林毓生幾篇專文要表述的一個重點，就在說明魯迅的思想特徵，一方面使他成為當時主流激進反傳統主義的一個典型代表，一方面卻又使他的思想呈現出與此典型完全相反的獨特性。這兩個互相矛盾的思想在魯迅意識中造成的巨大張力，不斷撕扯著他的靈魂，最後終於讓魯迅與傳統進行的批判性對話，膠著在走不出的絕望死巷。

七、走不出的意識危機

在《中國意識的危機》專書中，林毓生已經根據魯迅最具代表性的〈狂人日記〉與〈阿Q正傳〉兩篇創作，來說明魯迅的激進反傳統主義。但是在林毓生別的文章中，他又進一步將魯迅這兩篇創作所呈現激烈反傳統主義的基本邏輯，做了更細緻的分析。林毓生指出，魯迅獻身重建中國的行動，是要「透過思想與精神革命去治療中國人的精神的病症」。然而不可迴避的問題是，一個在思想與精神上都像阿Q那樣沒有自我，無法對生命有所感受，甚至將生命的毀滅看作享樂的民族，如何能認清它病症的基本原因乃是源自它自身的思想與精神？[27] 魯迅

27 見林毓生，〈魯迅的「個人主義」——兼論「國民性」以及「思想革命」轉向政治，軍事的內在邏輯〉，林毓生著，楊貞德等譯，《中國意識的危機》，頁264-265；亦見〈魯迅思想的特質及其政治觀的困境〉，林毓生著，楊貞德等譯，《中國意識的危機》，頁280。

在〈阿Q正傳〉中描寫的這種無解矛盾，在〈狂人日記〉中又
用了不同的方式來將這個矛盾表述得更加徹底。根據進一步的
分析，林毓生提出的另一串問題就是：如果中國的民族已經心
靈「昏亂」到無法辨認自己「吃」別人的時候正是自己被別人
「吃」，甚至「在自我毀滅的過程中」無法自覺自救，反而仍
「津津有味地壓迫別人」，那在同樣一個環境中浸染的人如何
可能會有例外？答案當然是只有瘋了的「狂人」才會是唯一的
例外。不過，既然是一個「狂人」，他又如何能看到中國國民
性的病態特徵？即使他的「瘋」是他能從另一個不同於他同胞
的屬類界域中發掘這些病態的必要前提，但是他的發掘又如何
能讓他的同胞相信他的「瘋話」？即使我們知道在這篇創作的
結尾，「狂人」發出了「救救孩子」的吶喊，但是，林毓生指
出，這樣的吶喊除了與故事內部的邏輯完全抵觸，也只是更加
突顯魯迅的絕望有多深。因為故事的邏輯揭示的是：當一個人
發掘「中國社會與文化的本質並意識到從其桎梏中解放出來的
必要時」，其實正是他成了「狂人」並失去了「改變這個社會
與文化」能力的時候。[28] 也就是說，救救孩子的吶喊只能解讀
作是一個絕望的又一代號罷了！

　　重要的是，在突顯魯迅此一絕望的同時，林毓生更要我們
注意的，卻是魯迅思想中一個非比尋常的特質。林毓生發現，
這個特質使得魯迅在面對彼時中國前所未有的危機時，能一方
面憑藉自己「犀利的邏輯與鮮明的具體感」，對那時社會和文

28　林毓生，〈魯迅思想的特質及其政治觀的困境〉，林毓生著，楊貞德等
　　譯，《中國意識的危機》，頁277-279。

化的弊病做出「透徹而有力的描述」，從而為「全盤性反傳統主義」提供實質的內容；但另一方面，這個「犀利的邏輯與鮮明的具體感」卻恰恰又是魯迅理解傳統文化一些優美質素的主要資源，而且更是他用來掙脫意識形態運動中內蘊的「陳腐」與壓抑之武器。[29] 籠罩在這樣充滿張力的思想中，我們看到魯迅的心靈就只能不斷被矛盾啃噬著。他與傳統的批判性對話，因此也只能陷在層層纏繞的糾結中，而至無解的絕望。

　　林毓生認為，根據合理的邏輯推演，魯迅的絕望本來應該會導致他成為一個必然的虛無主義者，也就是什麼都不信、什麼都嘲諷且無所承擔的人。但是，林毓生指出，魯迅不但沒有落入虛無主義的陷阱，反而因為受到傳統宇宙論的影響，而選擇去將自己獻身於重建中國的奮鬥中，並努力將這個奮鬥當作他追尋人生意義的一部分。正是這樣的選擇，讓林毓生肯定魯迅的獻身是展現了「一個純正的現代中國知識分子的良心」。[30] 不過，由於魯迅始終無法掙脫那個意識形態化的全盤性反傳統之枷鎖，他始終也就無法去思考，如何將他了解的優美傳統文化質素，做出林毓生所說將傳統給予「創造性的轉化」努力。更值得注意的是，魯迅願意為重建中國而獻身的努力奮鬥，到頭來只成為他決定用「火與劍」去改革中國的動能，卻沒有成為幫助他尋找和平改革的驅力。從魯迅的角度來看，他應該是認為他的選擇會助他斬斷與傳統對話後所形成打不開的那個死結，進而可以給他筆下勾勒出的絕望「鐵屋」打開一扇希望之

29　同上，頁272。
30　同上，頁288。

閘門。[31] 這裡我們再次看到魯迅全盤化反傳統的意識形態是何等之強勢，致使他根本無法看到有任何可能去化解他意識中那個實質矛盾的改革方案。最終，他還是和胡適與陳獨秀一樣，完全被強勢意識形態裹挾，無論如何都再也走不出林毓生說的深重意識危機了。

上面提到，林毓生的討論也指出在毛澤東1960年代後期發起、徹底粉碎傳統的「文化大革命」運動中，我們仍然可以看到這種深重的意識危機。這是因為，文革那種藉「思想文化」的革命來建立社會主義新社會的激進主張，從思想的邏輯來看，與傳統「一元整體的思維模式」並沒有什麼實質的斷裂。相反地，儘管文革的「思想革命」，是要摧毀任何被認為是與傳統有關的文化思想與風俗習慣，反諷的是，這種已經凝固成「整體觀」的思維所揭示出的，卻正是傳統「思想模式」對此革命思維持續發生影響的另一個具體實例。

八、代表性診斷的第一步結果

綜合上面的討論，我們雖然不能將林毓生發現的中國意識危機，看作是針對殷海光當初叮囑他找出整個中國本身病根的所有答案，但是，林毓生從思想層面著手的研究，確實讓他發現五四主流思想導致的意識危機，以及此一危機對中國在當時與其後之走向所造成的負面影響。也就是說，五四時期出現

31　魯迅在1925年4月8日給許廣平的信上提到，中國「總要改革才好，但改革最快的還是火與劍」。見其《兩地書》，收入《魯迅全集》，卷11（北京：人民文學出版社，1981），頁39。

的全盤性反傳統主義，因為企圖將既存的過去價值系統徹底打
倒，由此顯現的就不僅只是五四時期對中國傳統文化應否存續
的意識危機，也與五四開始提倡西方憲政民主但後來卻轉為激
進共產革命的追求至為相關。正因如此，這個意識危機的出現
明顯可以看作是中國現代化路徑轉向的一個關鍵表徵。其間顯
現的路徑轉向，也無疑可看作是中國分歧現代性的一個標誌烙
印。在這個意義上，我們將林毓生的發現看作是對殷海光所說
中國本身病根的一個代表性診斷，應該是可以接受的。這麼說
並不意味這個診斷已不需再有任何的增訂與補充，相反地，因
為有新的相關研究，筆者發現魯迅意識的複雜性可能要較林毓
生揭示的還更加曲折。

九、一元整體思維模式的二元分歧

　　討論魯迅複雜意識中另一個曲折面向之前，有需要先指
出在一篇有關傳統創造性轉化的文章中，筆者認為余英時2014
年《論天人之際——中國古代思想起源試探》專書中的題旨之
一，就在闡述中國傳統文化之所以能成為古代一個「軸心文
明」的基本原因。根據余英時的研究，我們現在知道春秋時代
的孔子開始重新解釋了關於他之前古代「天人合一」這個概
念的內容。這個新的解釋，不但為中國文化開啟了一個嶄新的
價值走向，也為中國文化奠定了之後的發展基礎。更值得注意
的是，孔子開啟的這個文化「新轉向」，不僅顯示他基本否定
了君王原本是壟斷與天合一的唯一個體，也在致力闡明每一個
人都具有「仁心」，都可以通過自己的努力與上天，亦即與代

表上天的天道或「道心」，相通合一。換句話說，孔子力求個人「精神的覺醒」，期待個人在內心開創出可以與超越的天道互相輝映的路徑，以實踐「己立立人，己達達人」，並由此給予「天人合一」一個嶄新的內容。在這個意義上，經過轉向的「天人合一」內容，就等同將每一個人在上天之前都視為平等。不過，與我們此處討論魯迅有關的是，孔子重新解釋的「天人合一」，只是在**內容**上與他之前對此概念的解釋有關鍵的分歧，但在思維**模式**或結構的層面上，卻與之前完全相同。據此，筆者認為，孔子雖然對他繼承的傳統概念在內容上徹底給予全新的闡釋，但他是在這個概念既有的思維模式下來進行對此概念內容的批判與更新，並開創出一個不同於他之前傳統所定義的價值界域。換言之，孔子對「天人合一」這個概念的解釋雖然具有原創的新義，但這個新解卻與全面打倒傳統的意願與意識根本無關。32

　　儘管余英時根據「天人合一」這個概念，論證孔子對此概念之內容曾經做出全新的界定，因此為古代中國的價值系統提供了新的發展方向，並使得這個重新界定的價值系統成為中國被視為古代「軸心文明」之一的標誌特色，然而，我們一旦回到五四的歷史脈絡，一個無法否認的事實就是，在五四「全盤性反傳統主義」成為20世紀初期中國一個主流思潮之時，這個軸心文明的價值傳統，卻已經沒有什麼資源去回應當時內憂外患的挑戰與威脅。外力的侵凌與西方現代文明的衝擊，對當時

32　詳細討論見丘慧芬，〈傳統的「創造性轉化」：從余英時「天人合一的新轉向」說起〉，《思想》，第38期，頁39-85。

知識界席捲式的影響也早已是學界的常識。在那樣的情況下，期待那些關心國家民族存亡的熾熱心靈，能夠冷靜下來去重新研究、理解，或是評估自身的傳統文化，顯然無比困難，遑論期待他們去發現這個傳統文化曾經從內部完成對「天人合一」舊有內容的轉化與革新，甚且建立了真正具有普世意義的價值系統。對五四「全盤性反傳統主義」的主流思想領袖來說，過去的文化既然只代表必須徹底打倒的「吃人」傳統，那就根本無關什麼普世價值。[33] 而且林毓生的研究也清楚顯示，這個「吃人」傳統正是透過魯迅在〈狂人日記〉中犀利生動的形塑，才具體呈現在我們眼前的。

　　不過，需要提醒的是，林毓生根據魯迅在「中國文化的經驗範圍內活動」的史實，也顯示傳統「天人合一」的宇宙觀確實已經根深蒂固地存在於魯迅深層的意識之中。[34] 林毓生指出，魯迅受過傳統中國古典教育的薰陶與訓練，又長期「浸潤於中國傳統文化之中」，他所有的活動基本上從未脫離過中國文化的經驗範圍。因此，他會受到「天人合一」宇宙論的影響，是極其自然而難以避免的。我們知道，林毓生也認為「天人合一」的宇宙論代表中國文化中一個獨特的面向。這樣的宇宙觀，「蘊含著超越的意義是內涵於人的生命之中」，可以讓個人通過自己在「現世生活中」的努力來發現。[35] 由於林毓生

---

33 魯迅，〈狂人日記〉，收入《魯迅全集》，卷1（北京：人民文學出版社，1981），頁422-433。林毓生的討論，見林毓生著，楊貞德等譯，《中國意識的危機》，頁185；英文原著頁119。

34 見林毓生著，穆善培譯，《中國意識的危機》（增訂本），頁269-270。

35 林毓生，〈魯迅思想的特質及其政治觀的困境〉，林毓生著，楊貞德等

和學界過去沒有考古的新資料，自然就無法像余英時能根據新出土的資料，在研究「天人合一」時發現此一概念其實曾經有過一個「新轉向」；也自然無法知道這個轉向只涉及將這個概念的舊內容賦予嶄新的解釋，但完全沒有改變概念原有的思維模式。不過筆者的重點是，至少林毓生及余英時在闡釋「天人合一」時，都同意個人的努力是可以發現生命內蘊的超越意義，亦即：個人可以提升自己與天道相合為一的意義。換句話說，即使林毓生在研究魯迅的專文時並不知道「天人合一」在孔子時代有過一個轉向，他對這個概念所含的內容意義與余英時發現新轉向後的內容，卻是始終一致的。

從上面這個視角來看，我們可以合理地說「天人合一」這個概念，不論從作為余英時分析的思維「結構」來看，或是從作為他分析的思維「內容」來看，都與影響魯迅的「天人合一」有某種連結。

首先，根據林毓生的分析，我們已經知道傳統「一元整體的思維模式」，對於魯迅的全盤性反傳統主義有無法根除的影響。我們也清楚，這種意識形態化的全盤性反傳統，與他「從知識和道德的立場獻身於一些中國的傳統價值」，形成了無解的衝突。[36] 其次，林毓生討論魯迅沒有成為虛無主義的文章，已經顯示魯迅本人沒有表述過的「天人合一」宇宙論觀點，事實上是他最終能走出絕望的一個意義資源。也就是說，這個資源的內容與「天人合一」在孔子啟動轉向後的新內容基

　　譯，《中國意識的危機》，頁286-287。
36　林毓生著，楊貞德等譯，《中國意識的危機》，頁178。

本一致。然而，我們如果從「天人合一」結構的角度來看，我們會發現，有關內向超越可以有機地將「人」與「道」整合為「一」的特性，與「一元整體的思維模式」將中國社會、文化與道德的秩序都高度整合在一元的政治秩序之下，事實上也並無二致。換句話說，「天人合一」的思維結構，其實也是「一元整體的思維模式」的又一表徵。

　　上面的觀察使筆者進一步認為：「一元整體的思維模式」，亦即「天人合一」的思維結構，雖然是造成魯迅意識危機的一個根本原因，但這個結構在軸心突破之後經由孔子和其他諸子發展出的嶄新內容，卻在魯迅另一個層次的意識當中，成為支持他發現生命意義並走出絕望的超越資源。也正是這個觀察，讓我可以確定地說，魯迅的意識危機比林毓生研究所揭示的，可能要更加幽微曲折，也更加弔詭複雜。簡言之，這個「天人合一」雖然構成了魯迅「意識危機」的思維**模式**，但因為「天人合一」已有「新轉向」後的超越性**內容**，所以又成為化解魯迅這個危機的意義資源。顯然，這個「天人合一」概念對魯迅產生了既有正面卻也有負面的二元影響，甚至也可能還有尚未發現且更加隱微的一些影響。

　　總之，我們可以說，因為內向超越本身就是一種一元整體的思維模式，當這種模式被用在思考或要解決重大的公共議題，甚至用在要解決國家民族生死存亡的緊急問題時，就無可避免地導致了林毓生研究五四激進反傳統主義時所說的意識危機。不過，當內向超越的內容用在幫助像魯迅那樣掙扎著要走出人生絕望的谷底時，卻反而成為可以消解這個危機並幫助他重新發現生命意義的一個關鍵資源。由此，我們也才有理由認

為，內向超越的一元整體思維模式在魯迅思想中產生的二元分歧性，可能就不是用「意識危機」可以給予充分完整的解釋了。

　　上面提出一元整體思維模式的二元性，雖然可以是對林毓生診斷中國意識危機的一個增訂或補充，但我們更關注的卻是，林毓生本人早在他《中國意識的危機》專書出版之後，就一直在將書中未能完全展開的論點，以及對其他相關重大議題的探究，都撰成一系列的論文發表。這些論文可以看作是他對中國病根的追蹤診斷，也當然可以看作是他對「中國思想現代化」繼續提出的意見與建議。[37]

　　在討論他的追蹤診斷之前，我們有需要將林毓生在《中國意識的危機》專書中引用韋伯「理念分析」的方法，做一個說明。

十、《中國意識的危機》與韋伯方法論

　　我們已經知道，林毓生在芝大唸書時的教授席爾斯，對韋伯學說有相當深入的研究。此處要指出的是，韋伯的思想對林毓生的影響，事實上並不亞於席爾斯，甚且不亞於海耶克。讀過林毓生《中國意識的危機》專書的人，大概都注意到，他認為這本專書提出的分析是屬於韋伯「理想／理念型分析」（ideal typical analysis）的方法論。[38] 林毓生在他有關韋伯方法論的文章以及他接受訪談的專文中都寫道，韋伯本人早

37　見林毓生，〈自序〉，《思想與人物》，頁4。
38　林毓生在其2020新譯《中國意識的危機》一書，即已討論了韋伯此「理念型」分析的兩種型態，見該書頁38，註19。

先對這個方法論提出的是「generalizing」，即概括性、「普遍化」的「ideal type」，亦即林毓生所譯「普遍化的理想型」。韋伯也將此理想型，解釋為是指向一個大概不存在人間現實的「烏托邦」式的「抽象觀念」。然而，韋伯後來又提出了「individualizing」的「ideal type」，此即林毓生譯做「個體化或特殊化」的「理念型」。這樣的「理念型」，著重的是在用某一個個別的「觀念」，來分析在某個特定時期之內出現的一種獨特的歷史現象。韋伯對這兩個不同但又相涉的「理念／理想型」的解說，雖然相當複雜幽微，卻不完全清楚。因此，林毓生在《中國意識的危機》專書出版之後，一直不斷地在深究、反思韋伯解說中未能完全表明的曲折含意。在他後來關於〈韋伯「理想型／理念型分析」的三個定義及其在思想史研究方法上的含意與作用〉與〈答客問：林毓生思想與治學的取向和方法〉的兩篇文章當中，[39] 林毓生針對韋伯這個「理想／理念型分析」的方法論，提出了較前更為完整深入的闡釋。他強調，韋伯本人雖然修正了其早年將「generalizing」視為「烏托邦」的看法，亦即只是一個「理想型」的分析，但不能忽略的是，採用這個方法來從事歷史研究，雖然不一定可以確實無

39　〈韋伯「理想型／理念型分析」的三個定義及其在思想史研究方法上的含意與作用〉原為林毓生2008年11月3日，在上海華東師範大學思勉人文高等研究院第一屆中國思想史研究高級研討班發表的演講，後多次訂正，於2017年完成重校本。其〈答客問：林毓生思想與治學的取向和方法〉乃訪談，原載《思想》，第38期。此二文後皆收入《林毓生思想近作選》，頁245-253、255-265，特別見頁248對「普遍化理想型」的解釋，與頁249對指向一個「歷史真實」的分析應視為「"individualizing" ideal type」的說明，即對「個體化或特殊化」「理念型」分析的說明。

誤地「反映歷史真實」，但也不是一定就不能「反映歷史真
實」。關鍵在：必須掌握到這樣的「抽象」或「generalizing」
觀念，確實可以作為了解「歷史真實」的「思想分析工具」。

十一、「理想／理念型分析」與假設建構

　　林毓生的解說，讓筆者想起有一次與他討論韋伯的時
候，我曾經請問他是否可以將這種韋伯的「理想／理念型分
析」，類比作是科學研究中形成的假設建構，林先生當時立即
說「是」。從這個角度來看，林毓生對韋伯「ideal type」的解
說，與博蘭尼討論科學研究中所形成的假設建構，尤其是關於
實證性的研究，其實非常接近。據我所知，林毓生應該是最早
將博蘭尼的《個人知識》引介到中文世界的學者。他引介博蘭
尼的這本代表作，明顯是因為這本論著對於理解知識論及科學
假設的形成與性質，都有關鍵性的討論。博蘭尼在討論科學理
論成立與被接受的過程時提到，從假設得出的實證研究結論，
基本上都必須說明其結論會出現或大或小的誤差可能。儘管接
受程度的大小，會因研究本身的解釋力度與廣度以及其持久性
而有所不同，但只要在論證過程當中，此一假設及其所用的資
料事實沒有發生抵觸，而且誤差也不超過統計學上可以接受的
範圍，研究得出的結論就可以成立且被接受。在這個意義上，
為什麼有學者會認為博蘭尼的知識論是將科學知識看作是建基
於概率性的「概率」知識，就很清楚了。[40] 需要注意的是，博

40　這個概率知識或可能知識的說法，是Mary Jo Nye在為博蘭尼《個人知識》

蘭尼討論的重點更在解析：有些極端深奧的抽象假設，在原先提出時是根本無法通過實證法來證明其正確性的。比方說，像林毓生也引用過的愛因斯坦（Albert Einstein, 1879-1955）相對論（Theory of Relativity），就是一個最好的例子。因為，正如博蘭尼告訴我們的，相對論最早提出時，已經突破了當時對科學知識的理解範式，也因為相對論的假設完全無法用當時的實驗工具來證實，一些只重實證研究的科學家就武斷地否定了其理論之真實性。[41] 然而，我們現在都知道，相對論的假設和其提出的「generalizing」觀念，確切無疑地是反映了宇宙間的一種真實。

　　至於韋伯「individualizing」的「理念型分析」，讀者也會在林毓生的文章中看到他是如何根據韋伯對資本主義與新教倫理所做的實際歷史研究，重新體會到韋伯已經通過這個研究否定了他本人早先對「理念型」不存在人間現實的看法。更有趣的是，這個新的體會，也讓林毓生領悟到他本人事實上對五四全盤化反傳統主義所做的實際歷史研究，是在並不自覺的情況下「反映」了「individualizing」的「理念型分析」方法論。然而，在討論方法論的文章中，林毓生要告訴我們的一個重要觀點是：不論是韋伯，或是他本人或是任何其他人，如果他們的研究能夠發現某一個獨特重大而又影響深遠的歷史現象，同時

　　增訂版的〈前言〉中所指出的，英文原文是「probable knowledge」。見 Michael Polanyi, *Personal Knowledge*, enlarged edition (Chicago: University of Chicago Press, 2015), p. xv。

41　博蘭尼的討論可參閱其 *Personal Knowledge* (1958, 1962, 2015), Ch. 2, esp. pp. 9-15。

又能對此現象提出使人信服的系統性解釋，那最主要的原因不
會是因為他們先建立起一套方法論，而是因為他們的研究本來
就是建立在一個歷史的真實。也就是說，他們觀察到的獨特歷
史現象，本來就已經確切地存在於人間，但是採用「理念型分
析」的方法論，卻可以在思想的層面上為他們提供一個「指向
歷史真實」的工具。從這個層面來看，林毓生認為他研究五四
的專書是屬於韋伯「理念型分析」的研究，當然可說是因為
他在專書中提出的分析方法，正是一個「指向歷史真實」的
工具。

　　更需要關注的是，《中國意識的危機》專書雖然發現，
藉「思想、文化」解決問題的思想模式，是五四主流知識分子
形成整體主義式反傳統意識形態的關鍵原因，但這不表示林毓
生就不重視思想的作用。恰恰相反，在他討論中文世界如何建
設自由民主的政治秩序時，林毓生從未忽視思想可以扮演韋伯
所說，像鐵道轉轍夫那樣具有改變整個歷史走向的作用。事實
是，林毓生所有的論著，都顯示他始終是在思想的層面，不斷
去探勘五四主流的激進反傳統主義，也始終沒有停止探討這個
反傳統主義與文化大革命要徹底粉碎傳統的思想，是否還有什
麼關聯。他的焦點在追索這兩個不同時期的激進思想，究竟有
什麼具體的邏輯連結？這種連結與文革時期個人崇拜的現象，
是否又都指向同一的思想根源？

十二、意識危機的持續追索

　　上文說過，林毓生將五四那種全盤性反傳統主義形成的意

識危機，看作是一個歷史的問題。他極力主張要分析造成這個
問題的歷史外因，也強調必須追溯產生這個問題的歷史內因，
而且更要討論內外各種複雜因素為何、並如何會彼此影響且交
相互動，以致出現如此深重的意識危機。

　　然而，在《中國意識的危機》專書中，由於材料和篇幅
的關係，林毓生對於歷史內因的追索和闡明，較其對外因的解
說，有更多著墨，分析也相對地比較精微細緻。又因為這本專
書的主旨，不是要探討五四全面反傳統的激進思潮與文化大革
命的思想模式以及當時出現的個人崇拜現象，究竟如何形成了
一個基本的邏輯關係，所以在專書中林毓生並沒有將這個邏輯
相關做出較為完整的說明。為了讓專書的主旨及其內蘊之歷
史含意獲得更加周全與深入的闡釋，林毓生在專書出版將近
三十五年之後又發表了〈二十世紀中國反傳統思潮、中式馬列
主義與毛澤東的烏托邦主義〉以及〈反思儒家傳統的烏托邦主
義〉兩篇重要論文。[42] 透過這兩篇文章，他對專書原先有關歷
史外因的部分，提供了較前更加充分的解釋，也將中國儒家傳
統承接「天命」的君王，為什麼會被視為統合人間各種秩序的
政治表徵，又為什麼會演變成一種對聖人或聖王崇拜的「人的
宗教」，都做了鞭辟入裡的分析。唸過林毓生《中國意識的危
機》專書的讀者，會發現這兩篇論文是他多年研究中國近、現
代反傳統激進思潮之後，再提出的一個綜合性詮釋，反映出的

42　林毓生，〈二十世紀中國反傳統思潮、中式馬列主義與毛澤東的烏托邦主
　　義〉，原收入林毓生主編，《公民社會基本觀念》（下），頁785-863；
　　2017年重校本，收入《思想近作選》，頁3-61。《近作選》亦刊載〈反思儒
　　家傳統的烏托邦主義〉一文2015年的修訂版，見頁63-74。

是他在過去三十多年針對這個激進思潮持續再追索、不斷再審
思之後提出的一個整體論斷。這個論斷，著重的是對五四激進
思潮為何並如何持續成為當代中國的意識危機，給予更為周備
的分析，而且更對毛澤東統治下給中國社會造成巨大災難的事
實，在思想層面進行正本清源的系統性闡釋。從林毓生的闡釋
中，我們看到，他認為不論是傳統的帝制或是毛澤東統治下的
中共體制，都是以政治將社會、經濟與文化秩序整合在一個一
元整體的秩序之下。在這樣一元整體的秩序中，身為政治領袖
的毛澤東與傳統帝王，都毫無疑問地是此一秩序的關鍵樞紐。
有趣的是，傳統歷史與晚清以降的近、現代歷史，已經一再顯
示這些政治領袖從來就沒有一個人稱得上是傳統儒家期待的
「聖王」，當然也沒有任何人稱得上是毛澤東統治時，一般民
眾原本期待他會是的那個「紅太陽」，更不必提當毛澤東以這
個紅太陽自居時，居然還能以一個贗品「太陽」的烈焰，去肆
意灼傷整個中國社會達三十年之久。

十三、「人的宗教」——毛澤東社會主義烏托邦與儒家烏
　　　托邦思想的邏輯關聯

　　林毓生很清楚，傳統中國社會有許多大儒曾根據政治現實
與歷史經驗，有「聖王」與「聖王之治」或聖王之道從未在人
間落實的感嘆。比方說，朱熹（1130-1200）就曾經發出「自堯
舜三王周公孔子所傳之道，未嘗一日得行於天地間」的慨嘆。
然而，林毓生追問的是，何以朱熹或是其他大儒，在看到政治
現實與理想治道間的落差後，不曾去思考：是否有一個制度可

以成為普遍王權的替代品？[43] 同樣地，既然毛澤東在「文化大革命」前發動的「大躍進」，已經造成至少三千萬中國人因為要躍進共產主義的「天堂」而活活餓死，為什麼如此悲慘的後果也無法推動有意義的政治改革，使「文化大革命」那樣狂熱激進的群眾運動不致在日後發生，而中國社會也不致出現「十年浩劫」的災難？換句話說，他們為什麼都相信一個無法實現的烏托邦可以在人間實現？

　　對林毓生來說，最直接的答案就在他們從來都沒有真正跳出一元整體的思維模式。對傳統儒家而言，建基於天子制度的普遍王權，本來就是建立並統合人間一切秩序的唯一樞紐，而且君王就是這個樞紐的掌控者。掌控者可以更換，但樞紐本身的天子制度卻因是永恆天道的一部分，所以是永恆不可替代的，況且君王若昏瞶，在儒者對其教育、勸諫及輔助下，仍可通過「內向超越」，即通過自身努力，去恢復本來源自上天的「良知」與「良能」，而再與神聖天道相通連結，以重建帝國秩序。即使現實中的君王是昏君或暴君，但這個「內向超越」的努力，與孟子說的「治亂」循環觀，以及黃宗羲（1610-1695）所接受的「宇宙運會觀」，都讓不同的歷代儒者相信，類似「三代」的盛世仍然可以再現人間。林毓生特別注意到，黃宗羲在1662年完成《明夷待訪錄》時的〈題辭〉中，已經對孟子的歷史循環觀不符政治現實而生出質疑，但他接受的「宇

43　林毓生的討論，見其〈反思儒家傳統的烏托邦主義〉，《思想近作選》，
　　頁69-70；及其〈二十世紀中國反傳統思潮、中式馬列主義與毛澤東的烏
　　托邦主義〉，原收入林毓生主編，《公民社會基本觀念》（下），頁785-
　　863；2017年重校本，收入《思想近作選》，頁3-61。

宙運會觀」卻仍然讓他相信東周敬王到他的時代都屬宇宙「一亂」之運，同時他又肯定1662年之後的二十年就會進入「一治」之運，因此「三代之盛」還是有再現的可能。換句話說，既然黃宗羲與其他歷代的大儒，對聖王之治是一個曾經出現過的歷史事實都深信不疑，那麼只要君王接受儒者的教育輔助或勸戒諫諍，過去的盛世在歷史循環以及宇宙運會的過程中，自然也可能再度落實。對林毓生來說，這些大儒對君王與現實政治雖然會提出批判，但這些批判除了增強他們對聖王之治與天子制度仍為最理想的信念，根本不可能讓他們萌生尋找天子制度與普遍王權的另一種替代品的想法。從這個角度去看，林毓生稱他們這種不可能實現的信念為一種「人的宗教」，自然也是合理妥適的。44

誠然，林毓生之外，也有其他學者注意到儒家對聖王之治或「王道」出現的期待，根本是在追求一個不可能實現的烏托邦。比方說，余英時早在1953年就指出，儒家這個追求是一個「烏托邦的幻想」。余先生的學生陳弱水教授，也將他1982年討論儒家內聖外王的一篇論文題目，直接定為：「追求完美的夢：儒家政治思想的烏托邦性格」。45 另外，張灝1989年的一

---

44 見林毓生，〈反思儒家傳統的烏托邦主義〉，《思想近作選》，頁69-73，特別是頁67所用「人的宗教」一詞。

45 余英時文章，見其〈論中國知識份子的道路（三）〉，《自由陣線》，第15卷第3期（1953年7月31日），頁14-15；此文在1953年時乃分五次刊出，但在2022年聯經出版的余英時《香港時代文集》中已刊出全文，題目為〈論中國智識分子的道路──中國傳統社會人物批判〉，頁123-150。另見陳弱水，〈追求完美的夢：儒家政治思想的烏托邦性格〉，收入《中國文化新論·思想篇（一）：思想與現實》（臺北：聯經，1982），頁211-242。

篇論文，也提出必須重新再反省儒家內聖外王的思想。在這篇
題為〈超越意識與幽暗意識──儒家內聖外王思想之再認與反
省〉的文章中，張灝將儒家的聖王視為「完人」的追求。他對
這個「完人」完美人格的分析，與林毓生提出的「人的宗教」
非常相近。不過，張灝的這篇文章也在對儒家本身的批判傳
統，以及其經世與淑世的精神為何可以看作「有獨立於現實政
治社會秩序的傾向」，提出一個解析。他同時通過「聖王」概
念的溯源，來追索儒家這個批判性的傳統，何以一方面具有抗
衡政治權威的「潛能」，另方面卻因為將聖王追求作為其政治
理想的極限，而有其內蘊的「危險性」。[46] 在這個意義上，張
灝的分析與聖王的追求是否可定性為「人的宗教」，似乎不甚
相干。然而，張灝不是就只提出「完人」的概念，他也認為儒
家追求聖王，事實上已有「相當的烏托邦主義的傾向」。[47] 從
這個角度來看，張灝與林毓生將儒家追求聖王之治直接定性為
一種「烏托邦主義」，而非僅是具有一個「傾向」，在作為
「主義」的程度上明顯有很大的差距，但他們對聖王追求的烏
托邦性格，基本上是沒有分歧的。

　　與此同時，林毓生對中式馬列主義與毛澤東烏托邦思想
的分析也顯示，1919年後眾多中國知識分子因在五四全盤化反

---

46 見張灝，〈超越意識與幽暗意識──儒家內聖外王思想之再認與反省〉，
　原載張灝，《幽暗意識與民主傳統》，頁33-78，引文見頁46，「完人」
　一詞見頁35，「危險性」見頁35。此文後收入張灝，《幽暗意識與時代探
　索》，此處是參考該書2018的重印版，見頁26-61，引文見頁36，「完人」
　一詞見頁27，「危險性」見頁28。
47 張灝對聖王追求乃有烏托邦主義傾向之說法，見其《幽暗意識與民主傳
　統》，頁65；另見其《幽暗意識與時代探索》，頁51。

傳統主義與救亡圖存民族主義的意識形態下，已經排除倡導憲
政民主的自由主義及其主張的漸進改革為解決當時中國存亡問
題的選項。然而，他們那種反傳統主義式的民族主義，除了認
為全面打倒傳統就是救亡的前提，卻根本提不出任何「正面的
政治性行動方案」。結果只造成這些知識分子在「面對未來」
時，思想上出現「意識形態的『真空』」，也造成他們心理上
出現無法忍受的「空虛」。為了填滿這種「真空」，自稱有
「科學性」、「道德性」及「歷史的進步性與必然性」的中式
馬列主義，就很容易在1919年後對中國知識分子產生巨大的吸
引力，尤其是因為這個主義聲稱能提供其信仰者「更為具體
的」「方案與步驟」去「全盤地根本解決中國問題」，這也是
林毓生認為彼時知識分子接受並認同馬列主義或中式馬列主義
的「心理與邏輯背景因素之一」。林毓生更指出，因為這個馬
列主義本身是一個具有「整體性」的強勢意識形態，它的封閉
性與系統性只會增強其信仰者對此意識形態的「皈依」信服，
而不太可能去質疑其「正確性」，也不會質疑其內部有關「階
級鬥爭」之行動方案是否真能徹底消除壓迫，而使社會成員獲
得完全的「解放」。說到底，林毓生認為他們在傳統秩序解體
後產生意識形態上的「真空」，在成了馬列主義的信徒後，就
可因此獲得徹底填滿。至於填滿後的意識形態，是一個他們必
須絕對服從的封閉性系統，且可能導致歷史上空前的災難，就
遠非他們可以想像的了。[48]

---

48 林毓生的討論與此處引文，見其〈二十世紀中國反傳統思潮、中式馬列主
　　義與毛澤東的烏托邦主義〉，《思想近作選》，頁44-51。

　　我們都已知道，中國知識分子對馬列主義在意識形態上皈依的信仰，不但幫助中共在1949年「解放」了中國大陸，更讓自以為是「上帝」的毛澤東，屏棄馬克思理論重視客觀經濟條件以界定無產階級革命的前提去動員中國人民實驗他那種脫離常識的「大躍進」。這個實驗的悲慘後果，雖然讓毛澤東暫時收斂林毓生界定他那種「主觀化、策略化、鬥爭化與任意化」的專斷領導，[49] 但卻沒有讓他在中共黨內至高無上的地位真正被取代。等到毛澤東動員紅衛兵去發動全面徹底粉碎一切舊的傳統思想與風俗習慣及文化時，他那種受到五四激進反傳統主義的心態，就更加徹底地顯現出來。

　　林毓生的分析讓我們理解，不論是傳統儒家追求的「聖王之治」，或是毛澤東的中式馬列主義，都屬於一種「烏托邦主義」。雖然主義本身可有強弱之分，但因為「主義」是一個有「系統性」與「整體性」的封閉意識形態，又因其追隨者相信對此主義的絕對服從是一種道德情操的表現，我們就很難期待追隨者會看到此意識形態內部可能出現的矛盾，更不可能期待他們會要求此系統內部做出自我的更新。因此，這兩個「主義」代表的，確實是一個無從實現的虛幻「烏托邦」。

十四、毛式烏托邦主義的新現象

　　需要更加關注的是，當我們將林毓生對毛式烏托邦主義與傳統儒家烏托邦主義的討論做進一步對照時，我們會發現，他

49　同上，頁47。

是要特別突顯毛澤東烏托邦思想中那種傳統歷史從未有過的強悍、任意、專斷與破壞性。林毓生指出，毛式烏托邦主義是一種將武力奪權與「殘存的中國傳統統治技術和政治文化」結合在一起的現代極權統治。這個現代的極權統治不但是中國歷史上的「新現象」，而且比起傳統暴君的統治，這個極權的專斷與殘酷都更加沒有底線。林毓生同時也提醒我們，需要看到毛澤東統治下的共黨有一種「千禧年式」（chiliastic）與「比你較為神聖（holier-than-thou）的道德優越感」。這種自認可以帶給中國進步與建立共產「天堂」而形成的道德優越感，使得邁向追求「天堂」所用之任何手段都可被合理化並獲得不容質疑的「正當性」，結果導致這個烏托邦主義原本已有的政治性變得更加強悍、更加殘暴。當毛澤東一旦認定自己是中國的救世主或「上帝」時，他也就毫無顧忌地唾棄常識去動員群眾「大躍進」。即使在「大躍進」造成的災難後果已迫使毛澤東不得不暫時停止他的極端社會主義實驗，他卻居然還能在1966年動員紅衛兵，去為他製造的「文化大革命」大革中國文化的命。對林毓生而言，當時中國社會的群眾與紅衛兵，顯然還是完全相信毛式烏托邦主義的「崇高」理想可以在中國落實，而且他們對毛本人也顯然將他等同是真的「上帝」，否則，就不會有文革時期家家戶戶設置「寶書臺」的儀式，來供奉毛的「石膏像」及「語錄」或「選集」，並對這個「上帝」「早請示，晚匯報」地頂禮膜拜——儘管我們已經知道，毛本人實在只是一個「無知、反知、亂管的『上帝』」。[50] 透過這樣的解析，我

---

50 引文出處同上，頁48-50。

們不但理解林毓生何以界定毛式烏托邦主義為一種「政治性宗教」，[51] 也可因此看到傳統一元整體式的思維模式與儒家及毛澤東的烏托邦主義，何以仍然有著極其複雜的糾結關係。

十五、民初科學主義及胡適思想的理清與釐清

在結束本章之前，我們必須討論林毓生在五四專書之後發表有關胡適對科學與民主看法的文章。因為這些文章是林毓生要將專書中未能深究的重要議題再分別給予進一步探討的努力成果。

我們已經知道，胡適是林毓生研究全盤化反傳統主義的一個主要代表人物。有趣的是，林毓生也曾指出胡適本人說過他是主張漸進改革而且是反對激進革命的人。結果，林毓生對胡適這兩個不同面向的論說，尤其是他對胡適激進反傳統思想的討論就不那麼容易讓人掌握他有關胡適意識危機的主要論點。為了進一步說明他對胡適無法自覺他本身思想上的矛盾所形成的意識危機，也為了能夠逐步理清理順胡適（與另外幾位1920年代知識分子）關於科學的一些似是而非的說法，林毓生因此寫了〈民初「科學主義」的興起與含意——對「科學與玄學」之爭的研究〉與〈心平氣和論胡適〉二文來處理之前未展開的探討。[52]

---

51 同上。

52 見林毓生，〈民初「科學主義」的興起與含意——對「科學與玄學」之爭的研究〉與〈心平氣和論胡適〉，二文原載《中國傳統的創造性轉化》（增訂本），頁286-308及535-545，後收入，《思想近作選》，頁123-141

　　有關民初科學主義的這篇論文，雖然對彼時學界張君勱（1887-1969）與丁文江（1887-1936）之間有關「科學」與「玄學」之爭做了詳盡的分析，但重點在於該文指出1920年代初期，多半知識界的領袖人物對科學的了解，基本上是將科學化約成了意識形態式的「科學主義」。除了將科學當作「信仰」與「不證自明的公理」來推行，這種科學主義的另一重要特點，就在對科學「性質」及其「方法的誤解」。從林毓生的解說中，我們看到這種誤解不但將科學等同於科學方法，甚至將這個方法看作是「萬能的」。在這樣的誤解下，這種「科學方法」也將「主觀性（主體）與客觀性（客體）」列入截然對立的兩個範疇，同時又排除演繹法，亦即只將歸納法視為科學方法的核心。結果導致當時知識界根本無法掌握19世紀傑方思（W. Stanley Jevons, 1835-1882）在他邏輯與科學的經典著作中對演繹法的說明。[53]

　　傑方思在19世紀晚期的英國，是以其政治經濟與邏輯之研究，而成為當時的領袖人物。即使在今天，他有關英國煤炭供需的研究，也都還讓他被奉為是第一位發展出經濟學生態面向的經濟學家。[54] 不過，傑方思原本是一位科學家，就其解說科學性質與科學方法而言，其權威性當然無須多說，相關的是：

與143-160。此處皆以《思想近作選》之文為討論之本，但須指出〈心平氣和論胡適〉，原題為〈平心靜氣論胡適〉。

[53] 見林毓生，〈民初「科學主義」的興起與含意——對「科學與玄學」之爭的研究〉，《思想近作選》，引文見頁125-126及129。

[54] 傑方思的簡歷，可參考維基百科：https://en.wikipedia.org/wiki/William_Stanley_Jevons。

根據林毓生的分析，傑方思解釋「假設、演繹」在科學研究過程中的重要性，完全遭到民初知識界的誤解。更直接地說，傑方思是將身為主體的科學家之想像及他們面對的客觀經驗都「揉合」一起，而非裂解為兩個對立的範疇。同時，傑方思也將科學研究解釋為是「歸納法與演繹法互相為用的互動過程」，而非將演繹法排除在這個研究之外。[55] 通過傑方思這個科學研究的說明，林毓生就展開了他對胡適關於科學及民主的討論。

十六、胡適對民主與科學看法的含混及誤導

林毓生的討論，主要在說明胡適雖然是五四新文化運動時期高舉「民主與科學」的開先倡導者，但身為新文化運動領袖之一的胡適，對科學與民主的說法，卻因為停留在口號或是常識的層面，影響了中文世界對自由主義與科學本質在**思想上**的認知與了解。林毓生認為胡適將科學視為僅以科學方法為其「精髓」，而且將此方法的「精義」以「大膽的假設，小心的求證」一句口號來表述，完全曲解了科學發展的根本前提與性質。也就是說，曲解了任何科學研究都必須植基於其本身的學科傳承，而且任何有突破性的研究也都必須以此認知為其研究的基本前提。胡適根本不知道，唯有在這樣預設的前提下所展開之研究，才能在其學科傳承的潛移默化下，發展出有「正確、尖銳想像力的問題」，也才能根據「內在理性」的指引，

---

55 林毓生，〈民初「科學主義」的興起與含意——對「科學與玄學」之爭的研究〉，《思想近作選》，頁125及129-130。

去探索並突破原先對某一現象的認知理解，而建立起新發現的
研究成果。

　　我們可以將林毓生對博蘭尼有關科學研究與學科傳統的
引介，用來說明他何以認為胡適對科學的理解完全誤解了科學
研究的本質。對博蘭尼而言，任何科學研究都不可能脫離其相
關的學科傳統，而且原因應該是很明顯的。因為任何研究都必
須根據我們對這個研究領域中已有的背景知識，來引導我們去
形成並提出有原創性的重大問題。這個問題，雖然是我們「集
中意識」聚焦的研究核心，但在展開研究時，我們卻需要依據
那些我們無法明言但卻真實存在的背景知識，亦即「支援意
識」，來引導我們在研究過程中發現與我們研究問題相關的重
要線索。這些線索正是我們能提出具有真正突破性研究的關
鍵。這樣的「支援意識」之所以是一種無法明言的背景知識，
正是因為它們只能在特定的學科領域內經過日積月累的培育才
能養成。這就是博蘭尼何以會強調科學研究，或任何研究，都
必須植基於其學科傳統的基本原因。據此，我們也可理解，林
毓生為什麼會認為胡適將科學化約成簡單的口號，是完全曲解
了科學的本質與原理。

　　就林毓生來看，胡適對科學曲解的結果，也就像上面提
到民初學界的眾多知識分子是將科學變質成了一種意識形態
的「科學主義」。「科學主義」的意思在這裡是指胡適雖然
是要積極倡導科學，但在倡導之時，他卻在「心態」上顯示
他是將科學當成一種「宗教」來推動的。[56] 林毓生對胡適將科

56　見林毓生，〈心平氣和論胡適〉，《思想近作選》，頁154-156。

學當成宗教的解說，也許過於苛責，但根據一位香港科學研究者的判定，胡適本人對科學的理解確實相當「零碎、膚淺」，而且「有嚴重誤導成分」。[57] 如果我們再根據一位中國大陸學者的評估，我們會看到他更是完全同意林毓生對胡適將科學變成科學主義的說法。這位學者指出，胡適本人是一位「人文學者」，對科學的知識本來就很有限，但胡適卻提出了他的「科學方法」，而且將科學方法又「看得過分簡單」。這位學者認為，胡適顯然不知道「在不同的研究階段，面對不同的研究境況，科學所需的方法是不同的」。因此，胡適對科學的理解就讓人看到他「對科學本質」不但「有相當程度的誤解與庸俗化」，而且胡適提出口號式的「科學方法」也是「很不『科學』的」。[58] 在這個意義上，這位大陸學者會同意林毓生將胡適倡導科學的說法解釋為一個科學主義式的看法，也就完全可以理解了。

　　根據上面兩位學者對胡適倡導科學說法的評估，我們應該也可以同意林毓生對胡適評斷的基本論點：如果我們要真正了解科學，就必須清楚科學的基本性質及原理，而這樣的性質及原理，與胡適那樣將科學變質成為一種意識形態的科學主義，確實是截然不同的。

---

57 引文是研究物理科學的陳方正教授之語。見其〈論胡適對科學的認識與態度〉，收入陳方正，《大逆轉與新思潮：五四、啟蒙與現代化探索》（香港：中華書局，2018），頁92。

58 見蔣勁松，〈科玄論戰與科學主義──再讀林毓生〉，原載《民主與科學》，2006年第6期，但此處係取其網路版，見：https://shc2000.sjtu.edu.cn/0612/kexuanl.htm。

　　除了指出胡適將科學的實質意義與內涵都化約成了簡單的口號去推展，林毓生對胡適1930年代因為要在當時百廢待舉的中國推動民主憲政，於是將民主說成是一種「幼稚的政治制度」，也有相當尖銳的批評。

　　我們記得，林毓生中學時曾經受到胡適鼓勵年輕人應該陶鑄自身這段話的影響；林毓生自己也說過，胡適一生雖然有極短暫的時間，因為受到風氣的影響讚賞過社會主義，但胡適「一直堅持自由主義的立場」，卻從來沒有改變。林毓生認為，這種堅持是不得不使人敬佩的。尤其是，胡適1950年代晚期回到臺灣後，始終直面蔣家政權並堅持學術自由的行事原則，也絕對具有無可取代的重大歷史意義。[59] 然而，站在追求知識的立場上，林毓生仍然堅持，如果我們要真正了解民主，就不能像胡適那樣指稱民主是幼稚的政治制度。同樣地，如果我們要真正在中文世界發展純正的自由主義，我們也必須在**思想上**認真地去理清並釐清過去一些關於自由法治與憲政民主的混淆看法。林毓生很清楚西方自由民主在實際的運作過程中，確實會出現胡適所說的幼稚現象，有時還會出現相當「低俗、甚至卑劣的現象」。然而，這些現象的出現，與自由民主作為一種政治制度的本身，卻必須有所區隔，特別是自由民主在實際運作時也同樣會出現林毓生觀察到的「高貴的品質」。林毓生用《美國憲法》為例，指出其制定過程中展現的政治智慧，以及制定後的內容為美國自由民主制度奠定的法治基礎，都是胡適所說「幼稚」的「反面」。即使林毓生理解胡適力求自由

---

59 見林毓生，〈心平氣和論胡適〉，《思想近作選》，頁143-144。

民主在中國實現的苦心，但如此推動民主的方式，卻反而讓胡
適以及受他影響的人輕忽了如何讓自由民主在中國土壤上落實
的艱難問題。[60] 這個問題，也正是林毓生以及他的老師殷海光
都致力要回答的問題。也就是說，林毓生雖然遵從殷海光當年
給他的指點，已經對中國本身的病根，從思想的角度提出了他
診斷的基本結果，但他沒有忘記他必須繼續探究並提出如何落
實五四初期提倡的自由民主理想。

60　此處林毓生的論點，亦見同上，頁146-148。

第七章

自由與民主建設的論說

　　我們已經提到，自1975年開始，林毓生就將他多年研究獲得的成果，用中文發表在臺灣當時有相當影響力的兩大報刊：《聯合報》與《中國時報》。林毓生這些文章，有一部分是在解釋五四激進反傳統主義的主流知識分子代表為什麼會悖離早期追求自由民主立場的複雜原因，但其他的多半都聚焦在釐清並解說自由民主的一些核心概念與基本價值，而且鑑於民主本身內蘊之弔詭，他也特別提出了低調民主的看法。在這些文章中，我們會看到林毓生有關自由與權威不必然是對立的解析，也會看到他如何闡釋消極自由（negative liberty）是積極自由的前提、提出法治不等同於法制的說明，以及學術自由必須有憲政民主的機制才能獲得實質保障的申論。透過這些解析、闡釋、說明與申論，我們就可以明瞭林毓生為什麼會將自己主張的民主，界定為一種低調的民主。

　　由於林毓生當年是受到殷海光的啟發，才真正開始自覺要走上探勘自由民主的研究道路，而且我們在第三章也提到，研究殷海光的有關專論已經指出他對自由與傳統的關係，或是對自由與民主以及它們與法治的關係，都沒有給予深入周全的系

統性說明，因此，我們有理由預設，林毓生幾十年來有關自由
民主的論說，會對殷海光當年關於自由民主的看法，做出修訂
與擴充。根據這個預設，我們可以去檢視林毓生對自由民主的
討論與闡釋，希望通過這樣的檢視，來顯示林毓生如何具體地
修訂並擴充了殷海光有關自由民主的看法，也接著去探討這個
修訂與擴充，是否形成了林毓生本人對自由民主在中文世界如
何落實的一個原創的論述。如果答案是肯定的，那這個論述的
原創新意究竟為何？

　　要回答上面提出的這些問題，我們可以先根據林毓生討論
自由與權威關係的幾篇文章，來分析他對這個議題的論證和旨
意。通過這個分析的過程，林毓生對自由與權威提出不同既往
的說明，就會逐步地呈現出來。據此，我們也就可以再去審視
他有關自由民主建設的論說，以及此一論說顯現的相關意義。

一、自由的基礎與理據

　　林毓生曾經清楚指出，晚清到五四的中國知識分子，因為
始終將自由主義的追求看作是富國強兵的工具，導致他們從來
沒有對自由主義提出什麼實質的貢獻。當然，他也曾經提到蔡
元培（1868-1940）任職北大校長時，北大確實有「相當高的學
術自由」，因此，林毓生認為蔡元培在其1916到1927年的校長
任內，就不能說是將學術自由當作一個口號來提倡，而應該看
作是將一個理論付諸實踐後所產生的結果。與此同時，林毓生
也肯定胡適當時在其《人權論集》中堅持自由乃基本權利的明

確立場，並認為應該給胡適一個「正面的評價」。[1] 顯然，林毓生認為彼時的蔡元培和胡適都在不同方面，對落實自由做出了真切具體的貢獻。

有趣的是，林毓生並不認為蔡元培當時有關學術自由的看法，可以稱作是一個思想的論述。因為蔡元培沒有提出任何關於學術自由的「嚴謹」論證，也沒有對學術自由本身的複雜含意提出任何系統性的解釋。職是之故，蔡元培的看法，對林毓生而言，就只能說是一種「態度」的表述，而稱不上是有系統的「思想」。[2] 此處，他對蔡元培的批評既然是從純粹的思想觀點出發，這個批評和他肯定蔡元培推動學術自由的事實，自然就有了不同的判定。做出這樣的判定，和林毓生對胡適將民主化約為幼稚園制度的負面評語，從立足於思想的觀點來看，基本上相當一致。由此，我們也可以明白林毓生為什麼始終堅持，必須將思想與不是思想的態度或立場，做出嚴格的區分。

且不論林毓生對思想與態度需加以區分的看法，他確實對蔡元培落實學術自由與胡適主張自由是基本權利給出了正面的肯定。與此相關的是，林毓生也知道，能持有這樣的態度和立場在彼時的知識界其實已經相當少見。若再從嚴格的思想觀點來說，林毓生就認為，從清末到1960年代有關自由的討論，只有張佛泉（1908-1994）於1954年刊出的《自由與人權》，才稱

1　林毓生，〈民主自由與中國的創造轉化〉，《中國傳統的創造性轉化》（增訂本），頁319-320。

2　見林毓生，〈學術自由的理論基礎及其實際含意——兼論消極自由與積極自由〉，收入《思想近作選》，頁207-221，特別是頁208。

得上是一本自由主義的系統性著作。[3]

　　如果我們也用張佛泉的論著作為一個分界點，那林毓生本人關於自由的闡釋，也應該可以看作是繼張佛泉論著之後，首次在中文世界對這個論題提出了不同於既往的分析和論證。

　　首先，儘管從追求自由民主的大方向來看，林毓生的看法與殷海光追求自由民主的理念，是一脈相承而沒有斷裂的；但他對自由的分析與論證，就明顯修正了殷海光對自由與權威的理解。順此，我們就可以追問下面的兩個問題：

　　第一，即使林毓生對自由民主的理念，在大方向上與殷海光的追求沒有發生斷裂，但是林毓生解釋自由與權威的關係，與殷海光撰寫關於自由的文章及其觀點，是否就完全一致而無任何分歧？如果答案是否定的，亦即林毓生與殷海光在這一方面的看法確實有分歧，那這個分歧會是什麼？林毓生又如何解釋此一分歧，並提出他認為殷海光在此議題上的可能局限？

　　第二，上文提到林毓生對自由與權威的解釋有不同於既往的解析，這個解析與林毓生之後提出其他像學術自由的討論，對中文世界了解自由的基礎與理據，是否也有突破性的意義？

3　林毓生對張佛泉論著的看法，見其〈試圖貫通於熱烈與冷靜之間〉，收入林毓生，《中國激進思潮的起源與後果》，頁428。此文後亦收入其《思想近作選》，頁225-244，但題目加了副標題，成為：〈試圖貫通於熱烈與冷靜之間──略述我的治學緣起〉，其論張佛泉著作，見頁242。筆者手邊沒有張先生1954年刊行的《自由與人權》專書，但有臺灣商務印書館1993年的重刊版。應該提到，臺灣左岸文化在2006年亦發行了中國大陸學者顧肅撰寫的《自由主義基本理念》一書的繁體版（另見中國大陸中央編譯出版社2005年的簡體版），此書應是中文世界繼張佛泉專書後，討論自由主義最具系統性的一部著作。

　　釐清這兩個問題可以讓我們更加清楚，林毓生為什麼認為五四以來的知識分子，基本都誤解了自由的真義，也可以讓我們看到他如何論證自由與權威有正面關係的說明。一旦我們清楚自由與權威的關係可以是正面而不必然是對立的，我們就能進一步理解這種正面關係和憲政民主的建設以及其深化發展，何以也是緊密相連、不可切割的。在釐清問題的過程中，我們會提出林毓生對民主制度中有關平等原則的辨析。提出辨析，是因為平等原則和人們追求自由的目標，在理論上有著難以化解的張力。然而林毓生對這個張力的解說，卻有助我們去掌握他何以要特別釐清五四知識分子對自由的看法，以及這個看法對自由的曲解或誤解。

二、論自由與權威的歷史脈絡與具體分析

　　從論證的參照背景來看，我認為五四激進反傳統思想的意識形態，與文革時期出現的激進反傳統事實及其帶給中國的巨大災難，都應該看作是構成林毓生討論自由與權威時的歷史脈絡——儘管他本人並未將這個歷史脈絡明確地列入他的論說之中。此外，臺灣經濟在1980年代的蓬勃發展，與當時威權統治在臺灣社會逐漸浮現的鬆動現象，也應該看作是構成林毓生論述時的另一背景因素。提出這些歷史的背景，是因為林毓生在分析自由與權威的關係之前，對激進化反傳統思潮導致中國意識危機的研究，早已讓他了解這種思潮對中國思想現代化的負面影響。因此，他自然不會接受臺灣威權鬆動後就可以起而打倒一切既有的權威。對林毓生而言，社會一旦出現權威失落甚

至失序解體的現象，自由就無所可依，也根本無從建立。在這個意義上，我們這裡的討論，也是希望能經由林毓生對自由與權威關係的辨析，來說明第一章就已提出的論點，那就是：自由與權威的關係不但不必然是一種緊張衝突的對峙，反而應該說是可以具有相輔相成的正面關係。

林毓生在1982年與1983年，分別發表了兩篇解釋自由與權威關係的論文。有趣的是，在論文發表二十年後，他又撰寫了反思這兩篇論述的文字。[4] 據我所知，在此之前，中文世界從未真正探討過「自由」與「權威」是不是可能有正面關係的這個議題，因此也就談不上會針對這個議題做出什麼繼續的追索。單從這個觀點來看，我們已經可以說林毓生的兩篇論文是有了突破過往未曾探究此一議題的新意。下文就先根據他1982年對自由與權威之關係所提出的解釋，來展開我們的分析。

必須先說明的是，此處的分析不是要討論林毓生何以沒有像殷海光或張佛泉那樣，將自由與人權的關係作為他論證的核心，也不是要說明林毓生何以沒有像殷海光那樣，採取先從靜態的觀念去界定自由或權威的意義。這裡只是要指出，林毓生切入討論的方式，是透過說明自由與權威之間的複雜互動，來顯示自由絕對不是可以在粉碎權威之下獲得的。我們知道，林

4　見林毓生，〈論自由與權威的關係〉與〈再論自由與權威的關係〉，原載《中國時報・人間副刊》，1982年9月12-14日，及1983年2月20-21日，兩篇論文後皆收入其《思想與人物》，頁87-101及103-118；亦見《思想近作選》，頁173-182與183-192。林毓生在2002年又出版對此二文之反思一文，並於2015年重校後題為〈《論自由與權威的關係》、《再論自由與權威的關係》之緣起與二十年後的反思〉，收入《思想近作選》，頁163-171。

毓生在他1979年出版的英文專書《中國意識的危機》中已經指
出，五四以來，許多知識分子對自由的認知，基本上是在追求
一種個人的解放。他後來在1992年寫的一篇中文文章中，還特
別用「自由不是解放」作為論文的題目。[5] 之所以會在五四時
期出現將自由等同解放的現象，當然和中國傳統中各種僵化的
禮法與扭曲的政治現實在帝制傳統的末期對個人產生不同程度
的壓抑束縛，密切相關。我們也知道，五四時期出現全盤打倒
儒家禮教傳統的強勢意識形態，本來就是要將個人從這種壓抑
束縛中，徹底地解放出來。既然這種打倒傳統的意識形態，本
來就是以「反權威」式的「解放」，來作為界定「自由」的標
誌，當然就根本不可能想像「自由」與「權威」不是只能有
負面的關係，更不可能認為兩者之間還會有什麼積極的正面
關係。

三、解放不是自由

　　應該追問的是：為什麼林毓生認為，「反權威」式的「解
放」不是「自由」？而且，為什麼他會認為，著重解放式的自
由不可能成為建立自由的資源？對林毓生來說，這個問題最直
接的答案，就來自海耶克以及博蘭尼提出發展自由需要秩序的
洞見。準此，林毓生也自然就會將這個洞見融入他本人對五四
時期激進反傳統主義的分析之中。同時，他也根據海耶克的看

5　見林毓生，〈自由不是解放──海耶克的自由哲學〉，收入其《中國激進
　　思潮的起源與後果》，頁245。

法，說明解放根本就不是自由追求的目標。這樣的說明得出的
結論就是：「自由文明的發展需要秩序，而秩序的建立則需要
正當的權威。」林毓生這裡說的「權威」，絕對不是以各種權
勢或金錢去壓制或者迫害人的那種假權威，而是一種讓人覺得
「心安理得的權威」。也就是說，自由要獲得真實的保障，是
必須建立在讓人願意接受並服從的「心安理得的權威」基礎之
上，才有可能獲得。這裡，「心安理得的權威」，不但指的是
建立在保障人權的法治（rule of law）上逐步演進發展出來的法
律系統，6 而且還包括社會在演進發展時所產生的一些約定俗成
的規範和習俗。這種規範與習俗，與社會中各種專業在演進發
展中形成的權威，其實沒有本質的不同。我們可以說，正是通
過這樣的演進而形成的權威，才有可能為那些不同的專業，逐
漸奠定其自身傳統的基礎。林毓生特別提醒我們，這些權威在
演進發展的過程中都需要經過嚴格的鑑定，才能被真正地承認
與確立。顯然，那些有能力鑑定何者為權威之人，本身也已經
是那個行業或專業傳統中的行家或專家。這些行家或專家，當
然也就是經過演進發展之後才獲得社會認可的權威代表。

四、權威建立的認知前提

此處，我們也需要理解，為什麼林毓生不斷強調權威的建
立必須有一個前提。根據他的解釋，這個前提是一種「承認相
互權威性」（mutual authority）的認知前提。然而，權威的建立

6　下文會再討論林毓生對法治的看法。

為什麼需要這個前提？林毓生的回答是：在社會演進的發展過程中，當既有的權威因為本身對新出現的問題無法提出解決方案的時候，就會出現被質疑和挑戰的危機。等到出現能化解危機的方案，那提出方案的個人或是團體就會成為被認可與接受的新權威。此時就會產生孔恩（Thomas Kuhn, 1922-1996）所說的「典範轉移」（transformation of paradigm）。[7] 但必須指出的是，這樣產生的典範轉移，不代表一定會因此取代舊有的權威在其解決原有問題上的有效性與正當性。換句話說，新典範的建立不代表舊典範就因此失效。更需注意的是，這個新典範的建立，必然是對舊典範原有的貢獻已經具有相當程度的了解，甚至是根據這個舊典範的貢獻才能發展出突破性的新理論。也就是說，只有在這樣新舊典範的接續、轉移與替代的過程中，在不同的領域與不同的範疇之內，才能漸漸發展出並建立起「承認相互權威性」的專業傳統。林毓生很清楚，這些建立起的權威涵蓋了社會中的一些符號與制度，也包括那些具有魅力或者「奇理斯瑪」的人格典範。可想而知，這種人格典範正是那些在品德、知識與見解上，都會讓人景仰欽慕並且心悅誠服接受的「心安理得的權威」。

　　林毓生一再強調，雖然「心安理得的權威」本身已經是一種具有正當性的權威，而且這個正當性的權威與那種壓制迫害人的假權威也絕對可以做出區隔，但需要進一步理解的是：林毓生如何根據海耶克與博蘭尼的研究，來論證自由和正當的權

7　見Thomas Kuhn, *The Structure of Scientific Revolution*, second edition (Chicago: University of Chicago Press, 1962), pp. 10-12。

威是不可分割，而且是「相輔相成」的？

五、自由與權威的相輔相成

　　海耶克與博蘭尼有關自由的一個核心論點就是：當人們自動自發遵守社會上那些讓他們覺得心安理得的正當權威之時，社會上就會形成一種「自發秩序」（spontaneous order）。[8] 在一個現代的自由民主制度之中，這種秩序因為是以法治作為保障人權的基礎，所以每個人的基本權利都可以由此受到合理合法的保障，並且在不侵犯他人的自由之下，每個人也都可以自由地追求自己的人生目標而無須畏懼。當每個人都能如此自由地行動時，一種自由的自發秩序就會出現。這種秩序，比起任何強制命令下形成的秩序，都會更有相對的穩定性，也會是一個比較充滿生機的秩序。據此，林毓生也就進一步肯定，只有這種自由的自發秩序，才可以發展成為最有可能讓人充分發揮創造潛力的有效秩序。

六、法治不同於法制

　　既然自由的秩序必須受到建基於法治下的法律保護，林毓生就特別提醒，法治是「法律主治」，也就是要根據法律去管

8　有關「自發秩序」的說明，見Friedrich A. Hayek, *The Constitution of Liberty* (Chicago: University of Chicago Press, 1960), Ch. 10, esp. pp. 159-160；另可參考Michael Polanyi, *The Logic of Liberty: Reflections and Rejoinders* (Chicago: University of Chicago Press, 1951), p. 159。

理社會中每個成員與各個組織，不但包括組織中的官員，也包括政府以及立法機構的本身。這樣的法律絕不為任何特定的個人而設，也不為特定的目的而設，在法治原則下建立的法律，因此就有了「普遍性」和「抽象性」，對每一個社會成員與社會組織都是毫無例外地一律公平適用。在這樣的法律框架下，遵守法律的每個人和每個團體，都可以「預知」他們的「行為的後果跟別人的配合的關係」，使大家的行為不但「有一種穩定性」，也因此都可以自由地行動。一旦受到任何不法的騷擾與破壞，也自然可以透過尋求法律途徑，來獲得法官必須按照這種具有普遍性與抽象性的法律條文去加以「裁量」的判決。因為這個判決是建立在公平的法律條文之上，而不是法官可以依個人的好惡去任意左右，結果就容易讓社會成員願意自動去守法，也願意相信在法律下，個人的權益可透過「公平競爭」的原則，來得到合理合法的保障。林毓生告訴我們，僅僅從這個具有「預期性與信心」的觀點來看，不但社會中的個人因此可以是自由的，整個社會也更容易「組織起來」，而成為在法治框架下一個比較容易「發揮效率」並幫助其成員發揮他們潛能的社會。由此，我們也可以進一步了解，林毓生為什麼一再提醒我們，要看到「法治」和用法律來控制社會的「法制」（rule by law），是根本不同的兩個概念。9

　　上面關於法治及自由與權威關係的討論，可以得出的一個結論就是：林毓生當年發表了自由與權威關係的文章，確實為

9　有關法治的討論，見林毓生，〈海耶克論自由的創造力——兼釋法治的意義與效益〉，收入《思想近作選》，頁193-206，特別是頁202-206。

自由的基礎與理據提出了不同既往的看法。在他的論述中，我們看到自由與正當的傳統權威，亦即包括法治下的法律權威，不再像五四時期主流知識分子所認定的，只是一種斷裂悖逆的關係。恰恰相反，自由與傳統權威的關係不但不必是負面的，而且是可以建立起互相依存的正面關係。結果是，自由與法治下發展出的法律傳統也一樣會具有正面的關係。換句話說，個人的自由如果不能受到這種法律的保障，就根本談不上有真正的自由。同樣地，正是因為有了這種法治之下發展出的有效法律制度，個人的基本權利也才能真正獲得落實。在這個意義上，這個法治的本身，當然就已經是一個使人願意接受並服膺的「心安理得」權威。我們還可以進一步說，建基於法律權威保障下的個人自由，與柏林說的「消極自由」，事實上並無二致。

七、消極自由與積極自由

按照林毓生對柏林關於此一自由的解釋，消極自由就是「必要的自由」。而且，保障這個必要自由的「必要條件」，就是「健全的法治（the rule of law，不是the rule by law）與法律保障的人權」。有了這個必要的保障，個人才能不受他人或政府之「干擾與強制」，同時也會具有「可以根據己意做其要做之事的領域（或空間）」。[10] 這也是我們上面為什麼要突顯保

10　林毓生，〈學術自由的理論基礎及其實際含意──兼論消極自由與積極自由〉，收入《思想近作選》，頁207-221，特別是210-212。

障人權的法治，本身也是一種能使人接受的「心安理得」權威之基本理據。

　　然而，要再進一步討論自由與權威的關係，我們就還需要指出，林毓生強調消極自由必須要成為柏林筆下「積極自由」的前提。也就是說，消極自由必須是自由的必要條件。這其中的道理很簡單，因為沒有消極自由，積極自由絕不可能會有實質的保障。我們可以從林毓生對柏林的積極自由所做出之釐清與解釋去理解，為什麼消極自由是積極自由的必要前提。[11]

　　首先要指出，柏林是在冷戰時代的脈絡下，提出必須對積極自由有所警惕的看法。他基本認為，行使積極自由容易讓人在追求一種崇高的浪漫理想時，落入極權統治的陷阱。為了更好地理解柏林的這個看法，林毓生就問到：「積極自由要回答的問題」究竟是什麼？他本人的回答是，積極自由是要我們思考：「一個人決定做這件事而不是那件事的來源（source）是什麼？」不過，我們可能會質疑的是：為什麼林毓生認為我們需要思考這樣的問題？按照林毓生的解釋，我們必須理解「來源」的重要性。因為我們在決定做一件事情的時候，往往正是自己要運用自由來做自己「主宰」的時刻；而且通過這個做「主宰」的時刻，我們才可以自由展現自己的「自主性」。問題在於：個人做決定的時候，往往或多或少都會牽涉到自己是否有能力做決定的這個問題，也多少涉及做了決定後自己能否

11　柏林本人對這兩種自由的討論，見Isaiah Berlin, *Liberty*, edited by Henry Hardy, reprinted paper edition (Oxford and New York: Oxford University Press, 2007), pp. 166-217。

承擔起後果的責任問題。如果一個人做決定的時候根本忽視了這些問題，或者認為自己根本不需要考慮這些問題，那麼，當一個浪漫崇高但卻完全脫離現實的政治遠景，被包裝成追求國族富強的一個動人口號與道德承諾出現在我們眼前的時候，作為一個「小我」的個人，就很容易在情感上會受到撼動，而去全心回應那種屬於浪漫「大我」的召喚，甚至認為個人唯有投入「大我」，才能代表是做出獲得真正「自由」的崇高決定。然而，這種決定的後果，卻往往造成個人到頭來不但會失去屬於「小我」的自由，而且很有可能還會變成被這種「大我」的利益與政治遠景操控的奴隸。

　　上面提到的這種情形，有可能被認為只會出現在國家社會處於比較動盪不安的時代。因為這樣的時代，顯然比較會造成個人或者「小我」容易在民族情感的激盪下，而受到外部大環境的影響。1919年之後，許多原先追求自由民主的知識分子開始左轉的事實，就是一個現成的例子。然而，林毓生要突顯的是，在這種動盪不安情況下所做出的決定，即便是源自個人運用他或她積極自由的結果，但許多歷史的經驗都已經證實，受到這種「自由」驅使所做之決定，往往會導致極權統治的夢魘與災難。當林毓生提出對積極自由必須有所警惕的這個解說時，1949年後毛澤東極端社會主義在現代中國實驗造成的災難，顯然也就為我們提供了一個現成的歷史實例。

　　對林毓生來說，要避免這種積極自由帶來的極端惡果，一個人本身的「思想、文化與道德的訓練」能力，變得極為關鍵。最明顯的原因就在，一旦個人有這些能力，他們就比較可以對周遭存在的不同資源產生清楚的自覺，進而也可以做出相

對正確的選擇與決定。也就是說，個人可以有更為妥善的能力
來做出不需要放棄個人自由的理性決定。這個決定的本身，當
然也關係到個人是否會負責地去落實這個決定，以及能否承擔
決定後果的責任問題。

　　我們知道，西方中世紀發展出的權利理論，是將自由看
作是上帝賦予人的一種自然權利。研究自然權利的西方學者認
為，這種權利理論的出現，代表的是一個道德的新洞見，因此
必須與過往將責任與權利混為一談的說法做出嚴謹的區隔。否
則，就很難理解何以西方中世紀會發展出一個完全不涉及責任
的語彙系統，來討論人的自然權利。[12] 據此，上面討論的消極
自由與積極自由，應該都可說是源於道德洞見而發展出的兩種
自由權利。然而，這些權利是否就與責任絕對無關？

　　筆者認為，源自道德洞見的自然權利理論，並不意味自
由與責任真的毫不相干，至少從實際層面來看，兩者不可能是
完全不相干的。我們已經知道，自由必須受到法治下的法律來
規範其邊界。因此，沒有邊界的自由肯定無助於社會秩序的建
立。也就是說，行使自由權利的個人對規範其權利的法律有遵
守之義務。或者說，遵守法律就是一個必要的責任。如果拒絕
遵守法律，法律對個人權利的制約甚或取消，也就理所當然，
而且是可以預期的。

---

12 Richard Tuck關於自然權利理論的專書，不但是針對此一理論乃中世紀
　發展出的一個道德新洞見做出正本清源的說明與闡釋，且在此書首頁
　即已說明不應將此洞見與責任有所混淆。見Richard Tuck, *Natural Rights
　Theories: Their Origin and Development* (Cambridge: The Press Syndicate of the
　University of Cambridge, 1979), p. 1。

八、自由與民主的緊張關係

　　不過，我們都知道，也都可以想像，在自由民主的制度當中，即使個人權利已經受到法律的保障，但這個保障卻不能保證每個人就有能力且能負責地運用積極自由做出理性決定，進而去發展成為一個獨立自主的個體。恰恰相反，正像林毓生告訴我們的，民主社會與獨立自主個體的培育，並沒有絕對的正相關。這是因為，民主本身內含一種重視平等的原則，而且這個平等原則，往往容易造成盲目從眾的風氣。林毓生給出的理由是：按照這個平等的原則，民主社會一般都會認為每個人對每件事都可以自己做決定。但，問題在於，自己可以做決定的看法，卻容易導致一般人在做決定的時候，不願意接受或者乾脆漠視既有權威能夠提供他們參考的專業知識和建議。在這個情況下，一個最根本的問題就出現了：個人到底要憑藉什麼來做決定？如果既有的權威不再是個人做決定時的知識及價值來源或參照系統，那麼即使是一個有強烈責任感的人，也可能會去接受其時流行的事物與風尚，來作為自己做決定時的依據，甚至還有可能在野心政客使用反權威與反既有體制的話術（discourse）來聳動人心時，會變成受這種民粹主義隨意操縱的工具。說到底，這樣的個人就根本談不上能成為一個獨立自主的個體，當然也就談不上會是一個自由人了。此處，林毓生指出的，其實正是民主本身內蘊的一個弔詭。

九、民主的弔詭

　　林毓生指出，民主本來是為了保障自由而發展出來的一個政治制度。在這個制度之下，自由應該是目的，民主其實只是達成這個目的的手段。而且理論上，我們一般都會同意，民主是要求人人必須受到平等對待的。不過，我們如果按照這個民主的平等邏輯來推論，民主制度很容易會被當作是反權威的一種設計。換句話說，民主與自由之間，或者說平等與自由之間，會容易出現一個並不那麼容易解決的緊張關係。[13] 在此，林毓生等於是區別了兩種不同的認知，那就是：將承認每個人具有基本**權利**，與每個人是否有相同的**能力**，做出了一個嚴謹的區隔。林毓生同時指出，這兩種認知是屬於完全不同的兩個問題範疇。必須區別了權利與能力分屬兩個不同的範疇，我們才能掌握林毓生為什麼會特別強調，有了法治保障的消極自由，如果不能理解自由與權威的正面關係，以及自由與平等之間的緊張關係，那麼行使積極自由的權利時，就有可能讓人因為沒有能力做出辨識性的理性決定，而變成虛幻話術操控下失去獨立自主人格的個體，遑論再談什麼自由的真義。

---

13 有關自由與平等間的緊張關係，亦可參考錢永祥對平等概念結構的分析，以及蔡英文關於現代民主困境的闡釋。見錢永祥，〈道德平等與待遇平等：試探平等概念的二元結構〉，及蔡英文，〈極權主義與現代民主的困境〉，二篇論文皆刊於林毓生主編，《公民社會基本觀念》（上），頁389-422與183-222。錢文亦刊於其論著，《動情的理性：政治哲學作為道德實踐》，頁69-102。

十、與托克維爾平等觀之對照

　　林毓生對消極與積極自由的解說，以及對自由與平等之間存有張力關係的辨析，亦即對民主弔詭的說明，事實上相當接近托克維爾關於平等對人類有潛在威脅的看法。在1840年10月18日寫給友人的信件中，托克維爾曾說他所處的時代是一個民主將要開始的時代。他沒有特別批評或否定民主，但是他說他本人寫書討論民主的一個目的是要讓人們認識民主，而且使得民主能受到合理的節制。他也提醒人們去「防止這個平等……變成人類的一個痲瘋病」（in order to prevent this equality ... from becoming the leprosy of the human race）。在此，我們很清楚地看到，托克維爾對民主內含的平等原則有相當的保留。不過，托克維爾又認為，可以有一個方法來預防這個痲瘋病的發生，那就是去幫助人們了解民主時代的「政治自由不但是美好的，而且是那些要成為偉大且保持文明的國家必須具備的」（political liberty is not only beautiful but also necessary for nations to become great and even to remain civilized）。[14] 這裡，托克維爾顯然沒有因為他對平等的憂懼，而否定民主制度可以保障政治自由的功效。他甚至還認為，政治自由是國家偉大與維持文明的必要條件。托克維爾這個對民主或平等以及他對政治自由的看法，雖然乍看之下相當矛盾，但他顯然是根據法國大革命的

14　Lucien Jaume, *Tocqueville: The Aristocratic Sources of Liberty*, translated by Arthur Goldhammer (Princeton, New Jersey: Princeton University Press, 2013), Apendix 3, "Letter from Alexis de Tocqueville to Silvestre de Sacy," p. 336.

經驗與結果，來提醒人們民主的平等原則及其可能引發「暴虐多數」的現象，是會摧毀自由的。托克維爾對民主所含平等原則的戒心，在他寫下他「內心最深處的一個信念」（innermost conviction）時，也有類似的表達。根據他寫下的這個信念，我們看到出身貴族的托克維爾說自己雖然「對民主的各種制度有思想上的偏好」（have/has an intellectual taste for democratic institutions），但接著卻說他的出身是貴族，也就是說他會因此在本能上「輕視且畏懼群眾」（despise and fear the crowd）。而且他還強調自己是「愛自由、法理，並且也懷抱著熱情去尊敬各種權利，但對民主就不是這樣了」（love liberty, legality, and respects for rights with a passion, but not democracy）。[15] 根據這樣的表白，我們看到托克維爾早在19世紀中葉就已經敏銳地觀察到民主內蘊的一個弔詭。在這個意義上，他的觀察與林毓生對平等及自由間存有緊張關係的解說，明顯是相近的。

　　林毓生對自由與平等關係的解析，雖然接近托克維爾在這個議題上的基本觀點，而且林毓生對五四以來關於自由的誤解也已經做了一個徹底的清理，但必須提醒的是，林毓生能夠提出他的解析與清理，主要的依據卻並非來自托克維爾的觀點，而是根據海耶克、博蘭尼以及柏林三位思想家對自由提出的核心論述，去和中文世界歷史脈絡下發展出的看法互相對照，因此才能在緊扣中國歷史脈絡的同時，做出他自己對自由與權威具有正面關係的說明。也正是從這個角度去看，我們才有理由

15　同上，見頁35，註61。此處引文是筆者將Lucien Jaume此書提供的英文原文資料譯成之中文。

說林毓生對中文世界理解自由與權威的關係，確實有一個關鍵
的貢獻。如果我們將林毓生對自由與權威的論說，與另一位教
過他課的鄂蘭關於這個議題的看法做一對照，我們就會看到他
與鄂蘭的看法其實也相當接近。

十一、與鄂蘭自由與權威觀之對照

漢娜・鄂蘭不像博蘭尼或海耶克在論及權威時會選擇從認
識論或社會演化的觀點來展開討論，但這完全不影響她與林毓
生對權威在立足觀點上的相近。這個觀點就是：權威的建立與
傳統有著不可切割的關係。不過，鄂蘭的「傳統」指的是古代
希臘與羅馬的**過去**，而且是將屬於納粹德國的**傳統**完全排斥在
外的。

釐清了鄂蘭的這個觀點，我們就可進一步指出，對鄂蘭
來說，權威，如同林毓生論證的，不可能與傳統完全決裂。然
而，在鄂蘭的表述中，她基本是以政治權威作為討論的焦點，
而且特別以羅馬政治傳統「向祖宗基業回溯的權威」，來說明
這個權威在解決政治正當性時所顯示的一個根本作用。鄂蘭強
調，必須有這樣的功能，才能使得在這個政治傳統權威運作下
建立起的統治領域，獲得「恆長性與延續性」。[16] 從這個角度
來看，林毓生在討論權威時，似乎與鄂蘭關於政治權威根源的

---

16 蕭高彥對鄂蘭關於權威與權力的看法有極為細緻的討論，他討論鄂蘭與施
  密特有關權威及權力的根本分歧尤其關鍵。見蕭高彥，〈共和主義、民族
  主義與憲政理論：鄂蘭與施密特的隱蔽對話〉，刊於其《西方共和主義思
  想史論》（臺北：聯經，2013），第十章，此處引文見頁345。

表述，沒有什麼特別的交集。然而，林毓生對自由必須受到合理權威的規範才能鞏固其基礎的說明，卻清楚顯示出一個穩定與恆久的自由秩序，是根本無法與合理的傳統權威脫鉤的。在這個立足傳統的具體觀點上，他與鄂蘭的權威論說就明顯出現了交集。

　　同樣地，鄂蘭有關自由的看法，與林毓生根據柏林的兩種自由所進行的闡釋，表面看去似乎也沒有明顯的交集，但仔細尋思就會發現，這是因為他們在討論自由時出現了聚焦於不同面向所造成的，因此與他們對自由的基礎以及自由必要性的看法有什麼本質的差異完全無關。簡單地說，鄂蘭的自由觀點和她對權威的討論非常相似，兩者都關係到個人的政治能動性。也就是說，她偏重將自由從個人能否參與政治行動來作為她論證的觀點。基本上，鄂蘭將自由和政治參與以及政治行動都一併連結，而且這個連結是以人的政治自由為其行動的基本前提。由此也揭示出她對政治自由的重視與托克維爾不但相合，而且他們兩人的焦點似乎也都在積極自由，而不那麼強調消極自由的必要性。不過，托克維爾認為民主制度下的政治自由可以防止平等對自由的威脅，以及他討論19世紀美國民主的經典之作，都早已顯示即使他沒有特別使用消極自由的詞語，也不代表他就不重視消極自由，否則他也不需要撰寫美國民主的鉅著，來提醒平等原則是有可能摧毀自由的了。

　　對照之下，鄂蘭在分析俄國、法國與美國革命的專書中，的確是用消極自由或自由的消極性格（negative character）來指稱必要的自由。她也指出消極自由是受空間限定的，亦即在這樣的空間內，任何外力都不可侵犯在此空間內的個人自

由。[17] 由此可見，對鄂蘭來說，受法治保障的消極自由，明顯是自由的最根本關鍵。因為沒有這個關鍵的消極自由，她提出的共和主義討論，與她有關公民社會的健全發展、公民基本權利，以及公民參與公共事務的看法，就根本無從展開，遑論落實。正因為鄂蘭的共和主義與當下自由民主的持續發展仍然密切相關，我們也可以理解，為什麼今天在美國以及美國之外的許多地方，都還有許多人不斷閱讀並討論她的政治思想。[18]

事實上，鄂蘭共和思想中著重公民社會、公民參與及公民權利等根本性要素，在林毓生討論公民社會時都出現了交集。

我們在第四章已經指出，學者將鄂蘭的共和思想界定作是一種新共和主義的論述。而且我們也已指出，鄂蘭論述中的共和，是必須受到法律規範的一個自由政體。這樣的政體，不但徹底拒斥任何專制及絕對的權力，而且也必須由參與公共事務討論並且能治理這些事務又同時具有責任感的公民所共有。此處，鄂蘭明顯認為，公民參與公共事務是需要和他人合作，而且必須能對公共議題做出理性商議或者進行理性的辯論。這種合作下進行的理性商議與辯論，事實上涉及公民本身是否有一定程度的「智慧與道德」，以處理有關公共議題的商議和辯

17　見Hannah Arendt, *On Revolution*。有關消極自由，可見該書頁20-22、134與267。

18　針對鄂蘭論著持續受到廣泛之重視，美國歷史學者理察‧伯恩斯坦（Richard J. Bernstein）2018年就出版了一本小書來討論這個現象。書名直接譯成中文就是《我們現在為什麼還閱讀漢娜‧鄂蘭》，見Richard J. Bernstein, *Why We Read Hannah Arendt Now* (Cambridge, UK: Polity Press, 2018)。此書〈緒論〉的首頁即已提到鄂蘭的政治思想在社交媒體上湧現的原因。承余師母陳淑平先生惠贈此書，謹再致謝。

論。具備這種智慧和道德來幫助公民參與這些商議及辯論，事實上就關係到林毓生所說「『公民德行』（civic virtue）——的養成與落實」。[19] 可以想見，林毓生對公民德行的描述同樣也是指向參與公共事務，以及有能力且負責地對此種事務做出理性的辯論與協商。這裡描述的公民德行與公民責任，也就是林毓生的老師席爾斯所說的現代公民之「現代文明性」（the modern civility）。[20] 毫無疑問，林毓生同意，建基於理性的文明表徵對於現代公民社會的發展與有效運作，至為關鍵。在這裡，他與鄂蘭對公民社會與公民德行的基本看法，毫無疑問地就出現了交集。不過林毓生在討論公民社會時，也認為有必要先說明此一社會與傳統民間社會是有本質的不同，因此也就不可混而一談。

　　林毓生指出，傳統中國雖然有民間社會，但傳統的民間社會基本是以「中國家長式結構」而組成的一種「私性社會」，也就是「『私』的性格很強的民間組織」。林毓生特別指出，行會、幫會、寺廟等都屬於這種私性的民間組織。有趣的是，這種傳統的民間社會其實可以「獨立於邦國」，而且還可以說具有「在相當程度之內影響到邦國政策與邦國發展的特性」。[21]

---

19 林毓生，〈從公民社會、市民社會與「現代的民間社會」看中國大陸和台灣的發展〉，收入其《中國激進思潮的起源與後果》，頁9-37。

20 林毓生，〈民主的條件〉，收入《思想近作選》，頁283-291，引文見頁290。

21 林毓生，〈從公民社會、市民社會與「現代的民間社會」看中國大陸和台灣的發展〉，收入其《中國激進思潮的起源與後果》，頁9-37，引文見頁12-13。

不過，這種影響力是以達成其「私」的利益為目的，因此與上面所說對公共議題的理性商議及辯論都完全無關，也根本談不上與現代的公民社會有什麼關係。

對照之下，林毓生就進一步指出不同於傳統的民間社會，現代的民間社會是民主實際運作中不可缺少的組織。不過根據托克維爾對民主所含平等原則的批評，我們看到林毓生事實上也特別注意民主社會基於平等所推行的教育政策，往往會因為過分偏重「標準化」及「形式化」，結果反而造成「壓縮『教』與『學』的個人自由」。與此同時，林毓生又特別指出，民主社會中同儕團體給予個人「同一性」的壓力，也同樣容易導致個人盲目從眾且不願尊敬權威給出的建議。結果當然也容易造成個人失去可以作為自己形成獨立人格發展的有利資源，因此更不容易獲得實質意義的個人自由。[22]

上面有關林毓生與托克維爾及鄂蘭思想對照的討論，是想更進一步去解釋林毓生對自由的論述，不僅僅就是建立在說明「解放」本身不是自由的真義，或只是解釋了真正的自由基礎必須建基於使人「心安理得的權威」之上，而是同樣建立在他對消極與積極自由提出的釐清和解說，以及他對民主本身內蘊的弔詭所做的闡明。正是根據林毓生提出的這些說明和闡釋，我們才有理由認為林毓生的解析是五四以來，中文世界最早論證「自由與權威」正面關係的原創論說。當然，他對公民社會與公民德行的闡釋，同樣有助我們明瞭在中文世界建立公民社會的挑戰。事實上，他對民主自身局限的解說，也是中文世界

---

22 同上，頁13。

較早對民主本身做出嚴肅反思的一個主要代表。必須指出，林毓生雖然清楚民主內部蘊含一個弔詭，但他始終堅持自由民主是歷史上出現過，最能保障個人基本權利的一個政治制度。他雖然說明了這個制度自身的局限，但他卻非常清楚這個制度是我們所知道最不壞的政治制度。因為在人類歷史上，至少目前看來，還沒有一個制度可以作為民主制度的替代品。換句話說，民主確實有其存在的必要性。

十二、民主的必要

　　首先，有需要重申的是，林毓生關於自由民主的討論，不是只在引介或是演繹海耶克和博蘭尼或是其他西方理論在這方面的有關看法。林毓生著重的，是如何使得他景仰的海耶克與博蘭尼的權威理論，以及西方其他重要思想家在憲政民主方面的言說，能夠在和西方文化截然不同的中國歷史脈絡當中獲得實際的理解，並進而與本土的自身文化產生適切的融合。

　　我們已經提到，林毓生一向著重在理解並吸取西方關於自由民主之論說的同時，還需要針對中國傳統的優美成分，做出定性定位的「創造性轉化」。這麼做的目的，是要使得這些優美質素不但能妥適地轉為建設本土憲政民主的有利資源，更能成為重建文化認同的價值基礎。[23] 根據這樣的認知，我們可以合理地說，林毓生已經在實質層面上修正了五四那種激進的反傳統主義思想，也修正了自許為後五四代表人物的殷海光，早

---

23 下文會提出林毓生對於「創造性轉化」的解說。

年曾有類似五四式全面反傳統文化的極端看法。

　　其次，即使林毓生對民主的看法，多少都已經在他撰寫
有關殷海光的文章中呈現出來，而且在這些文章中，林毓生也
從不諱言殷海光有關自由主義及現代科學的認識有相當大的局
限，但是我們必須看到，在他討論民主以作為紀念殷海光的幾
篇文章中，他還是特別突出了一個論點，那就是：殷海光在臺
灣為自由民主努力奮鬥的一生，是以實際的言行對抗威權的統
治。[24] 在當時那種政治現實的艱難環境下，殷海光那種威武不
屈、奮力為公義發聲的堅持，毫無疑問是為自由主義在中文世
界的發展，樹立了一個道德人格的典範。在這個意義上，林毓
生顯然沒有將殷海光對自由民主的看法因為知識上的局限，
而看作是追求自由民主過程中的一個重大缺失。其實，我們如
果參照博蘭尼有關人類歷史的討論來看，殷海光爭取自由民主
的悲劇命運以及他的崇高道德人格，完全符合博蘭尼所說的，
是「自由的一個精神基礎，也是人與人之間彼此可以互相尊敬
的精神基礎」。對博蘭尼而言，這種精神基礎更應該看作是一
種具有關鍵性的參照架構。有了這個架構，人類書寫歷史時也
才可以去直面這些創造歷史的道德人。[25] 根據這個看法，我們

---

24 有關林毓生討論殷海光的文章，見林毓生，〈論台灣民主發展的形式、實
　　質與前景——為紀念殷海光先生逝世三十三週年而作〉、〈紀念殷海光先
　　生逝世四十五週年：專訪林毓生——兼論法治與民主的基礎建設〉，及
　　〈自由主義、知識貴族與公民德行〉，三篇論文皆收入《思想近作選》，
　　頁305-323、325-332與333-343。

25 筆者此處是用博蘭尼討論歷史時對自由的一個論點。見Michael Polanyi, *The
　　Study of Man* (Chicago: University of Chicago Press, 1959), p. 86。

可以合理地說林毓生關於殷海光道德人格的討論，也是為華人世界對自由民主的追求，提供了一個論述的精神基礎。儘管構成這個基礎的知識層面仍然有相當的局限，但沒有這個精神基礎，自由民主的追求可能根本就無從展開。從這個角度來看，林毓生本人對民主的論述就確實可以說是超越了殷海光的知識局限，並對民主的類型、性質及其本身的弔詭，都提出了較以往更有意義的實質貢獻。下面就讓我們來檢視這個實質性的貢獻。

毫無疑問，林毓生認為要了解自由主義，就必須對其基本的原則和觀念，有切實的理解和掌握。他同樣認為，要了解自由民主，就必得先要分辨清楚，這樣的民主所指為何。在〈民主的條件〉這篇論文中，林毓生開頭就強調，觀念有了差錯，建設民主就會走錯路，結果就使民主不但變形，而且也變質成為極權式的民主，或者變為民粹型的民主，到頭來都成了反民主式的假「民主」。這兩種反民主的「民主」，與林毓生強調建設憲政民主所需要的三個必要條件「法治、公民社會與公民文化和公民德行」，當然都毫不相干。其中的原因，就在這兩種反民主的「民主」，完全忽視了那些民主的必要條件。也就是說，這兩種反民主的「民主」，不僅會阻擋民主的發展，甚至會要對這個發展全面控制並徹底鎮壓。林毓生在這篇論文中的分析，將反民主的「民主」性質，從類型的不同給出了清楚的解說，也將「法治、公民社會與公民文化和公民德行」這三個必要的條件，從觀念上做出了釐清和定性的闡釋。在另外一篇文章〈民主散論〉，以及他為負責編撰《公民社會》上、下兩冊專書所寫的〈主編序〉之中，林毓生也都發表了相似的觀

點。除了就觀念和理論的層面去闡明自由或憲政民主的條件，
他也根據特殊的實例提出十分具體的討論。

在〈論台灣民主發展的形式、實質與前景 —— 為紀念殷
海光先生逝世三十三週年而作〉一文中，林毓生特別用了臺灣
在1987年解嚴後發展出的新興民主以及隨之產生的問題，作為
他辨析論證的一個實例。這篇文章的目的是要說明，不用「法
治、公民社會與公民文化和公民德行」作為建設民主的實質基
礎，民主的前景就會令人擔憂。這裡，林毓生對公民社會的重
視，也讓我們再次看到他與鄂蘭在這方面的相近觀點。

雖然「法治」的觀念，在五四時期就有胡適將其與「人
權」一併提出，但胡適當時並未說明法治究竟為何。不過，根
據胡適當時要求國民黨政府「不可假借政府與黨部的機關侵害
人民的身體自由與財產」，並指出「人權須受法律之保障」的
說法來看，胡適顯然與林毓生一樣，也是認為法治下的法律是
以保障人權為其根本之目的。同時，胡適非常明確地主張，法
治下的法律必須限定政府權限，並須使其依法行事而不可任意
濫權或侵犯人民之權利。因此，我們看到胡適特別強調：「法
治只是要政府官吏的一切行為都不得逾越法律的權限。法治只
認得法律，不認得人。」應該提的是，當時的政治環境以及之
後的歷史發展，都不可能有足夠的條件讓胡適去深入探究這
些觀念之意涵，遑論追求觀念之具體落實。[26] 換句話說，胡適

---

26 胡適討論人權與法治的看法，見胡適，《人權與約法》，係新浪歷史收藏
　　文本，見：http://history.sina.com.cn/bk/mgs/2014-02-13/152582215.shtml。
　　另可參閱孫乃修，〈新月派的人權法治自由觀念和吶喊〉，見：http://
　　biweekly.hrichina.org/article/202。

沒有繼續去深入探究這些觀念，與客觀環境的限制還是有關
係的。

　　對照之下，我們看到林毓生提出法治時就已經著重去界
定其基本的性質，也特別著重說明法治與傳統中國建立的各種
法律典章和制度，有性質上的根本差別。通過林毓生的說明，
我們看到，他不斷重申「法治」是「依法主治」之意，而且其
所指稱的法律必須具有「普遍」和「抽象」的性質。同時，三
權分立的機制和基本人權的保障，也都必須是討論與建立法治
的前提及預設。此處的「法治」，完全不同於中國傳統中以法
律來控制社會和個人的「法制」，就更加顯而易見了。林毓生
解釋「法治」和「法制」這兩個本質上有根本性區別的概念，
在中文世界並不多見。他對公民社會與公民文化和公民德行的
定義，以及如何進一步對其培育發展的說明，在中文世界也同
樣不多見。因此，我們雖然有充分的理由，將林毓生的論說看
作是繼承五四初期追求自由民主的傳統，但更應該看到的是，
林毓生比起五四主流知識分子領袖對自由民主以及對法治的看
法，已經從性質上都重新給出了更加明確的界定。據此，我們
也就很可以確定，林毓生已經超越了五四初期對自由民主及法
治的理解。

十三、臺灣民主的評斷

　　既然林毓生已經超越了五四初期對自由民主及法治的理
解，那麼他對臺灣在1980年代末期開始解嚴後所發展出的民
主，是否也有特別值得重視的原創之見？根據林毓生的文章，

我們知道，他認為臺灣在1987年解嚴之後雖然已經發展出民主的形式，但是在李登輝和陳水扁的執政時期，特別是李登輝在1988到2000年執政的十二年期間，卻將民主政治化約成了用選舉的炒作來擴大執政權力的民粹型民主。林毓生也指出，李登輝似乎以為一旦贏得較為多數的選票，就可以自稱代表了所有的「人民」。這樣的看法，等同將人民化約成為無須加以分殊，同時又成了具有集體意識的一個整體性符號，以為如此即可將自己的徇私作為，說成是代表「人民」的意志。在這樣的民粹作風之下，林毓生認為當時所謂的「民主」政治，其實已經淪為與兩蔣時代那種「私性」的權謀詭詐沒有什麼區別。換句話說，他認為李登輝身為一個執政者，除了一心擴張個人和其所代表的族群、地域與政黨的權力及私利，根本無法將政治提升為一種超越私利且在公共領域中謀求公共福祉的志業，更談不上會真正從事民主的基礎建設。在這個意義上，林毓生秉承殷海光一生所強調臺灣唯一的出路就是從事民主的基礎建設，也自然就不可能獲得真正的落實。[27]

　　林毓生對李登輝的評論是否公允，當然會有不同的看法，但林毓生當時是非常希望李登輝能做好民主的基礎建設，特別是建立法治的堅實基礎。這當然也是因為他認同孟德斯鳩

---

[27] 林毓生，〈論台灣民主發展的形式、實質與前景——為紀念殷海光先生逝世三十三週年而作〉，收入《思想近作選》，頁305-323，特別是頁316-321。此文原刊《二十一世紀》，第74期（2002年12月），頁4-15；亦收入林毓生，《政治秩序的觀念》，頁42-65。此處採用《思想近作選》所收之文因係重新校訂本，以下有關林毓生對臺灣民主評斷的看法，若無說明，皆出自《思想近作選》之文。

（Montesquieu, 1689-1755）所說，政治領袖在社會轉型的關鍵時刻是可以建立起合理良善的制度的。在此認知的前提下，林毓生認為李登輝1988年鞏固其政治權力後，本來是有機會將臺灣建設成為一個具有實質內容的民主社會。然而，李登輝無法超越「私性政治」的格局，和陳水扁執政後益發民粹的作風，以及由此造成的各種問題，諸如「黑金」的介入政治、第一家庭的貪汙、執政者罔顧誠信等，更不用說炒作臺獨假議題所引發的國家認同分裂與社會共識的鬆動，都一再傷害到臺灣憲政民主的基礎建設，結果造成的負面影響也就無須贅言。職是之故，我們可以了解，何以林毓生在陳水扁執政後會大幅度修改他2000年的一篇訪談文字。這篇文字本來是在討論做一個政治家應有的幾個基本條件，但修訂後，筆者發現林毓生幾乎是完全重寫了這篇訪談的內容才再予以發表。文章中，他不但全面地擴充和解說韋伯著名的「責任倫理」與「意圖倫理」，也對早先在訪談中提出的論點，給予更加精微準確的釐清與說明。

　　更應注意的是，雖然我們在第四章已經提到林毓生對「責任倫理」與「意圖倫理」的討論，此處需要指出的是，林毓生其實是在這篇有關政治家條件的修訂文章中，首次用了「運作」和「信守」兩個機制，來說明韋伯這兩個政治倫理彼此有著不可化約的二元性格。林毓生強調的這種二元性格，絕不意味韋伯的兩個政治倫理彼此是有衝突的，而是要表明它們之間事實上有著互補相成的關係。也就是說，對政治人物而言，這兩個政治倫理是缺一不可的。從「信守」的機制來看，政治人物正是需要「信守」他們原初以政治為志業的「意圖倫理」，才能持續他們對於追求公共福祉的熱情，進而守住政治理想內

蘊的道德原則。但是，從「運作」的機制來看，政治人物在政
治過程中卻必須根據「責任倫理」，來冷靜務實地處理各種政
治問題與挑戰，也必須承擔起隨之而來的責任與必要時的協商
和妥協。林毓生特別提到這樣的運作過程在本質上是道德中性
的。[28] 換句話說，不需要將過程中根據現實政治及公眾利益所
做的妥協，視為不道德或反道德的。然而，我們也必須看到這
種妥協絕不等同沒有道德底線的權謀交易，更不是像毛澤東那
種通過「意圖倫理」的道德理想口號，去動員整個社會追求某
種虛幻烏托邦的政治運動。

　　林毓生修訂這兩個政治倫理後提出的解釋，彰顯出他本人
更能掌握韋伯討論這兩個倫理時的深刻意義。林毓生的解釋也
讓我們看到，他對李登輝與陳水扁這兩位政治人物原本應該在
臺灣進行的民主基礎建設，曾經有過多麼深厚的期待。這樣的
期待在見證其施政作為之後，只能讓林毓生發出沉痛之感慨。

十四、民主低調論

　　必須再次提醒的是，林毓生非常理解，自由民主只是歷史
上所有試驗過的制度當中最不壞的一種。他很清楚西方民主的
政黨政治，因為受到不同利益團體的掣肘，而出現淪為其代言
人的弊病。他本人也批評民主社會從眾傾向所導致的庸俗化，

---

28 林毓生，〈政治家的條件 —— 兼論韋伯的「心志倫理」與「責任倫
　　理」〉，此專訪原刊《中國時報‧人間副刊》，2000年5月15-19日。修訂後
　　收入《思想近作選》，頁267-282，特別是頁273-276。此處所引係《思想近
　　作選》所刊，已經修訂後的文字。

以及受到物質消費主義的侵蝕造成的異化現象。這也是為什麼
他在1990年代之後討論民主時，主張用「民主的低調論」來提
醒自由民主制度中內蘊的張力及可能出現的問題。[29] 誠然，不
是只有林毓生一人主張低調民主，他的老同學張灝也曾經在反
思文化大革命後，將自己原先對民主的看法做了調整，並特別
說他做了這個調整後的民主看法是低調的。這樣的低調也是因
為張灝接受了邱吉爾（Winston Churchill, 1874-1965）對民主的
評價，那就是：接受了民主並不理想，但歷史上還沒有出現比
民主「更可行的制度」之表述。這樣的表述也讓張灝因此下了
一個結論：只有低調的民主觀「才能穩住我們的民主信念」。[30]
此處，是否接受張灝的結論當然不是重點，我們關注的是：即
使林毓生主張低調民主，但這個主張絕對不是要去尋求自由民
主的替代制度，而應該說是在理解民主自身的弔詭後，才能真
正「穩住我們民主的信念」，而不會輕易落入任何反民主的假
民主陷阱。從林毓生對西方社群主義的批評，我們還可以進一
步證實這個觀點。[31]

　　林毓生理解，社群主義因為認定自由主義一味堅持人權
而造成社會出現失了聯繫的「原子人」，因此特別對自由主義

---

29 第一章已提到，林毓生在其〈自由、民主與人的尊嚴，兼論責任倫理〉一
　 文中提出「民主低調論」，但他的原句是「民主的低調論者」。參見林毓
　 生，《中國激進思潮的起源與後果》，頁237。
30 討論見張灝，〈幽暗意識的形成與反思〉，收入其《幽暗意識與時代探
　 索》，頁66。
31 見林毓生，〈民主的條件〉，《思想近作選》，頁287。此處的引句與解說
　 皆本於此文。

加以嚴厲的批評和抨擊。然而，林毓生指出，社群主義的抨擊
其實有其「基本錯誤」，而且還「產生了誤導」。這個錯誤主
要來自社群主義完全不知道人權是必須加以「分殊」的，也就
是說，有的人權是最基本而不可出讓且須「絕對堅持」，包括
「免於迫害和傷害的權利」，以及依法治原則所訂民主憲法下
允許的某些行動權利；但有些人權則是根據不同標準與規範原
則而建立的，如果這些人權違反了最基本的人權，就必須讓位
給基本人權。因為基本人權的意思就是，這種人權肯定是「適
用所有的人」，而且是絕對優先的權利。林毓生特別用父母養
育與管控孩子的權力，來說明這兩種權利的區別。他指出，父
母雖然有管控孩子的權力，但這不屬於基本的權利。而且，如
果父母濫用權力傷害到孩子甚至迫害孩子，他們就會受到法律
的制裁，甚至失去對孩子的監管權力，此中原因就在於他們傷
害了孩子基本且絕對優先的人權。林毓生認為，社群主義更大
的錯誤是，他們既沒有發展出不同於自由主義的人權觀，也沒
有意願要生活在沒有人權的社會，因此，即使他們對「原子
人」的說法不是完全「無所見」，但他們的基本錯誤只能讓林
毓生判定他們對自由主義人權觀念的批評是一個「假問題」。
也就是說，社群主義顯然不清楚自己真正要批評的是「人權觀
念的誤用和氾濫」，而不是「人權觀念本身」。

十五、民主與學術自由

　　結束本章前，我們還可以根據林毓生關於學術自由的討
論，來突顯他對民主必要性的論點。前文提到，林毓生認為蔡

元培的學術自由看法，是一個態度的表明而非具有系統論證的
思想。林毓生知道，彼時的歷史現實無法提供妥適的條件，來
促進有原創意義的系統性研究。一旦條件不是問題而且時間也
允許，林毓生顯然就覺得自己有必要對學術自由這個論題展開
系統性的探究。他對學術自由的研究，是根據消極自由與積極
自由的不同性質以及它們各自可能出現的缺失來展開論證的。[32]
林毓生提出的一個重點是：學術自由結合了消極與積極這兩種
自由，但「卻沒有它們的缺失」。我們在前文已經清楚，林毓
生認為行使積極自由可能會落入遭受極權主義話術操控的陷
阱。在探究學術自由的一篇文章中，林毓生進一步指出，即使
沒有極權主義的誘惑，積極自由的行使也可能讓個人因為要做
自己的主宰，事實上他卻沒有這個能力，也在並不知道自己無
此能力下去做主宰，結果就容易因此掉進一種「自戀」或「自
我陶醉的深淵」。同時，林毓生也針對消極自由，提出他原先
的討論沒有提到有可能會出現的一些缺失。他的基本論點是要
指出，一旦個人享有受到法治保障的消極自由，往往會因為只
顧個人自身之興趣與利益，而不再關注公共事務。久而久之，
除了必要的契約關係，也可能就根本不再與他人聯繫，而變成
了「原子人」。在這個情況下，社會也會漸漸變成失去了「人
味的原子人社會」。我們記得林毓生說過，社群主義對自由主
義人權觀念的攻擊不是全然無所見，此處他提到的原子人顯然
是吸取這種攻擊後的一種反思之見。

---

32 林毓生，〈學術自由的理論基礎及其實際含意──兼論消極自由與積極自
由〉，刊於《思想近作選》，頁207-221。此處的引句與解說亦本於此文。

　　然而，上面的討論似乎還未完全解釋清楚，為什麼林毓生認為學術自由結合了消極與積極自由，但卻不會有兩者的可能缺失？

　　其實，我們在上面討論消極與積極自由可能出現的缺失時，已經等同在回答這個問題。首先，林毓生在討論這兩種自由，尤其是消極自由時，已經說明這兩種自由是要在具有法治及民主制度的社會中才能真正落實的。毫無疑問，林毓生也同樣認為，學術自由只有在民主制度下才可能真正落實。從這個角度來看，他指出學者在進行研究的過程中，不可能會處於完全孤立的狀態，因為他們總是需要「與古往今來」不同之人「對話」，才能展開他們的研究。這樣的對話當然也會需要經常與他們同時代的學者「溝通、切磋」或者「合作」。在這樣的互動過程中，他們讓自己變成不管外在環境或不與他人來往的「原子人」之機率，事實上非常之小。其次，學者進行研究的前提已經預設了他們當然是有能力做研究的，因此也自然具有起碼的「思想、文化與道德的訓練」基礎，去完成「主動追尋知識的過程」。換句話說，他們不但有能力做自己的主宰，而且可以「在學術規範之內」主動追求解決研究問題的答案。在這樣的研究過程中，落入外力所設的陷阱或變成自戀與自我陶醉的機率，也自然變得很小。正是這樣的解析，讓林毓生肯定學術自由結合了消極與積極兩種自由，卻不會有它們的缺失。

　　必須指出，林毓生對學術自由的闡釋，得益於博蘭尼對這個議題的看法。他注意到博蘭尼是從人權來論證學術自由。也就是說，在民主社會中，基本人權本身已經賦予學者「自由

與尊嚴」。林毓生指出，博蘭尼非常清楚學術自由可以給學者
研究時所需的「溝通、切磋」與「合作」提供一種「秩序」。
在這個秩序下展開研究，不但可以「完成學者們在公共領域內
所應承擔的責任」，也最能「增進學術發展的效益」。顯然，
由於學術自由提供研究所需的「秩序」不是因權力的指令而運
作，而是建立在秩序內成員主動按照各自選擇的研究專題，以
及各自所需的規範與紀律來運作，因此最能產生正面的研究效
益。從這個面向去看，我們就可明瞭為什麼林毓生會認為學術
自由提供的秩序是一種「公共秩序」，這也是他為什麼會建議
將學術自由看作是「公共自由」的主要原因。說到底，就是
因為只有這種公共意義的自由，才是學術共和國秩序的基礎
之源。

　　從學術自由是公共自由的觀點，以及其與學者本身自由人
權的連結，我們應該能理解為什麼林毓生強調，只有民主制度
才是可以提供保障並促進這個公共自由的機制。

　　不過，既然林毓生提到消極自由的誤用有可能導致社會
失去應有的人味兒，我們仍然要提醒，他幾十年來雖然繼承殷
海光對臺灣必須從事自由民主基礎建設的堅持，而且他本人也
說明了何以自由民主的建設與法治的建立是一體相連的，但是
林毓生從來沒有忽視人文重建在人的「真正道德尊嚴與創造經
驗的追求」上的關鍵意義。[33] 林毓生非常了解，如果一個社會
只重法律卻忽視人文素養的培育，那這個社會肯定會變得「乾

33　林毓生，〈再論自由與權威的關係〉，《思想近作選》，頁183-192，引文
　　見頁192。

涸」，[34] 甚至根本談不上應該具有的人味兒。為了避免出現這樣的乾涸社會，了解林毓生有關人文重建與傳統轉化的看法及建議就十分必要了。

34　同上。

第八章

傳統的存續與轉化

　　我們在第七章分析了林毓生對自由、民主與法治的基本觀點，也提到若要避免出現沒有人味兒的社會，就應該審視林毓生有關人文重建與傳統轉化的看法及建議。

　　本章的討論，可以根據林毓生為什麼提出對傳統進行創造性轉化的建議來展開。在他對五四激進反傳統主義造成意識危機的研究中，我們已經看到林毓生明顯認為中國的傳統並非全然陰暗，而且傳統文化中也必定還有一些優美質素會對現代生活產生相關的意義。不用說，這些優美質素應該可以幫助生活在現代社會的人，繼續從這些質素中找到他們心靈上安身立命的港灣，也應該可以與現代自由民主的社會產生接榫，並進而獲得更多的滋養與發展。比方說，在林毓生有關魯迅的研究中，我們看到他發現即使魯迅最終無法掙脫激進反傳統主義那種意識形態的枷鎖，但魯迅對傳統中一些像「念舊」的優美質素，卻始終懷有在知識與道德上的執著和認同。對林毓生來說，他顯然認為，這些優美的質素不僅可以作為對傳統進行創造性轉化的一種文化資源，也可以成為傳統與現代接榫的一種自然渠道。通過這樣的渠道，林毓生顯然也相信傳統文化的優

美面向可以繼續在現代存活，更可以持續作為讓人們去發現生
命意義的價值活水。如果這個解讀是正確的，那我們就有必要
先去理解林毓生提出這個「創造性的轉化」概念，究竟有什麼
具體的內涵。

一、創造性的轉化

　　林毓生說過，「創造性的轉化」基本上是一個「理念」，
但這個「理念」卻指向一個含有價值意義與行動「導向」的
「開放性的過程」。在這個過程中，林毓生建議我們應該「使
用多元的思想模式，將一些中國傳統的符號、思想、價值與行
為模式加以重組與／或改造（有的重組以後需加以改造，有的
只需重組，有的不必重組而需徹底改造），使經過重組與／或
改造的符號、思想、價值與行為模式變成有利於變革的資源，
同時在變革中得以繼續保持文化的認同」。林毓生說的「開放
性的過程」，是向中國自身傳統與外來文化所含對變革與發
展都有價值和意義的質素同等地開放。對他來說，最需要避免
的，就是形式主義式地將「創造性的轉化」當成一個口號來提
倡。他主張「創造性的轉化」需要我們清楚認識自己要解決的
問題、清楚知道解決問題時自己有多少可以使用的資源，尤其
必須冷靜地評估客觀條件是否能配合我們主觀的願望來解決問
題。[1]

1　此處的界定與解說，見林毓生以下諸文：〈什麼是「創造性轉化」〉、
　〈一個導向〉及〈多元的思考〉，均收入林毓生著，朱學勤編，《熱烈與
　冷靜》，頁25、104與106。

需要強調的是，對林毓生來說，「創造性的轉化」是必須放在發展中國自由主義的前提下來討論，才能稱得上是符合他原先的構想。否則，任何一個被人視為「新」的看法，甚至毛澤東發動的「大躍進」或「文化大革命」，都可以被說成是對傳統進行了創造性的轉化，那就會完全曲解他提出這個理念的原意。[2]

二、中國人文的重建

釐清了創造性轉化必須有的前提，我們可以進一步將傳統存續及轉化的討論放在這個前提之下，去探勘林毓生在他〈中國人文的重建〉一文中提出的基本論旨與建議。通過這個探勘，我們可以知道林毓生認為重建人文面對的問題為何，也可以認知他認為有多少資源可用來解決這些問題，進而也可對他人文重建的論旨與建議將如何有助傳統的存續及轉化，獲得更具體的理解。應該知道的是，在這篇1980年代發表的長文中，林毓生說的「人文重建」，基本是在討論人文工作與教育的重建。對他而言，這個重建的工程絕不是什麼容易的事。研究五四全盤化反傳統的激進思潮，已經使他清楚看到中國傳統中一些真正的權威，不是完全崩潰，就是變得非常衰微，甚至已經完全消失殆盡。而這種真正權威的失落，就是中國人文在現代存活的一個絕大問題，也是一個內在危機。

雖然林毓生知道晚清以來，中國已經從西方引進了各種不

2　這是林先生2016年9月在電話中特別提醒筆者的。

同的學術權威，不過，他一旦轉從五四初期倡導西方科學和民主的角度去看，他就看到當時渴求科學和民主能立刻在本土產生實效的急切感，卻導致五四的知識分子對民主與科學背後極其複雜及深厚的歷史背景，無法獲得實質的了解。因為要改善五四對民主和科學那種表面或形式的理解，林毓生在他這篇人文重建的論文中，就建議從事研究工作時，研究者在態度上，至少要有一種「歷史感」和一種「比慢精神」。也就是要了解文化傳統的基本結構崩潰後出現的各種危機，是不可能在幾代人的時間內解決的。他提醒人文工作者，需要的是要在長期沉潛的努力之後，能提出具有實質意義的「突破」性研究成果，而不是只著重「量」的貢獻。

在觀念上，林毓生就建議人文工作者，要知道人文工作重視的是「具體的特殊性」，而不是像社會學科那樣，需要針對某種社會現象建立起一般性的解釋原則或理論。更直接地說，人文工作的關鍵是要掌握人文研究與教育的基本目的，是必須肯定人的價值以及生命本身自有的尊嚴和意義。因此，對任何關係到人的研究，都需要有「設身處地」的一種同理心，去給予他人同情的了解。這樣才能把握住個別生命的具體性，以及其所呈現的特殊意義。林毓生強調，這樣的人文工作需要有深厚的思想基礎，而培養思想深度與廣度的一個關鍵，就在長期努力地去閱讀重要的經典。

三、閱讀經典

根據他本人在芝大「社會思想委員會」的學思路程，林

毓生告訴我們，閱讀經典可以接觸到一些真正「禁得起時間考
驗」的著作，也就是不受「任何時代之風尚而增損其本身價值
的鉅著」。換句話說，經典鉅著不是只對其著成時代的社會具
有意義，而是可以對不同的時代都產生意義，因此是具有超越
時代之意義的。經典之所以成為經典，當然也正在經典具有的
一些「超時代、永恆的意義」。閱讀這些經典鉅著，不但可以
讓我們對這些鉅著本身著成時代的一些具體問題有所理解，也
可以同時明瞭彼時社會能延續到現代的文化基礎是什麼，從而
幫助我們去理解這個社會「所需之知識的核心」是什麼。這樣
的閱讀能漸漸拓寬我們的視野，也能讓我們的「探究能力」變
得更加「深邃」。[3] 此外，如果我們是在閱讀文學經典，我們還
可以通過這些鉅著內容本身具有的「超時代、永恆的意義」，
去認識一些偉大的心靈與思想，也可以了解到人性的各種複雜
面向，尤其是人在面對困境時的掙扎、奮鬥、沉淪與超越。這
些偉大心靈對生命的觀察、審視與反思和體悟，都可以說是為
我們提供了具有人文意義的思想和行為範式。正因為如此，閱
讀經典之外，林毓生還特別指出在實際生活中接觸這種人格範
式的重要性。

　　在討論人格範式之前，我們有必要知道林毓生本人對儒家
道德自主思想演變的說明。因為道德自主與個人的獨立思想及
判斷，都是密切相關而難以切割的，道德自主更關係到林毓生

3　林毓生，〈一個培育博士的獨特機構：「芝加哥大學社會思想委員
　　會」——兼論為什麼要精讀原典？〉，收入其《思想與人物》，頁293-
　　306，特別是頁298-301。

認同的人格範式。

四、儒家道德自主的思想

　　首先，林毓生是根據《論語》中孔子的核心思想「仁」來
討論道德自主的思想。他的研究顯示，「仁」在孔子之前只是
用來指稱男子的一個概念，指的是作為一個男子本身應有儀態
的一個概念。也就是說，這樣的「仁」，與「仁」在孔子《論
語》或《孟子》文本中用來指稱一個綜合所有良善德行的道德
理想，以及個人可以通過努力而獲得的最高道德成就，都不
甚相關，也當然無涉什麼道德自主的意涵。[4] 我們現在都知道
「仁」是孔子與孟子思想中所有道德之綜合體，也是個人可以
通過努力達到所有美好德行的至高道德理想。而且，根據孔子
的看法，「為仁」是完全「由己」的，孟子也認為每個人內心
都有「惻隱之心」的「仁」之善端，[5] 因此，從邏輯來說，每個
人就應該都有一種道德自主的資源與能力，去達到那個最高的
道德理想。至於個人是否願意去追求這個道德理想，那就需要
另當別論。對我們此處的討論而言，我們希望理解的是：儒家
道德自主的思想，對傳統在現代的存續及轉化，究竟有什麼具

4　林毓生討論仁與禮關係的文章，是在他1974年發表的英文論文。見Lin
　　Yu-sheng, "The Evolution of the Pre-Confucian Meaning of *Jen* 仁 and the
　　Confucian Concept of Moral Autonomy," *Monumenta Serica*, Vol. 31.1 (1974),
　　pp. 172-204。
5　「為仁由己」出自《論語・顏淵》，「惻隱之心」出自《孟子・公孫丑
　　上》。

體的相關意義。一個最明顯的相關意義，當然就在道德自主本身是人文重建不可或缺的一個根本性要素。畢竟，在道德上不能自主的個人，如何能有真正自由的思想與獨立判斷的能力？又如何能做一個現代公民去參與社會中各種公共事務所需的必要商議與討論？若成了如此一個沒有道德自主能力的人，又如何談得上是一個有主體性與有尊嚴的個體？

　　另外需要說明的是，在林毓生討論人文重建的這篇文章中，儘管文章的題目有「人文」一詞，但他並沒有針對人文給出明確直接的定義。當然，從他拒絕用「人文科學」來指稱人文研究包括的各種學問，並且提出為什麼必須稱為「人文學科」的解釋，我們可以肯定他有關人文的定義，與他對人文研究的基本立場，應該是連在一起的。也就是說，他認定人文的研究，絕不可離開把人當人且不是「機器」的立場。因此，人文研究就必須以「肯定人的價值」與助人「找尋」生命意義，作為一個本體性的目標。[6] 換句話說，這個目標和人存在的本質，必定是連在一起的。

　　在理解儒家經典對每個人都有道德自主能力的看法，以及林毓生認為人文基本上是要肯定人的價值與生命有其不可化約之根本意義的立場之後，我們顯然也可以根據這樣的理解，去培育並發展自己道德自主的能力，從而在實際生活中一旦有機會接觸到具有典範意義的道德人格，就可以自發自動地去努力效法。

6　林毓生，〈中國人文的重建〉，見其《思想與人物》，頁4；或《思想近作選》，頁391-392。

五、人格範式的實例

對林毓生而言，殷海光、海耶克與史華慈三位先生，不論是在知識上或是道德人格上的啟發、感召和影響，都可以說是他生命中直接接觸到的幾個重要人文範式，也都成了他內心真正的權威資源與意義的表徵。不可忽略的是，他的母親顯然更是影響他至為深遠的一位關鍵人物。林毓生通過文字敘寫殷海光、海耶克和史華慈對他的感召與影響，以及他對他母親的追憶表述，除了揭示他對師長之敬重和對母親的孝順之情，事實上也展現出他本人對傳統文化中「念舊」情誼的欣賞與珍惜。[7]我們可以說他其實跟魯迅一樣，都認為這種「念舊」情誼是中國傳統文化中一個非常優美的特質。如果我們說林毓生有心揭示這種「念舊」的文化特質，應該也不會太牽強。因為「念舊」的特質明顯有助現代文明保存傳統社會中的溫暖人情，使我們不致活在只會被工具理性掌控的效率世界之中，甚至還可以讓我們萬一不幸必須被工具理性徹底掌控時，仍然有意願去掙脫這個掌控，而重建一個有人味兒的生活。

除了與師長的情誼，林毓生與我們第五章提到的王元化先生所建立的共識之交，也同樣可說是朋友之間有了真感情的一個實例。還可以提出的例子是，林毓生1950年代住在臺大宿舍時認識的室友們，也都和他在畢業後一直維持聯繫。他們七十

7　林毓生對「念舊」的討論，見其專書討論魯迅的章節：林毓生著，楊貞德等譯，《中國意識的危機》，第六章，特別是最後一節的論證，頁196-207。

多年的友誼，完全沒有因為彼此日後去美國深造並在不同領域
有了發展，就斷了聯繫。事實上，他們七十多年來始終都保持
著一種平實純正的君子之交。[8] 這樣的交往，當然是因為他們都
有一份「念舊」之情，才能維繫這個七十多年跨越了時空的友
誼。他們幾十年的君子之交，應該也讓林毓生認為，中國傳統
文化中是有許多優美的質素可以作為現代的一種認同價值。從
這個角度來看，林毓生與王元化先生的誠摯友誼，就更可以說
是這種念舊價值的一個具體展示，展示的也正是一種真切的人
文意義。

　　具有超越意義的人文範例不可能只會出現在個別的知識分
子身上。我們已經清楚林毓生為什麼會認為他的母親是他最早
接觸的超越資源。他母親的大器與寬容，以及為人設想的同理
心，是他認為個人所能展現的一種極為高貴的品質。另外應該
提到的是，林毓生在1980年8月初，曾經寫過一篇關於臺灣作家
鍾理和（1915-1960）的文章。撰寫這篇文章是因為，當時林毓
生看到臺灣要將鍾理和的一生事蹟拍攝成電影的一個報導。看
到這個報導，就激起林毓生撰文討論鍾理和以及他的愛妻鍾台
妹（1911-2008）在他們艱難生活中顯現出的一種「典型的中國
人文精神」。[9] 林毓生在這篇文章中說，正因為人文精神是一種
「精神」，所以只可能體會而無法用言語說得清楚。然而，他

8　這份交誼，可閱林毓生為其大學室友董永良先生專書所寫的〈六十餘載君
　　子交：序董永良著《回首學算路：一個旅美學算者的故事》〉，收入《思
　　想近作選》，頁463-466。
9　林毓生，〈鍾理和、「原鄉人」與中國人文精神〉，收入其《思想與人
　　物》，頁371-384，引文見頁372。

卻仍然努力地用言語來表述他從鍾理和與台妹生活中體會到的人文精神，究竟有什麼具體的內涵。

六、鍾理和與鍾台妹的人文精神

　　熟悉臺灣文學作品的人都知道，鍾理和是出身南臺灣屏東縣的一個富家子弟。他早年因為愛上在他們家農場工作的鍾台妹，就下了決心要與台妹終身相守。由於鍾理和堅信他與台妹之間的愛情是真摯神聖的，因此完全不顧當時臺灣社會仍舊保有的同姓不婚習俗，毅然與台妹離開家鄉，甚至離開臺灣到中國大陸的東北及北平，去建立他們共同的婚姻生活，一直到二戰結束之後才重返家鄉。不幸的是，鍾理和後來飽受疾病之苦而無法工作。雖然他有寫作的一些微薄稿費，但他與妻子和幼兒的生活，卻難以避免地變得十分拮据且日益艱難。讓林毓生感動的是，鍾理和從未因為貧病交迫而變得「偏激、嚴酷或冷嘲」。即使鍾理和的作品在彼時經常被退稿，甚至可以說根本沒有受到社會的重視，但，鍾理和卻從來沒有因為社會的「歧視與冷淡」，就放棄對文學創作的堅持和「執著」。這種堅持與執著以及他和台妹之間的真摯深愛，給了林毓生極深的撼動。他認為，鍾理和身上展現出的人格特質，正是孟子所說貧賤不移的「大丈夫」精神。從台妹的性格中，林毓生也看到一種「堅定、深遠、以屈己而擴大自己」的奉獻精神。林毓生認為，台妹的奉獻精神，其實呈現了傳統「中國農村文化優美、豐富、而又平實的一面」。

　　林毓生很清楚，現代社會中類似鍾理和與鍾台妹那樣，經

由他們人格特質而顯現的人文精神，已不多見。他也很明白，現代社會不乏各種「偽善」的現象，但這些現象事實上卻讓他對鍾理和與台妹之間那種可貴的真摯深愛，更加感佩和敬重。林毓生認為，他們的愛是如此之深又如此之真，以致在無告的貧病交迫籠罩之下，也從來沒有就因此褪色或枯萎。而且，正是這樣的深愛才讓他們在遭受無盡的挫折和挑戰中，反而能更加疼惜對方，也更加堅定彼此的愛心與扶持，進而擴大了他們各自的人格。在這個意義上，林毓生進一步領悟到，即使傳統中國的文化結構已經解體，但，中國的人文精神卻仍然可以在個別的生命中躍動提升，也就是說可以有「重獲生機的希望」。[10]

七、殷師母夏君璐的高貴靈魂

　　雖然在為紀念殷海光先生的夫人夏君璐女士（1928-2013）寫的一篇文章中，林毓生沒有提到「人文精神」這個語詞，但林毓生描述殷師母夏君璐的文字，卻讓人不禁想起他敘寫鍾台妹那種為愛而無私奉獻的人格與精神。[11] 在該篇文章中，我們看到他確實認定殷師母對殷先生無悔無怨的愛心與支持，就是她高貴靈魂的具體展現。根據這個認定，我們可以合理地將這個高貴靈魂的展現，看作是林毓生筆下另一個人文精神的範例。

---

10 此處不同的引文，都出自同上文，頁371-384。讀者可逕行自閱。

11 林毓生，〈高貴靈魂的一生——悼念、懷念殷師母夏君璐女士〉，收入《思想近作選》，頁475-479。以下的引文皆出自此文，請逕行自閱。

在這篇紀念殷師母夏君璐的文章中，林毓生非常細緻地敘寫了一個女性「高貴靈魂的一生」。他的悼念與追憶的文字，形繪出一位看似平凡卻非常不平凡的女性，終其一生對殷海光那份堅定不移的永恆愛情。林毓生的描繪，揭示出因為有這樣的愛情信念，才能使殷師母夏君璐「無畏無懼」地守護著殷先生，也才能「無怨無悔」地照顧著殷先生。這樣堅定的信守，讓夏君璐在殷海光走後，不但沒有在彼時高度政治壓力的艱難環境中倒下，反而是挺起了脊梁，帶著幼小的女兒離開她熟悉的臺灣，到陌生的美國去謀生。我們可以想像，夏君璐當年要在完全陌生的美國尋求生路的情況是如何辛苦與不易。但根據林毓生的敘寫，我們看到夏君璐在那種難以言喻的艱苦情況下，仍然是「不卑不亢」地去打工，去為自己與孩子繼續努力地找出一條生路。對林毓生來說，殷師母為愛的永恆信守而選擇自願奉獻的一生，不僅顯示出她堅定自主的道德人格，更顯示出人性中最「高貴」的一種光輝，經由這個光輝而展現出的精神境界，絕對可以說是感人至深的。我們不知道林毓生為什麼沒有用「人文精神」來刻劃這樣的境界，但在這篇文章中他寫下了這樣的一句話：「如果宇宙是永恆的，導源於超越源頭的至深之愛也是永恆的。」此處，林毓生應該是認為，人間這種「至深之愛」的本身已經帶有一種超越時空的意義。從這個超越的角度來看，我們自然可以合理地說殷師母夏君璐高貴靈魂展示的精神境界，已經充分揭示了一位獨立自主女性的個人尊嚴，從而也帶出她高貴靈魂內蘊的人文意義。

我們在第四章曾提到，林毓生閱讀莎士比亞描寫《奧賽羅》女主人翁的真情至愛時，曾經非常感動。他對黃春明在

〈看海的日子〉中描述一位農村女性即使淪為娼妓也不甘自毀而力爭上游所表現的道德自主，也覺得有著不同尋常的超越意義。雖然這兩位女性都是文學作品中的人物，但林毓生討論這兩位虛構女性所代表的思想意義，明顯已經預示他會肯定鍾台妹對鍾理和的至愛真情，以及台妹為愛做出的無私奉獻，當然也會為夏君璐對殷海光的深愛與奉獻而感動不已。

　　無庸置疑的是，不論在傳統或現代，許多中國婦女在為人妻後，事實上也都會對其夫婿及家庭做出屈己的無私奉獻。一個可以引用的現成例子，就是我們在第二章已經引介過的林毓生的母親。然而，林毓生會特別撰文來表述鍾台妹與夏君璐那種不同尋常的人格特質，應該是因為這兩位女性在幾近絕望的困境中所展示的無私奉獻，不但源自她們本身對深情摯愛的信守和執著，更重要的也應該是因為她們對愛的信守，讓我們看到她們在人格上展示的充分獨立與道德自主。正是這種對愛的信守、執著與獨立自主，才能使她們在所愛之人和她們都飽受人情冷暖的淒涼與歧視，尤其在受到無理的政治迫害時，仍然能將她們自己的生命活出一種令人敬重的價值感與尊嚴感。

　　誠然，鍾台妹與鍾理和當年的困境和政治迫害沒有直接的關係，但殷海光及夏君璐的困境，卻直接肇因於彼時威權統治無法接受政治異議而加諸其身之迫害。我們可以想像，如果殷海光及夏君璐能夠生活在今天已經有自由民主的臺灣，他們肯定會有非常不同的命運和人生的發展。這樣的想像，當然也應該是構成林毓生當年跟隨殷海光去追求五四以來就企望落實自由民主的一個原因。雖然自由民主的社會不會像林毓生所說的「天上」，可以讓「殷師母與殷先生高貴的靈魂」再次相逢

並相愛，也不可能像上天那樣可以完全杜絕「不公不義」而只有著「超越的永恆」，但是，一個自由民主的社會至少可以有不同的管道去阻止並停止無理不公的政治迫害。更何況，也只有在自由民主的社會，人文的重建與傳統的創造性轉化，才可能有真正繫纜的停泊港灣。僅僅只從這個角度來看，我們應該也可以再進一步理解林毓生為什麼會在2006年時，覺得有必要針對臺灣學術研究的深化，提出他對「人文與社會研究發展芻議」。[12]

八、人文與社會研究發展的建議

　　林毓生認為，要幫助學者進行人文與社會學科的研究，首先就需要提供他們「從容不迫的時間與環境」。因為只有當政府與學術機構能提供這種外在的研究條件，學者才能根據博蘭尼所說，在學科的「支援意識」或「背景知識」形成「隱涵的心靈秩序」中，來進行具有原創意義的研究。林毓生指出，此處的關鍵在於，這種心靈秩序必須是「穩定到能夠使追求原創的冒險得到滋養」，而且這種秩序也必須是在接觸典範後的潛移默化中才能培養建立的。當然，研究者自身清楚的問題意識也有助培養這種心靈秩序。林毓生還特別以海耶克和鄂蘭各自對極權主義的研究，作為要有「豐富而清楚」問題意識的例子。此外，林毓生也建議研究者自身可以成立類似「思想沙

---

12 林毓生，〈人文與社會研究發展芻議〉，收入《思想近作選》，頁487-495。以下的引文皆出此文。

龍」的討論會，來幫助他們通過討論經典的「問題意識」及「分析架構」，並形成自己「真問題的問題意識」。

　　從林毓生提出的「芻議」來看，不論是穩定秩序的必要性，或是建立「思想沙龍」的討論，顯然都不可能在沒有自由民主的社會中獲得真正的落實。由此，我們更可以掌握到，為什麼人文重建與傳統的創造性轉化都必須以自由民主為前提才能有真正的實質功效。但應該再提醒的是：林毓生說的民主，是屬於一種低調的民主論。

九、低調民主與人文重建的相合並進

　　我們已經知道，林毓生很清楚自由民主只是歷史上所有實驗過的政治制度中最不壞的一種。他也清楚，民主制度下的政黨政治，經常有受到不同利益團體的掣肘，而出現淪為其代言人的弊病。他對民主社會從眾傾向所導致的庸俗化，以及受到物質消費主義的侵蝕所造成的異化現象，更有嚴厲的批評。林毓生當然不是唯一看到這些問題的人。他的老師和友人史華慈先生，在1999年11月中旬去世之前寫的一篇〈中國與當今千禧年主義〉文章中，對西方民主社會在新型科技進步下所出現的新型消費主義和物質主義，就表達了極具批判性的深重憂慮。在為史先生這篇文章撰寫的〈導言〉內，[13] 林毓生也明確指出：史華慈認為這種新型消費主義和物質主義是「太陽底下的一樁新鮮事」，而且原因就在這樁「新鮮事」和以往的物

13　此〈導言〉的英文原文，載《思想近作選》之〈附錄〉，頁505-507。

質消費有本質上的差異，因此應該說是相當於一種「千禧年主義」，甚至還可能成為一種普世的現象。這個「主義」的特色，是讓人相信自己可以從「純粹的物質享樂和純粹的個人滿足中」獲得救贖。這樣的新型「救贖」，完全失去了傳統消費物質文化當中仍然還有的一些受宗教或倫理制約的公共關懷，因此，這種新型的消費主義和物質主義，在史華慈的筆下就被定義作是一種「『物質主義』末世救贖論」（materialistic apocalypticism）。林毓生很了解，史華慈臨終前對於這種新型物質主義的深重憂慮，正是因為這種物質主義會造成「非人化」的影響（the dehumanizing effects）。林毓生也看到史華慈的憂慮，與韋伯擔心資本主義的經濟秩序會毀滅人類的精神世界，並使人類成為他所說的「鐵籠」禁臠，非常相近。因為「鐵籠」呈現的，不但會是一個將「工具理性」變成存在的唯一終極目的的世界，而且也會是一個任憑「價值理性」自行荒蕪的極端世俗化世界。也就是說，世界已不再可能具有超越的意義，而且也將永遠「不再令人著迷」。

　　此處，史華慈對「工具理性」可能宰制世界的憂慮，與我們前面第五章提到，林毓生學生陳忠信1980年代討論這個理性有可能對臺灣現代化帶來負面影響的擔憂，其實並沒有本質意義上的分別，足見如何避免民主社會中物質消費主義可以摧毀現代人「價值理性」的世界，確實是重建人文必須面對的嚴峻挑戰。不過，如同我們上文已經提到的，在自由民主的制度之下，一般民眾可以有不同的管道去表達他們對社會中各種負面現象的憂懼和意見。這些管道，可以是像林毓生提過的定期公開與公平的選舉，也可以是我們在第七章提到，林毓生和他的

老師鄂蘭有關公民參與公共事務的商議論壇或會議，更不必提
民主社會的民眾當下也有投書媒體或在社交媒體上發聲的多元
管道。通過這些管道，民眾對某種現象的憂懼和意見，自然可
以形成公共論壇中的討論議題。這樣的討論本身，其實也正是
一種「價值理性」的展現與保存人文價值的努力。

　　對照之下，沒有自由民主的社會，或基本仍是威權或極權
的社會，即使在社會上出現對人文價值失落的憂懼，也很難在
公領域中找到發聲的機會。這應該也是林毓生或任何關心中國
現代化路徑的人，對中國迄今仍然是一黨專政的政治實況都感
到憂心的一個潛在原因。

十、走出現代性的迷惘

　　林毓生的憂心，在他2006年撰寫〈中國現代性的迷惘〉
一文中有相當具體的呈現。[14] 有趣的是，2006年他也同時對在
臺灣重建人文必須關注學術深化，提出了我們上面說到的他有
關發展人文與社會研究的「芻議」。不同的是，在他這篇〈中
國現代性的迷惘〉文中，林毓生基本上沒有涉及人文重建的議
題。他的主要考量，是在揭示韋伯筆下西方現代性顯示的那種
「世界不再令人著迷」的特徵，與中國大陸現代性所呈現出的
景況，是截然不同的兩種圖像。林毓生的重點是，從中國現代
的歷史來看，不論是五四全盤化反傳統的激進思潮，或是「大

---

14 見林毓生，〈中國現代性的迷惘〉。此文之刪節版原刊於宋曉霞主編，
　　《「自覺」與中國的現代性》（香港：牛津大學出版社，2006），頁2-25；
　　未刪之完整版刊於《思想近作選》，頁365-389。

躍進」與「文化大革命」企圖追求的烏托邦新社會，表現出
的都是一種要迫切解決危機的強烈渴求，也都急切地要尋找一
種可以超越人間資源限制的「無限力量」，希望藉著這樣一個
無限的力量，去帶領人們在俗世建立起全新的現代秩序。因為
是在這樣的歷史情境下，五四當時提倡的「科學」，就被看作
是一種帶有超越性宗教的「無限力量」。「大躍進」和文革時
期的毛澤東，也被當作是具有這種「無限力量」並且必須全力
加以膜拜的神祇。因為人間的俗世成了秩序重建和獲得拯救的
唯一場域，結果就成了只會更加「令人著迷」，而絕不是變得
「不再令人著迷」。然而林毓生指出，這種極端世俗化的結
果，不但沒有解決危機，反而只為中國社會製造了空前的「破
壞與奴役」。當前中國社會出現的權貴資本主義、道德真空與
生態汙染等重大的問題，就林毓生看來，都無可避免地和「大
躍進」以及文革造成的災難緊密相關。這也是他為什麼會和史
華慈一樣，對現代文明，特別是中國現代化的走向，有著極為
深重的憂慮。

即使有如此深重的憂慮，林毓生卻和他描述的史華慈一
樣，在面對現代性有可能威脅到我們人文世界的存續時刻，都
沒有像韋伯那樣，在面對現代文明有可能變成桎梏人類的「鐵
籠」時，只悲觀地說專家會「沒有靈魂」，縱慾者會「沒有心
肝」，而且這樣發展出的文化廢物還會「在自己的想像中以為
它已經達到前所未有的文明水平」。[15] 相反地，林毓生選擇去

---

15 見劉唐芬譯，林毓生校訂，〈史華慈著《中國與當今千禧年主義──太陽
    底下的一樁新鮮事》導言〉，收入《思想近作選》，頁351-355，引文見頁
    354。

做的，是如同我們上文討論過的，就是去重新整理和評估傳統中的人文資源，希望能妥善地轉化其中優美的質素，並以此作為我們精神世界中的價值基礎與意義的源泉。這樣的做法，與他對中國傳統進行「創造性的轉化」所提出的建議，基本上是一致相合的。而且，林毓生應該也知道在今天以及可見的將來，這樣的轉化只有在已經建立起自由民主的臺灣，才有真正落實的可能。

十一、臺灣民主與合力建立新的世界圖景

不容諱言，我們在第七章看到林毓生對臺灣在解嚴之後，因為受到他觀察到的「私性政治」影響，而始終未能真正深化自由民主的建設，覺得十分痛惜。他曾經在2003年的一篇文章中坦言，臺灣社會中的許多「亂象」已經形成「惡性循環」，而且指出這種情形讓很多人都對「建設性改革的動力從哪裡來」，和「哪裡」又會是「進步的突破點」，產生了極大的疑問。他本人很清楚，這些問題都十分關鍵，但卻覺得「難以回答」。這主要是因為林毓生認為，很多現象都已經「呈現著結構性的困局」。[16] 然而上面已經說到，林毓生並不認同韋伯那種，面對現代性最終會把人都囚禁在他那個著名「鐵籠」時，

---

16 林毓生，〈合力建立新的世界圖景〉，原刊時報文教基金會，《再造公與義的社會與理性空間》（臺北：時報文化，2003），頁24-32，後刊於林毓生，《中國傳統的創造性轉化》（增訂本），頁546-552；2020年又收入《思想近作選》，頁497-502。此處討論與引文，皆出自《思想近作選》所刊之文。

只給世人留下「輕蔑性悲觀」的心態。因此，林毓生選擇的
路，或者更準確地說，是他認為臺灣應該選擇的路，就是在面
對任何困局之時都要能「苦撐待變」，也就是抱持著「不放棄
的精神」。當然，他認為臺灣，不論是執政者或是關心臺灣未
來發展的公民團體都更應該做的，就是要進行「積極思考」，
並且要能「積極籌劃」，對所見問題提出可行而有效的改革方
案，以便改革機會一旦來臨，即可「付諸實施」。林毓生非常
清楚，臺灣不是沒有人才，也不是沒有善意，或是沒有可以形
成共識的資源。他也非常了解，歷史的演變有著許多不是人所
能預先意料得到的偶發因素，臺灣的前途因此也絕不是任何決
定論可以預知設定的。當然，臺灣面臨的各種外部挑戰，尤其
是來自中國大陸不放棄武力攻臺的挑戰，是非常之嚴峻。不
過，對林毓生來說，如果外部的壓力不是臺灣本身能夠控制或
消解的，那麼臺灣最該做，而且也是最能做的，應該還是在內
部首先「合力建立新的世界圖景」。這個圖景不但要顯示「合
理性」，而且也必須具有「福利性」與「公共性」。為什麼要
建立這樣的「新的世界圖景」？在這個問題上，林毓生讓人覺
得有趣的，就在他又回到了韋伯的立場來提出他的回答。也就
是說，他相信人的理念建立出的富有合理性、福利性和公共性
的「新的世界圖景」，確實有可能發揮像韋伯筆下的鐵道轉轍
夫那樣，去「決定各種利益的互動所推動的人類行動在哪條軌
道上前進」。同時也去改變本來可能會有的劣勢，而轉到圖景
所指引的一個新軌道。顯然，林毓生2003年提的這個新軌道，
或「新圖景」的比喻，就是他數十年思想論述中努力探究，不
斷討論，並持續對之提出具體可行方法的自由民主。

　　雖然2003年距離本書撰寫的時間已將近二十年，但據筆者所知，林毓生從未放棄他對自由民主或他提出那個新圖景的看法。不過，此時討論臺灣的民主，重點已不是建立民主的制度，而更應該是著重在民主的深化；而這樣的深化，當然也都是要在配合並提供滋養人文重建以及傳統的創造性轉化的條件之下，一起並進、共同前行的。至此，我們對林毓生關於自由民主的建設和傳統性的轉化，也可以說做出了一個比較完整的解析及討論。第九章會提出本書整合性的反思結論。

第九章

結論

　　本書前述各章，除了第一到第五章著重在敘寫林毓生本人
成長和學思的過程，第六到第八章基本上都集中在對林毓生學
術研究的發現與貢獻，並嘗試為其提出一個較為完整的分析和
說明，也希望對林毓生本人為促進「中國思想現代化」而撰寫
的中文論文以及這些論文的思想和我們這個時代具有的相關意
義，建立起一個比較系統性的解釋和討論。

一、林毓生核心思想的綜述

　　我們知道，林毓生最根本的研究路徑與研究的問題意識，
確實是在殷海光1950年代中期給他的建議時，就已經奠定了基
本的大方向。而且，正是從殷海光那兒，林毓生聽到：只有引
進英美文明發展出來的自由價值、人權觀念、民主的制度與建
基於經驗的理性，才是中華民族應走的康莊大道。雖然殷海光
本人沒有能夠從事真正深入的研究，但，本書認為，應該將他
看作是林毓生思想生命中一個關鍵的超越資源。從殷海光將自
己定位作是後五四人物與他本人當年在《自由中國》撰文批評

時政的事實來看，他是自覺地在承擔五四追求自由民主的傳統，並希望能在臺灣實踐這個理想。他的奮鬥雖然受限於當時的歷史條件而以悲劇告終，但受到他在思想與人格上啟發的林毓生，卻有機會能夠選擇並去繼續這個攸關中華文明走向的追求與實踐。

　　林毓生選擇追隨殷海光去落實自由民主的方式，其實也是繼續了殷海光和當時許多在《自由中國》執筆的其他中國知識分子的方式，那就是：以撰寫中文論文，去介入並討論當年有關建設臺灣成為自由民主的公共議題。當然，林毓生是在赴美深造並完成自己對五四激進反傳統主義的研究之後，才真正開始這樣的介入。通過這樣介入公共議題的探討，林毓生不但將殷海光當年給他建議的研究藍圖逐步予以落實，而且他本人介入後的思想言說，從臺灣追求自由民主的歷史道路來看，也可以說具有思想啟迪的實質貢獻。

　　在本書第七章，我們討論了林毓生啟迪思想的貢獻是植基於釐清並說明自由與權威、自由與民主的關係，也建立在他對民主自身含有張力的論點與論證上。從思想層面來看，他提出的論證和論旨，都突破了中文世界在此之前對這些議題的相關論述，也因此讓我們肯定林毓生對臺灣以及中文世界追求自由民主，有其顯著的影響和貢獻。這樣的影響與貢獻，當然也涵蓋了林毓生對五四激進反傳統主義的探勘，以及這個主義何以造成中國意識危機的原創研究。

　　本書第六章顯示，在研究五四全盤性反傳統的激進思潮專書中，林毓生是從傳統「一元整體的思維模式」切入，去追溯這個激進思潮的來源、演變及影響和歷史之意義。在過程中，

他深入剖析了這個激進思潮與傳統思想模式之間的複雜糾結，也詳細說明了激進反傳統主義何以造成他指稱的意識危機。他的剖析與解釋，可以說為現代中國的思想意識不再陷入激進反傳統主義的迷障，找到了一個出口。此處可以再強調的是，林毓生對五四激進反傳統主義的原創研究，事實上也包括了他將五四以來中文世界追求自由民主的挫敗命運，以及此一挫敗如何轉入激進革命的曲折邏輯，所做出的細緻連結及論證。這個論證的結果，也直接幫助林毓生回答了殷海光在50年代建議他對五四自由民主挫敗找出根本原因的那個重大問題。

除此之外，本書第八章也將林毓生對五四激進反傳統主義的研究成果，與他倡導屏棄這種激進反傳統主義並去對中國傳統文化進行「創造性的轉化」的觀點，做出了一個整合性的探究。這樣的探究，是要更清楚地顯示林毓生雖然是一個純正的自由主義者，但他從來認為西方自由民主和中國文化的認同，是完全可以並存而不相衝突的。

整體來說，本書認為，林毓生對他本人提出「中國思想現代化」這個議題的探索、發現與建議，確實構成了他幾十年學術思想研究的一個論述系統。在這個意義上，林毓生雖然繼承了殷海光對五四追求自由民主的基本關懷和研究方向，但，不同於他的老師，或者更應該說不同於五四主流思想的激進反傳統主義，林毓生的言說確實釐清了五四時期對自由民主的曲解和誤解，同時又重新清理了五四以來有關民主與科學的看法及信念。據此，本書也特別強調林毓生是中文世界較早對五四有關民主與科學這個遺產做出批判，但又予以釐清和闡釋的一個主要代表。正因為做了這樣的清理和解釋，我們就可以說，林

毓生為中文世界在這方面的研究，提供了一個基本認知的參照資源。在這個層面上，林毓生的思想論說就不應只看作是學界的一個專業成果，而應該看作是對我們這個追求自由民主的時代，仍然具有相關意義的重要代表。

雖然林毓生認為，他撰寫中文論文是為了要促進「中國思想現代化」，但我們並沒有特別使用這個詞語來進行各章的討論。這主要是因為，我們在解釋林毓生提出要對中國傳統進行創造性轉化的主張時，已經等同是將這個轉化的主張看作是他所說「中國思想現代化」的一個理想目標。因此，我們也針對創造性轉化必須選擇一個新導向或是新路徑的看法，做出了較有系統的完整說明。我們的說明，是希望能從思想的角度，去呈現林毓生研究五四激進反傳統主義的成果不僅就在發掘出中國意識危機的病根所在，更在他進一步去為中國思想的現代化，或者說為中華文明在現代的發展，找出一條比較富有生機的活路。當然，這條活路也就是要在建立自由民主的前提下，對中國傳統文化進行創造性的轉化。

毫無疑問，在目前以及可見的將來，要在一黨專政的中國大陸落實五四以來追求自由民主的理想，或者說要繼續落實中國思想現代化的里程，顯然都無比困難。對照之下，已經建立起自由民主制度的臺灣，就有了無可取代的重大意義。首先，臺灣是華人世界中，已經建立起五四以來追求自由民主的唯一代表，而且也是國際社會中，未經流血革命而建立起新興民主的一個成功實例。不論這個自由民主還有多少改進的空間，從保存與發展中華文明的角度來看，自由民主的制度，基本上更加有助這個文明在從未遭到革命暴力破壞的臺灣及其和平開放

的環境中，持續獲得保存與發展。即使我們知道，臺灣內部因為國家認同而出現一些爭議，這些爭議至少在目前看來對中華傳統文化的保存與發展，沒有什麼真正或實質性的負面影響。在這個意義上，自由民主和文化保存及延續的關係與互動，顯然不是負面而是積極正面的。

值得再提醒的是，本書第七章顯示，林毓生對自由民主的從眾傾向和民主在物質主義主導下的庸俗化，以及受到不同利益團體只顧私利而忽略公益的侵蝕，都有他批判的洞見。這裡不是要說林毓生是唯一注意到這些問題的人。我們知道，在類似英國或美國這些已經是成熟的民主國家，也都有學者專家提到自由民主面對的問題或危機，也早有許多學者針對民主制度和文化提出反思的文章或專文。他們的反思，事實上也涉及關於自由和權威的議題，而且對美國這幾年出現政治文化的民粹傾向都憂心不已。

二、對自由民主的省思與建議

舉例而言，2018年5月《紐約時報》（*New York Times*）的「意見欄」上，曾經刊登著名學者費雪（Stanley Fish）討論美國社會因為質疑現有權威而要求訊息絕對透明的文章。文章的旨意是要說明，這種要求不幸卻成為虛假訊息在美國社會氾濫的源頭。[1] 2019年3月初，也有一篇書評在討論戴凡波─海恩

1　有關要求絕對的訊息透明卻成了虛假訊息氾濫源頭的討論，請閱Stanley Fish, "Transparency is the Mother of Fake News," Opinion Section, *New York Times*, May 7, 2018。費雪的文章並非以討論「自由與權威」為焦點，但是

斯（Richard Davenport-Hines）寫的新書《內部的敵人：劍橋的間諜與現代英國的建構》（*Enemies Within: Communists, the Cambridge Spies and the Making of Modern Britain*）。這篇書評特別提到，這本新書討論了反權威的問題。根據這篇書評，我們知道這本新書的作者認為，反權威、反知識、反專家與反菁英的民粹主義，已經對英國社會及其政治造成了極端負面的影響，甚至已經可能危害到自由民主在英國的健康運作。[2] 2020年10月22日，美國《紐約時報》更在美國總統大選不到兩個星期之前，刊登了一篇有關美國高等教育危機的專文，題目是「重新開啟美國心靈」。文章特別提到林毓生母校芝加哥大學教授布魯姆（Allan Bloom）於1987年出版並大為暢銷的專書《美國精神的封閉》（*The Closing of the American Mind*）。當時，美國甚至因為布魯姆認定只有大學才是涵育美國未來菁英理解西方經典傳統的真正場所，而出現了各種爭議，並因此舉辦了一場全國性的辯論。不過，這篇專文的重點是要指出布魯姆當年

文章的含意，事實上可在林毓生文章論證中引申而出。

2　這篇書評發表在2019年3月7日的《紐約書評》上，見John Banville, "What Made the Old Boys Turn?" *The New York Review of Books*, March 7, 2019, Vol. LXVI, No. 4, pp. 35 and 36。頁35原文為："... The undermining of authority, the rejection of expertise, the suspicion of educational advantages, and the use of the words 'elite' and 'Establishment' as derogatory epithets transformed the social and political temper of Britain." 頁36原文為："Government by the knowledgeable－epistocracy－has been superseded in most of the English speaking world by a version of democracy that elevates opinion above knowledge …aders and experienced minds began to capitulate to people less informed than themselves started when Burgess and Maclean hurried aboard the night boat to Saint Malo."

對美國高等教育的危機，已經有極為深刻且又正確的預言式觀察。也就是說，他已經看到當時人文學科的教育課程，和美國民主社會的一些根本問題完全脫節。這些問題包括諸如：自由存在嗎？什麼是一個良善的社會？或人應該如何生活等。專文的作者特別強調，不可以將布魯姆對經典作為提供答案資源的論證，化約成他只是重視經典的閱讀，因為布魯姆真正深刻的論點在於他指出經典是一個真正權威之源的看法。對布魯姆來說，經典的重要性不但在於使人理解自己文化的價值傳統，更重要的是，在能為人們提供有關什麼是一個美好生活、什麼是一個正義社會的一種具有生命力的對話傳統，使人們在面對各種危機時，可以根據經典提供的權威資源，來做出理性的價值判斷。專文作者在文章結尾，更不忘提出對如何改進美國高等教育的具體建議，那就是：美國社會應該將傳統經典中內蘊人文探索的菁英主義，與當下日常思想中的民主信念，互相做出結合，因為那才會是歷來對美國心靈在最開放時刻的一種定位刻劃。[3]

　　還可以提到的一篇文章，就是美國政治學學者法蘭西斯·福山（Francis Fukuyama）對自由主義和自由民主的反思專文。這篇專文是在2020年10月初發表的，題目還特別定為〈自由主義和其諸多的不滿〉（"Liberalism and Its Discontents"）。[4] 這

3　原文題目是"Reopen the American Mind"，作者是Jon Baskin與Anastasia Berg，見*New York Times*, October 22, 2020，網址為：https://www.nytimes.com/2020/10/22/opinion/covid-college-humanities.html。

4　見福山2020年10月5日發表的文章"Liberalism and Its Discontents: The Challenges from the Left and the Right"，網址為：https://www.

篇專文的基本重點，其實和托克維爾對自由與平等之間的緊張
關係非常接近。也就是說，福山也清楚自由主義與民主內含的
平等關係是有衝突的。這當然就與我們在第七章討論林毓生為
什麼提出低調民主的看法很接近了。不同的是，福山的專文更
注意到美國近年來有關不同族群因身分認同引發的各種權益問
題，也更關注全球化引起在經濟領域內因貧富日益懸殊造成的
不平等問題。在極大程度上，這些問題和社群主義批評自由主
義太強調個人權利而忽視群體福利，幾乎完全相同。我們記
得，本書第七章已經解釋了林毓生如何批評社群主義本身的問
題，而且他的批評，事實上和福山在專文中提出的結論，也沒
有什麼本質的不同。福山承認，自由主義的問題就在無法迅速
快捷地解決社會上各個方面出現的各種問題，而且也永遠不可
能有不同社群所要求那種完美無缺的社會正義。但是福山同時
表示，他很難想像一旦丟棄自由主義倡導的自由價值，美國除
了再回到一個充滿衝突的集合體，並用暴力來處理彼此的差異
和分歧之外，究竟還能成為一個什麼樣的社會。

　　上面提到的這幾篇文章，都直接或間接地對自由與權威之
間的關係，以及自由與平等的緊張關係，提出了自覺的反思，
而且也都指出極端反權威或爭取完全的社會平等所可能造成的
嚴重負面影響。根據這些文章的省思，我們應該更可以看到林
毓生幾十年來有關自由民主的文章，不僅是中文世界內發展自
由主義的突破性論作，而且他在文章中提出的分析與洞見，對

---

americanpurpose.com/articles/liberalism-and-its-discontent/。以下有關福山的
論點，皆出自此文。

於我們了解具有兩百多年民主政治歷史的美國，與現代最早的
自由民主國家英國，為什麼在今天都出現各種困境，也同樣有
極為真切的相關性。

　　不論民主在西方的重大危機是否已經成了學者所說的，是
一個人人都熟悉的「老生常談」（truism），[5] 上面提到，當代
西方學者的各種嚴肅討論與分析，確實顯示他們對此議題已經
有深刻的追索，也提出了各種省思後的改進建議。另外也有必
要再指出，曾任教美國哈佛與牛津大學，現任史丹福大學胡佛
研究所高級研究員的弗格森（Niall Ferguson），在2020年9月初
也特別發表了一篇針對許多因為川普總統（Donald Trump）執
政後引起的各種關於美國民主問題的文章。文章主要在討論，
美國民主是否已經走向德國威瑪共和國從1919到1933年的崩
毀，而導致像納粹那種極端主義興起的爭議。弗格森提出了六
個原因，來解釋何以美國民主即使出現了川普現象，也與當年
的威瑪德國有根本的不同。這些不同包括：（一）當年德國非
官方性但卻極有紀律的暴力組織，與美國當下一些白人至上團
體的零星暴力事件，完全不同。（二）德國當年有保守菁英對
希特勒的擁護，但是在美國目前的軍官團隊中卻很難看到對川
普有類似的支持。（三）即使美國過去二十多年有過三次經濟
衰退，但像德國威瑪共和那種失控的通貨膨脹，迄今從未在美
國出現。（四）美國一直是兩黨主政的政黨政治，與威瑪共和

5　這是自然權利理論的權威代表學者Richard Tuck在2019年The YTL Annual
　　Lecture，於英國倫敦國王學院（King's College）講演的開場白，見：
　　https://www.youtube.com/watch?v=uuNzVzT3h_w。

時期多黨林立造成的混亂與政治碎片化完全不同，更談不上類似威瑪當時出現強力支持反民主政黨的可怕力量。（五）《威瑪憲法》容許直選總統在緊急狀況時不須經過議會即可行使權力，與《美國憲法》對總統的限權有根本性的不同。（六）最後也是最重要的一點是，1920及1930年代的國際局勢，與今天也完全迥異。簡單地說，美國在今天的世界不但是一個經濟大國，也是地緣政治的主導國家。這與當年德國威瑪是一戰後的戰敗國並飽受戰敗賠償之苦的歷史情境，也是完全不可同日而語的。[6]

　　不可忽略的是，我們都知道2021年1月6日，美國國會曾經遭到一批抗議川普總統敗選群眾的暴力襲擊與圍攻。但我們也看到，美國國會事後並沒有停止運作，而是繼續進行投票並決定彈劾川普總統唆使此一襲擊之不當行為。即使這個彈劾未能通過，但川普仍然受到像紐約州政府對其許多不當行為的控告。我們在上面提出的一些文章中已經看到，西方民主國家內部產生的自省力量仍然相當厚實，此處我們也看到美國民主制度本身的限權機制，也仍然在循序運作。這些對自由民主的反省與制度上的正常運作，雖然不一定能產生預期的結果，但至少可以對民主制度本身的修正以及對公領域的價值導向，產生某種程度的影響。

　　值得一提的是，在弗格森的文章出版之前，臺灣《思想》

6　見Niall Ferguson, "'Weimar America?' The Trump Show Is No Cabaret," *Bloomberg News*, September 6, 2020，見：https://www.bloomberg.com/opinion/articles/2020-09-06/trump-s-america-is-no-weimar-republic。

雜誌在2020年1月的第39期中，也刊出了一篇中國大陸學者深度
解析威瑪共和崩潰的論文。這位學者研究憲政史的專書在2017
年其實已經完成，但是卻因各種制度的原因使其「目前無法出
版」。[7] 相形之下，不但是英美內部對其自由民主如何改進的反
思論述值得我們重視，臺灣新興民主對言論與出版自由等各種
基本權利的落實和保障，也更加讓人覺得可貴。

三、臺灣自由民主的價值與意義

　　根據上述西方學者注重權威與自由關係的討論，再回過
來看臺灣，我們可以說臺灣社會迄今並沒有，或者說至少還沒
有出現像美國或英國社會中那種比較普遍的反權威、反菁英、
反知識與反專家的現象。然而不可否認的是，臺灣民主卻因為
內有國家認同的問題，外有來自中國大陸經濟與軍事併吞的威
脅，而始終不易提升並深化民主的品質。在這樣的情況下，凝
聚公民社會的向心力自然難度較高，發揮公民社會的道德力量
也較不易，尤其更不容易鞏固並健全法治的基礎。這是為什麼
我們在第七章會特別討論林毓生在2000年初期，呼籲臺灣政黨
政治必須超越國家認同引起內部分歧的看法，也特別強調他有
關徹底化解族群撕裂的緊張關係以建立高品質民主政治的立
場。顯然，如果政黨的利益競爭會不斷引發臺灣內部的族群撕
裂，就完全可能悖離建設自由民主的正軌，而淪為權謀詭詐的

7　見蕭瀚，〈功虧一簣的政治化療：德國威瑪憲法頒布百年回首〉，《思
　　想》，第39期（2020年1月），頁1-46。

「私性政治」。我們已經知道，林毓生認為「私性政治」不可能有益民主品質的提升，[8] 這也是他為什麼會特別提到殷海光一生奮鬥的意義，就在追求「徹底實現五四早期所揭櫫的自由、理性、法治，與民主的目標」，並且認為建設自由民主是中華民族走向合理與健康現代化的唯一出路。毫無疑問，今天許多關心臺灣前途的學者，也都一致認為臺灣要能抵制外來勢力的威脅，一個在目前看來比較最合理也最實際的途徑，就是繼續提升民主品質，與培養公民社會和公民道德的實質力量。[9]

值得提出的是，臺灣在2019年年底及2020年初即開始防止新冠病毒在島內擴散的措施，起初曾廣受國際社會的矚目和稱揚。[10] 這不僅說明臺灣政府負起了應有之責，也顯示臺灣公民

8　林毓生這篇論文，即是前面提到的〈論台灣民主發展的形式、實質與前景——為紀念殷海光先生逝世三十三週年而作〉。

9　此處可引余英時先生為例。余先生2018年12月5日接受《今週刊》專訪時，即以民主為抵制中共對臺分化的最好辦法。見丘慧芬，〈承負、詮釋與光大中國知識人傳統的余英時〉，刊林載爵主編，《如沐春風：余英時教授的為學與處世——余英時教授九秩壽慶文集》（新北：聯經，2019），頁64-96，特別是頁94-95。另可為佐證的一個例子，是有關1949年因國共內戰造成大量人口追隨國民黨政府流亡至臺的研究專書。這本專書發現經過幾十年與中國大陸的隔離，1987年臺灣解嚴並逐漸開始民主化過程後，許多當年流亡至臺的外省第二代甚至第三代，都回大陸探訪他們父母或祖父母的原鄉。然而，這個經驗並沒有讓他們因此認同對岸，反而是加深他們對臺灣自由民主制度的認同。見Dominic Meng Hsuan Yang, *The Great Exodus from China: Trauma, Memory, and Identity in Modern Taiwan* (Cambridge: Cambridge University Press, 2021)，特別見此書的導論及第五章和結論。

10　《紐約時報》在2021年3月13日，以「綠洲臺灣：冠狀病毒？哪來什麼冠狀病毒？臺灣一切如常的發展」（Oasis Taiwan: Covid? What Covid? Taiwan Thrives as Bubble of Normality）為題，稱揚臺灣的防疫成功。見：https://

理性配合政府去保護自身安全並維護公領域免受病毒汙染的努力。雖然在沒有疫苗之前,臺灣的防疫不可能達到百分之百的成效,但,比起其他國家,臺灣防疫措施的成效顯然是國際社會當時予以稱揚的主要原因。如果考慮到過去五十年來臺灣一直被排斥在國際社會之外,但政府與社會卻從來沒有放棄爭取加入國際組織的努力,這些努力也就可以看作是國際社會在疫情爆發的這段時間,無法完全忽視臺灣防疫成效的另一原因。美國彭博新聞(Bloomberg News)就曾在他們的報導中,特別介紹了臺灣在這段時間內防疫成功的情形。[11] 可惜的是,2021

---

www.nytimes.com/2021/03/13/world/asia/taiwan-covid.html?action=click&module=RelatedLinks&pgtype=Article。此文特別提到,2020年3月以來,世界因受到新冠病毒的侵襲,西方國家像英、美、法等國,都有大量死亡及染疫的人數,但臺灣卻只有十人死亡與不到一千個感染的案例。而且臺灣防疫政策的有效,也讓民眾都能如常生活,許多在美國矽谷的企業家、製造商與科技人才因此也選擇返臺,為臺灣的科技工業注入一股新的能量。其實對臺灣防疫成功的報導,在疫情爆發初期就有國際著名醫學期刊《刺胳針》(The Lancet)的冠狀病毒疾病委員會,將臺灣遏阻病毒的成果,列為其所評鑑九十一個國家中的首位。報導見臺灣中央社2020年9月29日所刊之報導:〈菲媒:台灣抗疫獲評全球最佳 不在聯合國很諷刺〉,見:https://www.cna.com.tw/news/aipl/202009290304.aspx。

11 見美國彭博新聞在2020年9月16日關於臺灣成功防疫的報導:"How Taiwan is Tackling COVID-19"。此報導以臺灣行政院政務委員唐鳳(Audrey Tang)的錄影解說,介紹了臺灣政府與社會何以成功做到了有效的防疫。報導另將影片中唐鳳說到的關鍵部分列在報導的文字標題下,並介紹唐鳳是臺灣最年輕的部長。英文原文為:"We trust the people who then take this trust to trust each other and the pharmacists." Taiwan's youngest cabinet minister Audrey Tang @audreyt discusses the government's #Covid19 strategy and how technology played a role,見:https://www.bloomberg.com/news/videos/2020-09-17/how-taiwan-is-tackling-covid-19-video。

年4月臺灣因出現中華航空機師諾富特酒店群聚感染事件，之後
臺北萬華茶藝室也爆發群聚及多個地區的衍生感染，使得臺灣
原本非常成功的防疫，瞬間變成媒體報導所說的防疫「神話破
滅」。[12] 根據報導，臺灣在群聚感染爆發後，從5月到8月這三
個月內，感染的確診人數很快就從一千多人增到一萬五千人，
死亡人數也從一百多人增至八百人，可說每天都有幾百個確診
的感染病例。[13] 病例的攀升，也幾乎讓政府要實施最高警戒的
全面封城狀態。

　　所幸到了2021年9月底，臺灣疫情已經可說受到完全控制，
不但本土有了一連兩天零感染的紀錄，而且紀錄下的個位數字
病例也都是境外移入的。[14] 這樣的個位數字遠比北美或英國等
地每天出現的病例要少得太多，因此還是特別引人矚目。甚至
有國際媒體問到，臺灣如何能在短短的幾個月內完全控制了疫
情。[15] 當然，疫情的爆發與華航機師未能遵守在防疫旅館自我
隔離的時限，以及政府部門未能嚴格執行對機師隔離時限的規
定，都密切相關。不過，政府部門事後採取的立即控管與追
蹤，總算將染疫的範圍盡量可能地縮小，而且在短短幾個月內

---

12 BBC，〈台灣疫情：「神話破滅」背後的四個看點〉，網址為：https://
　 www.bbc.com/zhongwen/trad/57187804。
13 德國之聲（Deutsche Welle）2021年8月24日的報導，〈三个月内确诊从数百
　 降至个位数　台湾如何做到？〉，見：https://www.dw.com/zh/三个月内确诊
　 从数百降至个位数-台湾如何做到/a-58965083。
14 〈連兩日本土病例+0，境外移入+8！斯洛伐克贈16萬劑疫苗、AZ二劑開
　 打、10/1公費流感開打〉，網址為：https://www.bnext.com.tw/article/57068/
　 coronavirus-latest-news-index。
15 見註13德國之聲的報導。

也終於再度控制了疫情。[16] 雖然2021年底到2022年1月底，臺灣也因為受到Omicron突變病毒快速傳染的力道，以及國人春節返國而造成病毒境外移入出現疫情案例開始增加的情形，但與多數國家相比，臺灣的案例還是少得多，而且政府部門也顯然因有前次經驗而不敢有所輕忽。[17]

　　我們不知道Omicron病毒引發的疫情是否能盡快受到有效的控制，但在已經有疫苗的施打，以及有臺灣多數民眾願意配合施打的情況下，對疫情的控管來說至少都是正面的有益助力。比較值得思考的是，2021年5月到8月，華航機師及政府部門失責引起的疫情病例，雖然已經顯示政府部門的疏責與個別公民的缺乏自律是基本原因，但此處要指出的是，這個疫情的發展其實也可以讓我們更加理解林毓生為什麼會強調民主社會的公民道德與公民自律，對維護並保障公共福祉來說，的確是扮演著極為關鍵的角色。

　　誠然，今天的世界因全球化與數位資訊化帶來的人口移動、貧富差距，以及新型疫情導致的大量死亡，和民粹與民族主義遽升等各種問題，都使得人們對於未來產生更多的焦慮與不安。同時，臺灣因受到大陸近年來持續增加的軍事威脅與騷擾，也使人憂心臺灣民主是否有可能在內外交加的壓力之下，繼續深化發展。即便如此，如果在臺灣民主制度下生活了幾十年的民眾，確實認為自由民主是比較能保障個人權利與尊嚴的

---

16 同上。

17 https://www.google.ca/search?q=台灣現在有多少新冠病毒感染案例&ie=UTF-8&oe=UTF-8&hl=en-ca&client=safari。

制度，尤其在看到香港已經成為自由瞬間可以被消失的城市，而更加願意捍衛這個制度並團結一致地去為臺灣的未來共同奮鬥，那麼臺灣社會就應該能走出國家認同的分裂危機，並能齊心協力地去發掘臺灣可以永續發展的最好資源與力量。根據目前的一些民調，臺灣公民社會的凝聚力和對國家整合的向心力，比起過去都提高了許多。這樣的結果至少顯示，在自由民主下生活的公民，多半還是認同這個制度，也都願意為這個制度的存續而奮力打拚的。[18]

　　當然，我們無法預測民調結果是否會受未來國際局勢變化之影響而再次改變，也無法預知威脅臺灣的中共政權是否會因其本身內部的權力結構而有所變化，但必須提醒的是，不論外在的壓力會如何改變，臺灣的自由民主都應該在尊重多數的原則下，也尊重異議的少數，來持續凝聚更多的民心。否則，民主還是有可能滑向第七章提到的多數暴虐之民粹主義，而成了反民主的「民主」，遑論由此還可造成更加不幸的巨大災難。這樣的結果，絕對不是任何關心臺灣自由民主的人所樂見，也絕對不是林毓生本人立志追求的自由民主。因此，結束本書之前，筆者覺得必須再重述的就是：如果本書對林毓生討論自由民主的闡釋是合理的，特別是對他關於自由民主要在具有健全法治的支撐下，才能使得具備公民道德的公民社會有效運作的說明是合理的，而且是可以被接受並作為提升民主品質的一個

---

18 2020年9月28日《聯合報》刊登的一篇文章，提到支持與中國大陸統一的民眾降到只占十年來民調中受訪的一成，乃十年來的新低。見施正鋒，〈解讀和戰天平／軍事威脅下的臺灣百姓〉。

社會共識資源，那麼作為本書的一個相關結論就是：臺灣已經發展出日益凝聚的穩固社會認同，以及在這個認同之下民眾都願意共同守護這個可貴的自由民主，就應該是臺灣可以憑藉來持續發展的一個「真正真」的資源。

　　當然，如果中國大陸還有心要進行1980年代提出的政治改革，或是要進行這幾年提出的復興中華文明，臺灣的自由民主以及其對傳統中國文化的妥善保存，就絕對應該是一個可資借鑑的活水源泉，而不應該是要以武力威嚇來統一的對象。如果再回望中國自五四以來追求自由民主的慘痛歷史，那臺灣對今天的華人世界，甚至對國際社會的新興民主來說，就還不應僅僅只是一個可資借鑑的活水源泉，而更應該說是一個具有典範意義的參照模式。換句話說，臺灣確實已經成為自由主義在華人世界經過百年激盪的歷史碰撞後，可移植而生，又逐漸扎根，也可能開出繁花且纍纍結實的唯一土地。從這個角度來看，臺灣的自由民主建設與人文傳統的保存和發展，對華人過去的歷史以及當下時代所具有的深遠意義，就應該更是不言而喻了。雖然我們無法預知歷史的走向，但，只要沒有外力的威嚇及干擾，沒有內部的族群衝突或分裂，臺灣的自由民主與人文建設對華人世界的未來，也就應該繼續有著絕對相關的重大意義。

參考文獻

林毓生論文集及其英文論著之中譯本

林毓生，《思想與人物》，臺北：聯經出版事業股份有限公司，1983，2023。

林毓生著，穆善培譯，《中國意識的危機：「五四」時期激烈的反傳統主義》，貴陽：貴州人民出版社，1986，1988。

林毓生，《政治秩序與多元社會》，臺北：聯經出版事業股份有限公司，1989，2023。

林毓生著，朱學勤編，《熱烈與冷靜》，上海：上海文藝出版社，1998。

殷海光、林毓生，《殷海光‧林毓生書信錄》，臺北：臺大出版中心，2010；亦有臺北：獅谷出版公司，1981版；臺北：遠流出版公司，1984版；上海：上海遠東出版社，1994及1996版；長春：吉林出版公司，2008版重校增補本；北京：中央編譯社，2016／2017版。

林毓生，《中國傳統的創造性轉化》（增訂本），北京：三聯書店，2011。

林毓生主編，《公民社會基本觀念》（上、下），臺北：中央研究院人文社會科學研究中心，2014。

林毓生，《政治秩序的觀念》，香港：商務印書館，2015。

林毓生，《中國激進思潮的起源與後果》，新北：聯經出版事業股份有限公司，2019。

林毓生著，楊貞德等譯，《中國意識的危機：五四時期激烈的反傳統主義》，新北：聯經出版事業股份有限公司，2020。

林毓生著，丘慧芬編，《現代知識貴族的精神——林毓生思想近作選》，香港：香港中文大學出版社，2020。

英文書目

Acemoglu, Daron and James A. Robinson, *The Narrow Corridor: States, Societies, and the Fate of Liberty*, New York: Penguin Press, 2019.

Arendt, Hannah, *On Revolution*, Introduction by Jonathan Schell, London, England: Penguin Books, 2006.

──, *The Origin of Totalitarianism*, New York: Harcourt Brace Jovanovich, 1951. Third edition with new prefaces, 1973.

──, *The Promise of Politics*, edited and with an Introduction by Jerome Kohn, New York: Schocken Books, 2005.

Arrighi, Giovanni, *The Long Twentieth Century: Money, Power and the Origins of our Times*, new and updated edition, New York: Verso, 1994, 2010.

Banville, John, "What Made the Old Boys Turn?" *The New York Review of Books*, March 7, 2019, Vol. LXVI, No. 4.

Berg, Anasstasia and Jon Baskin, "Reopen the American Mind," *New York Times*, Oct. 22, 2020. https://www.nytimes.com/2020/10/22/opinion/covid-college-humanities.html.

Berlin, Isaiah, *Liberty*, edited by Henry Hardy, reprinted paper edition, Oxford and New York: Oxford University Press, 2007.

Berman, Harold J., *Law and Revolution: The Formation of the Western Legal Tradition*, Cambridge: Harvard University Press, 1983, Vol. 1.

Bernstein, Richard J., *Why We Read Hannah Arendt Now*, Cambridge, UK: Polity Press, 2018.

Bloomberg News, "How Taiwan is Tackling COVID-19," September 16, 2020. https://www.bloomberg.com/news/videos/2020-09-17/how-taiwan-is-tackling-covid-19-video.

Canovan, Margaret, *Hannah Arendt: A Reinterpretation of Her Political Thought*, Cambridge: Cambridge University Press, 1992.

Cheek, Timothy, *The Intellectual in Modern Chinese History*, Cambridge: Cambridge University Press, 2015.

Chow Tse-Tsung, *The May Fourth Movement: Intellectual Revolution in Modern China*, Cambridge: Harvard University Press, 1960.

Dostoevsky, Fyodor, *The Brothers Karamazov*, Book V, Section 5, "The Grand Inquisitor," translated by Andrew R. MacAndrew and Konstantin Mochulsky, London: Bantam Classic, 1970, pp. 297-318.

Ferguson, Niall, "'Weimar America?' The Trump Show Is No Cabaret," *Bloomberg News*, September 6, 2020. https://www.bloomberg.com/opinion/articles/2020-09-06/trump-s-america-is-no-weimar-republic.

Fish, Stanley, "Transparency is the Mother of Fake News," Opinion Section, *New York Times*, May 7, 2018.

Friedrich, Carl J., *Tradition and Authority*, London: The Pall Mall Press, 1972.

Fukuyama, Francis, "Liberalism and Its Discontents: The Challenges from the Left and the Right," *American Purpose*, October 5, 2020. https://www.americanpurpose.com/articles/liberalism-and-its-discontent/.

Gerth, Hans H. and C. Wright Mills, eds., *From Max Weber: Essays in Sociology*, New York: Oxford University Press, 1958.

Gordon, Peter E.,"Max the Fatalist," *The New York Review of Books*, June 11, 2020, Vol. LXVII, No. 10, pp. 32-36.

Hayek, Frederick, *The Road to Serfdom* , London: Routledge & Kegan Paul, 1944; London: Taylor and Francis, 2017.

——, *The Constitution of Liberty*, Chicago: University of Chicago Press, 1960.

Jaume, Lucien, *Tocqueville: The Aristocratic Sources of Liberty*, translated by Arthur Goldhammer, Princeton, New Jersey: Princeton University Press, 2013.

Kuhn, Thomas, *The Structure of Scientific Revolution*, second edition, Chicago: University of Chicago Press, 1962.

Lin Hsiao-ting, *Accidental State: Chiang Kai-shek, the United States and the Making of Taiwan*, Cambridge: Harvard University Press, 2016.

Lin Yü-sheng, "The Evolution of the Pre-Confucian Meaning of *Jen* 仁 and the Confucian Concept of Moral Autonomy," *Monumenta Serica*, Vol. 31.1 (1974), pp. 172-204.

———, *The Crisis of Chinese Consciousness: Radical Antitraditionalism in the May Fourth Era*, Madison: University of Wisconsin Press, 1979.

MacFarquhar, Roderick, *The Origins of the Cultural Revolution*, New York: Columbia University Press, 1987.

New York Times Editorial Board, "Oasis Taiwan: Covid? What Covid? Taiwan Thrives as Bubble of Normality," March 13, 2021. https://www.nytimes.com/2021/03/13/world/asia/taiwan-covid.html?action=click&module=RelatedLinks&pgtype=Article.

Polanyi, Michael, *The Logic of Liberty: Reflections and Rejoinders*, Chicago: University of Chicago Press, 1951.

———, *Personal Knowledge*, Chicago: University of Chicago Press, 1958, 1962.

———, *The Study of Man*, Chicago: University of Chicago Press, 1959.

Rawnsley, Gary D. and Ming-Yeh T. Rawnsley, "Chiang Kai-shek and the 28 February 1947 Incident: A Reassessment," *Issues & Studies* 37, no. 6 (November/December 2001), pp. 77-106.

Rubinstein, Murray A., ed., *Taiwan: A New History*, Expanded Edition, New York: M.E. Sharpe, 2007; Abingdon, Oxon: Routledge, 2020.

Schwarcz, Vera, *The Chinese Enlightenment: Intellectuals and the Legacy of the May Fourth Movement of 1919*, Oakland: University of California Press, 1986.

Tuck, Richard, *Natural Rights Theories: Their Origin and Development*, Cambridge: The Press Syndicate of the University of Cambridge, 1979.

———, Richard, The YTL 2019 Annual Lecture, King's College, https://www.youtube.com/watch?v=uuNzVzT3h_w

Vogel, Ezra F., *Deng Xiaoping and the Transformation of China*, Cambridge: Belknap Press of Harvard University Press, 2011.

Wang, David Der-wei, *Why Fiction Matters in Contemporary China*, Waltham, Massachusetts: Brandeis University Press, 2020.

Weber, Max, "Basic Sociological Terms," in *Economy and Society*, edited by Guenther Roth and Claus Wittich, Vol. 1, Oakland: University of California Press, 1978, pp. 24-26.

Weber, Max, *The Protestant Ethic and the Spirit of Capitalism*, translated by Talcott Parsons, London: George Allen & Unwin, 1976.

Yang, Dominic Meng Hsuan, *The Great Exodus from China: Trauma, Memory, and Identity in Modern Taiwan*, Cambridge: Cambridge University Press, 2021.

Young-Bruehl, Elisabeth, *Hannah Arendt: For Love of the World*, second edition, London: Yale University Press, 1982.

中文書目

BBC，〈台灣疫情：「神話破滅」背後的四個看點〉，見：https://www.bbc.com/zhongwen/trad/57187804。

https://www.google.ca/search?q=台灣現在有多少新冠病毒感染案例&ie=UTF-8&oe=UTF-8&hl=en-ca&client=safari。

中央社，〈菲媒：台灣抗疫獲評全球最佳　不在聯合國很諷刺〉，見：https://www.cna.com.tw/news/aipl/202009290304.aspx。

王中江，《萬山不許一溪奔：殷海光評傳》，臺北：水牛出版社，1997，

2003。

王元化，〈論傳統與反傳統——從海外學者對「五四」的評論說起〉，林毓生，《政治秩序與多元社會》，頁372-385。

———，〈王元化：1991年回憶錄〉，見：http://www.aisixiang.com/data/77906-2.html。

———，《人物‧書話‧紀事》，北京：人民文學出版社，2005。

王焱，「小鳳直播室」講演的介紹，見：https://www.douban.com/group/topic/3694098/。

———，〈托克維爾的政治思想〉，2008年3月5日三味書屋演講，見：http://www.aisixiang.com/data/29298.html。

———，〈中法社會轉型是否有同「解」？——《讀書》雜誌執行主編王焱談中法歷史文化〉，見：http://zhuanti.oushinet.com/50years/50years_17wy/。

———，〈托克維爾和他的「新政治科學」——《論美國的民主》導讀〉，見：http://wangyan.blog.caixin.com/archives/235451。

———，〈敬畏知性的神明：《現代知識貴族的精神——林毓生思想近作選》解讀〉，林毓生著，丘慧芬編，《現代知識貴族的精神——林毓生思想近作選》，頁xxxix-iv。

王遠義，〈中國自由主義的道路：林毓生的政治關懷與五四全盤性反傳統主義研究〉，《臺灣大學歷史學報》，第66期，2020年12月，頁153-200。

丘慧芬，〈前言〉，丘慧芬編，《自由主義與人文傳統：林毓生先生七秩壽慶論文集》，臺北：允晨文化，2005，頁5-32。

———，〈承負、詮釋與光大中國知識人傳統的余英時〉，林載爵主編，《如沐春風：余英時教授的為學與處世——余英時教授九秩壽慶文集》，新北：聯經出版事業股份有限公司，2019，頁64-96。

———，〈傳統的「創造性轉化」：從余英時「天人合一的新轉向」說

起〉，《思想》，第38期，2019年9月，頁39-85。

江宜樺，〈臺灣民主意識的變遷與挑戰〉，《自由民主的理路》，臺北：聯經出版事業股份有限公司，2001，第十二章。

余英時，〈論中國知識份子的道路（三）〉，《自由陣線》，第15卷第3期（1953年7月31日），頁14-15。《自由陣線》在1953年7月17日到8月21日時將此文分五次刊出。此文全文現收入聯經2022年出版的余英時《香港時代文集》，題目為〈論中國智識分子的道路——中國傳統社會人物批判〉，頁123-150。

———，〈「君尊臣卑」下的君權與相權——「反智論與中國政治傳統」餘論〉，《歷史與思想》，臺北：聯經出版事業股份有限公司，1976。

———，〈從價值系統看中國文化的現代意義〉，《中國思想傳統的現代詮釋》，臺北：聯經出版事業股份有限公司，1987。

———，〈文藝復興乎？啟蒙運動乎——一個史學家對五四運動的反思〉修訂版，余英時著，程嫩生、羅群等譯，何俊編，《人文與理性的中國》，臺北：聯經出版事業股份有限公司，2008，頁483-512。

———，《論天人之際——中國古代思想起源試探》，臺北：聯經出版事業股份有限公司，2014。

吳添成，〈「創造性的轉化」〉，吳添成部落格「生活蒙太奇‧吳添成」，2012年9月29日，見：https://fbileon.blogspot.com/2012/09/blog-post_29.html。

吳琦幸，〈高山仰止的真誠友情——記王元化與林毓生的交往〉，見：http://whb.news365.com.cn/bh/201505/t20150507_1900858.html。

李志綏，《毛澤東私人醫生回憶錄》，臺北：時報文化，1994。

李建漳，《漢娜‧鄂蘭》，新北：聯經出版事業股份有限公司，2018。

李歐梵，〈中國現代文學：傳統與現代的弔詭〉，《二十一世紀》，2019年4月號，頁32-48。

李顯裕，《自由主義的信徒——林毓生研究》，臺北：元華文創股份有限公司，2020。

胡適，《人權與約法》，新浪歷史收藏文本，見：http://history.sina.com.cn/bk/mgs/2014-02-13/152582215.shtml。

周婉窈，《臺灣歷史圖說》（增訂本），臺北：聯經出版事業股份有限公司，2009。

周濂，〈韋伯論個人自由與大國崛起：從馬克斯・韋伯的政治光譜談起〉，《思想》，第32期，2016年12月，頁293-315。

林毓生，〈論自由與權威的關係〉，《中國時報・人間副刊》，1982年9月12-14日；收入林毓生，《思想與人物》，頁87-101；亦見林毓生著，丘慧芬編，《現代知識貴族的精神——林毓生思想近作選》，頁173-182。

———，〈再論自由與權威的關係〉，《中國時報・人間副刊》，1983年2月20-21日；收入林毓生，《思想與人物》，頁103-118；亦見林毓生著，丘慧芬編，《現代知識貴族的精神——林毓生思想近作選》，頁183-192。

———，〈《論自由與權威的關係》、《再論自由與權威的關係》之緣起與二十年後的反思〉，林毓生著，丘慧芬編，《現代知識貴族的精神——林毓生思想近作選》，頁163-171。

———，〈自序〉，《思想與人物》，頁1-10。

———，〈中國人文的重建〉，《思想與人物》，頁3-55；後收入林毓生著，丘慧芬編，《現代知識貴族的精神——林毓生思想近作選》，頁391-425。

———，〈什麼是理性〉，《思想與人物》，頁57-86。

———，〈一個培育博士的獨特機構：「芝加哥大學社會思想委員會」——兼論為什麼要精讀原典？〉，《思想與人物》，頁293-306。

———，〈殷海光先生一生奮鬥的永恆意義〉，《思想與人物》，頁309-

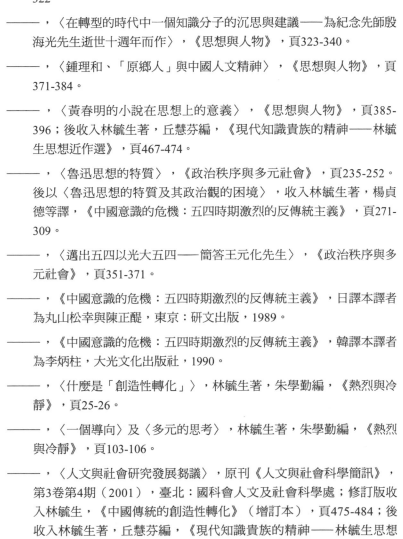

322。

——，〈在轉型的時代中一個知識分子的沉思與建議——為紀念先師殷海光先生逝世十週年而作〉，《思想與人物》，頁323-340。

——，〈鍾理和、「原鄉人」與中國人文精神〉，《思想與人物》，頁371-384。

——，〈黃春明的小說在思想上的意義〉，《思想與人物》，頁385-396；後收入林毓生著，丘慧芬編，《現代知識貴族的精神——林毓生思想近作選》，頁467-474。

——，〈魯迅思想的特質〉，《政治秩序與多元社會》，頁235-252。後以〈魯迅思想的特質及其政治觀的困境〉，收入林毓生著，楊貞德等譯，《中國意識的危機：五四時期激烈的反傳統主義》，頁271-309。

——，〈邁出五四以光大五四——簡答王元化先生〉，《政治秩序與多元社會》，頁351-371。

——，《中國意識的危機：五四時期激烈的反傳統主義》，日譯本譯者為丸山松幸與陳正醍，東京：研文出版，1989。

——，《中國意識的危機：五四時期激烈的反傳統主義》，韓譯本譯者為李炳柱，大光文化出版社，1990。

——，〈什麼是「創造性轉化」〉，林毓生著，朱學勤編，《熱烈與冷靜》，頁25-26。

——，〈一個導向〉及〈多元的思考〉，林毓生著，朱學勤編，《熱烈與冷靜》，頁103-106。

——，〈人文與社會研究發展芻議〉，原刊《人文與社會科學簡訊》，第3卷第4期（2001），臺北：國科會人文及社會科學處；修訂版收入林毓生，《中國傳統的創造性轉化》（增訂本），頁475-484；後收入林毓生著，丘慧芬編，《現代知識貴族的精神——林毓生思想近作選》，頁487-495。

——，〈論台灣民主發展的形式、實質與前景——為紀念殷海光先生

逝世三十三週年而作〉，《二十一世紀》，2002年12月號（總第74期），頁4-15；亦收入林毓生，《政治秩序的觀念》，頁42-65；以及林毓生著，丘慧芬編，《現代知識貴族的精神——林毓生思想近作選》，頁305-323。

───，〈合力建立新的世界圖景〉，時報文教基金會，《再造公與義的社會與理性空間》，臺北：時報文化，2003，頁24-32；後刊於林毓生，《中國傳統的創造性轉化》（增訂本），頁546-552；後收入林毓生著，丘慧芬編，《現代知識貴族的精神——林毓生思想近作選》，頁497-502。

───，〈中國現代性的迷惘〉，刪節版刊於宋曉霞主編，《「自覺」與中國的現代性》，香港：牛津大學出版社，2006，頁2-25；完整版刊於林毓生著，丘慧芬編，《現代知識貴族的精神——林毓生思想近作選》，頁365-389。

───，〈翰墨因緣念殷師〉，殷海光、林毓生，《殷海光林毓生書信錄》（重校增補本），頁3-10。

───，〈殷海光先生對我的影響〉，殷海光、林毓生，《殷海光林毓生書信錄》（重校增補本），頁13-44。

───，〈民初「科學主義」的興起與含意——對「科學與玄學」之爭的研究〉，原載《中國傳統的創造性轉化》（增訂本），頁286-308；另見林毓生著，丘慧芬編，《現代知識貴族的精神——林毓生思想近作選》，頁123-141。

───，〈民主自由與中國的創造轉化〉，《中國傳統的創造性轉化》（增訂本），頁319-331。

───，〈殷海光先生的志業與臺灣的民主發展〉，《中國傳統的創造性轉化》（增訂本），頁441-450。

───，〈魯迅個人主義的性質與含意——兼論「國民性」問題〉，《中國傳統的創造性轉化》（增訂本），頁520-534。

───，〈平心靜氣論胡適〉，《中國傳統的創造性轉化》（增訂本），

頁535-545；2012重校版題為〈心平氣和論胡適〉，收入林毓生著，丘慧芬編，《現代知識貴族的精神——林毓生思想近作選》，頁143-160。

——，〈自由主義、知識貴族與公民德行〉，《中國傳統的創造性轉化》（增訂本），頁553-564；後收入林毓生，《政治秩序的觀念》，頁232-245；亦見林毓生著，丘慧芬編，《現代知識貴族的精神——林毓生思想近作選》，頁333-343。

——，〈主編序〉，林毓生主編，《公民社會基本觀念》（上），頁v-vii。

——，〈二十世紀中國反傳統思潮、中式馬列主義與毛澤東的烏托邦主義〉，林毓生主編，《公民社會基本觀念》（下），頁785-863；2017重校本收入林毓生著，丘慧芬編，《現代知識貴族的精神——林毓生思想近作選》，頁3-61。

——，〈反思儒家傳統的烏托邦主義〉，《政治秩序的觀念》，頁188-203；修訂版收入林毓生著，丘慧芬編，《現代貴族的精神——林毓生思想近作選》，頁63-74。

——，〈紀念殷海光先生逝世四十五週年：專訪林毓生——兼論法治與民主的基礎建設〉，《政治秩序的觀念》，頁246-255；亦收入林毓生著，丘慧芬編，《現代知識貴族的精神——林毓生思想近作選》，頁325-332。

——，〈從公民社會、市民社會與「現代的民間社會」看中國大陸和臺灣的發展〉，《中國激進思潮的起源與後果》，頁9-37。

——，〈「創造性轉化」的再思與再認〉，《中國激進思潮的起源與後果》，頁39-92。

——，〈自由、民主與人的尊嚴，兼論責任倫理〉，《中國激進思潮的起源與後果》，頁235-243。

——，〈自由不是解放——海耶克的自由哲學〉，《中國激進思潮的起源與後果》，頁245-253。

———，〈關於《中國意識的危機》——答孫隆基〉，《中國激進思潮的起源與後果》，頁261-285。

———，〈試圖貫通於熱烈與冷靜之間——略述我的治學緣起〉，《中國激進思潮的起源與後果》，頁409-430；後收入林毓生著，丘慧芬編，《現代知識貴族的精神——林毓生思想近作選》，頁225-244。

———，〈魯迅的「個人主義」——兼論「國民性」問題以及「思想革命」轉向政治、軍事革命的內在邏輯〉，林毓生著，楊貞德等譯，《中國意識的危機：五四時期激烈的反傳統主義》，頁251-270。

———，〈學術自由的理論基礎及其實際含意——兼論消極自由與積極自由〉，原載《知識饗宴》，第7集，臺北：中央研究院，2011，頁305-326；後收入林毓生著，丘慧芬編，《現代知識貴族的精神——林毓生思想近作選》，頁207-221。

———，〈韋伯「理想型／理念型分析」的三個定義及其在思想史研究方法上的含意與作用〉，林毓生著，丘慧芬編，《現代知識貴族的精神——林毓生思想近作選》，頁245-253。

———，〈政治家的條件——兼論韋伯的「心志倫理」與「責任倫理」〉，林毓生著，丘慧芬編，《現代知識貴族的精神——林毓生思想近作選》，頁267-282。

———，〈民主的條件〉，林毓生著，丘慧芬編，《現代知識貴族的精神——林毓生思想近作選》，頁283-291。

———，〈王元化、林毓生對話錄〉，林毓生著，丘慧芬編，《現代知識貴族的精神——林毓生思想近作選》，頁427-461。

———，〈六十餘載君子交：序董永良著《回首學算路：一個旅美學算者的故事》〉，林毓生著，丘慧芬編，《現代知識貴族的精神——林毓生思想近作選》，頁463-466。

———，〈高貴靈魂的一生——悼念、懷念殷師母夏君璐女士〉，林毓生著，丘慧芬編，《現代知識貴族的精神——林毓生思想近作選》，頁475-479。

───　口述，嚴搏非整理，〈我研究魯迅的緣起〉，林毓生著，丘慧芬編，《現代知識貴族的精神──林毓生思想近作選》，頁481-485。

───　，"Remarks at Harvard University Memorial Service for Benjamin I. Schwartz"，林毓生著，丘慧芬編，《現代知識貴族的精神──林毓生思想近作選》，頁505-507。

施正鋒，〈解讀和戰天平／軍事威脅下的臺灣百姓〉，《聯合報》，2020年9月28日。

范廣欣，〈思想與治學的取向和方法：林毓生先生訪談〉，《思想》，第38期，2019年9月，頁161-179。重校本題目為〈答客問：林毓生思想與治學的取向和方法〉，收入林毓生著，丘慧芬編，《現代知識貴族的精神──林毓生思想近作選》，頁255-265。

韋伯著，錢永祥編譯，《學術與政治：韋伯選集》（一）（新版），臺北：遠流出版公司，2014。

唐小兵，〈殷海光與林毓生：以精神的交流驅散黑暗和寂寞〉，《新京報》，2016年11月12日，見：https://kknews.cc/culture/omgkvr6.html。

孫乃修，〈新月派的人權法治自由觀念和吶喊〉，見：http://biweekly.hrichina.org/article/202。

徐友漁，〈當代思想文化爭論中的五四與啟蒙〉，資中筠編，《啟蒙與中國社會的轉型》，北京：北京社會科學文獻出版社，2015，頁201-216。

徐慶全，〈王元化：「五四的兒子」走了〉，2008年10月23日，見：http://www.aisixiang.com/data/23588.html。

高行健，《一個人的聖經》，臺北：聯經出版事業股份有限公司，1999。

洪鎌德，〈韋伯國家觀的評析〉，《二十一世紀》，2020年6月號（總179期），頁4-19。

崔之元，〈追求傳統的創造性轉化〉，《讀書》，第7期，後收入林毓生著，穆善培譯，《中國意識的危機：「五四」時期激烈的反傳統主

義》，頁260-272。

張佛泉，《自由與人權》，香港：亞洲出版社，1955；臺灣：臺灣商務印
　　書館，1993。

張松建，〈論林毓生《中國意識的危機》〉，《跨文化對話》，第12
　　期，2003年8月，見：http://www.fgu.edu.tw/~wclrc/drafts/Singapore/
　　zhang-s/zhang-s-07.htm。

張曉東，〈傳統與現代之間：試論五四反傳統的歧義性〉，刊於《江漢論
　　壇》，2018年第9期，頁96-101。

張灝，〈一條沒有走完的路——為紀念先師殷海光先生逝世兩週年而
　　作〉，《幽暗意識與民主傳統》，臺北：聯經出版事業股份有限公
　　司，1989，頁189-199。

———，〈世界人文傳統中的軸心時代〉，《時代的探索》，臺北：中央
　　研究院／臺北：聯經出版事業股份有限公司，2004，頁1-29。

———，〈政教一元還是政教二元？：傳統儒家思想中的政教關係〉，
　　《思想》，第20期，2012年1月，頁111-143。

———，〈超越意識與幽暗意識——儒家內聖外王思想之再認與反省〉，
　　《幽暗意識與時代探索》，廣州：廣東人民出版社，2018重印版，
　　頁26-61。

———，〈幽暗意識的形成與反思〉，原載其《時代的探索》，臺北：中
　　央研究院／臺北：聯經出版事業股份有限公司，2004，頁229-236；
　　後收入其《幽暗意識與時代探索》，頁62-69。

———，〈重訪五四：論五四思想的兩歧性〉，《幽暗意識與時代探
　　索》，頁171-201。

許知遠，《極權的誘惑》，臺北：八旗文化，2010。

陳方正，〈論胡適對科學的認識與態度〉，《大逆轉與新思潮：五四、啟
　　蒙與現代化探索》，香港：中華書局，2018，頁79-94。

陳弱水，〈追求完美的夢：儒家政治思想的烏托邦性格〉，《中國文化新

論‧思想篇（一）：思想與現實》，臺北：聯經出版事業股份有限公司，1982，頁211-242。

陳忠信，《一葦集──現代化發展的反省斷片》，臺北：允晨文化，1987。

───，〈序論：依賴的現代化發展的反省〉，《一葦集──現代化發展的反省斷片》，頁1-32。

───，〈永恆的難局──「一九八四式」危機之倫理根源的弔詭性〉，《一葦集──現代化發展的反省斷片》，頁47-57。

───，《一葦集──續篇》，臺北：允晨文化，1987。

───，《邁向後美麗島的民間社會》，臺北：唐山出版社，1990。

───，《國家政策與批判的公共論述》，臺北：業強出版社，1997。

陳若曦，《尹縣長》，臺北：遠景，1976。

楊尚儒，〈另一種韋伯的故事：政治參與方能造就政治成熟〉，《思想》，第32期，2016年12月，頁317-348。

───，〈韋伯菁英民主論對當代中國的啟示〉，《二十一世紀》，2020年6月號（總179期），頁20-32。

楊芳燕，〈道德、正當性與近代國家：五四前後陳獨秀的思想轉變及其意涵〉，丘慧芬編，《自由主義與人文傳統：林毓生先生七秩壽慶論文集》，頁339-373。

楊貞德，《轉向自我：近代中國政治思想上的個人》，臺北：中央研究院文哲研究所，2009。

楊繼繩，《墓碑：1958-1962年中國大饑荒紀實》，香港：天地圖書有限公司，2008。

劉唐芬譯，林毓生校訂，〈史華慈著《中國與當今千禧年主義──太陽底下的一樁新鮮事》導言〉，林毓生著，丘慧芬編，《現代知識貴族的精神──林毓生思想近作選》，頁351-355。

德國之聲，〈三个月内确诊从数百降至个位数　台湾如何做到？〉，2021

年8月24日，見：https://www.dw.com/zh/三个月内确诊从数百降至个位数-台湾如何做到/a-58965083。

潘光哲編，《沒有顏色的思想：殷海光與自由主義讀本》，臺北：臺大出版中心，2018。

蔡英文，〈極權主義與現代民主的困境〉，林毓生主編，《公民社會基本概念》（上），頁183-222。

———，《政治實踐與公共空間——漢娜‧鄂蘭的政治思想》，臺北：聯經出版事業股份有限公司，2002。

魯迅，〈狂人日記〉，《魯迅全集》，卷1，北京：人民文學出版社，1981，頁422-433。

———，《兩地書》，《魯迅全集》，卷11，北京：人民文學出版社，1981。

黎漢基，《殷海光思想研究》，臺北：正中書局，2000。

蔣勁松，〈科玄論戰與科學主義——再讀林毓生〉，原載《民主與科學》，2006年第6期，亦見：https://shc2000.sjtu.edu.cn/0612/kexuanl.htm。

蕭高彥，〈共和主義、民族主義與憲政理論：鄂蘭與施密特的隱蔽對話〉，刊於蕭高彥，《西方共和主義思想史論》，臺北：聯經出版事業股份有限公司，2013，頁327-360。

蕭瀚，〈功虧一簣的政治化療：德國威瑪憲法頒布百年回首〉，《思想》，第39期，2020年1月，頁1-46。

錢永祥，〈個人抑共同體？——關於西方憲政思想根源的一些想法〉，《縱慾與虛無之上：現代情境裡的政治倫理》，臺北：聯經出版事業股份有限公司，2001，頁151-177。

———，〈道德人與自由社會：從林毓生對中國自由主義的一項批評說起〉，丘慧芬編，《自由主義與人文傳統：林毓生先生七秩壽慶論文集》，頁33-54；後收入錢永祥，《動情的理性：政治哲學作為道德實踐》，臺北：聯經出版事業股份有限公司，2014，頁25-49。

———，〈序——政治哲學作為道德踐〉，刊周保松，《自由人的平等政治》（新版），香港：香港中文大學出版社，2013，頁xiii-xviii。

———，《動情的理性：政治哲學作為道德實踐》，臺北：聯經出版事業股份有限公司，2014。

———，〈道德平等與待遇平等：試探平等概念的二元結構〉，刊於林毓生主編，《公民社會基本觀念》（上），頁389-422；亦刊於錢永祥，《動情的理性：政治哲學作為道德實踐》，頁69-102。

———，〈韋伯：「大國崛起」的思想家〉，2016年11月10日，見：http://www.aisixiang.com/data/102071.html。

薛化元，《〈自由中國〉與民主憲政——1950年代臺灣思想史的一個考察》，臺北：稻香出版社，1996。

簡明海，〈《自由中國》五四觀的形塑與應用〉，《思與言》，第47卷第2期，2009年6月，頁79-133。

羅素著，林毓生譯，〈中國與西方文明之比照〉，《民主評論》，第9卷第5期，1958年3月5日；收入林毓生，《思想與人物》，臺北：聯經出版事業股份有限公司，1983，頁487-498。

嚴搏非，〈今天我們如何學習韋伯？〉，2017年1月4日，見李琛發http://www.jmeduyun.com/index.php?r=studiowechat/album/view&id=5907&sid=430&studioid=430&st=16051398。

———，〈幻象的湮滅〉，《思想》，第33期，2017年7月，頁171-209。

———，〈王元化先生二三事〉（之一到之三），「三輝圖書微信公眾號」，2019年7月14日。

顧肅，《自由主義基本理念》，臺北：左岸文化，2006。

林毓生著作年表

體例說明

一、林毓生著作中之英文專書及其不同之**翻譯**版本與中文論文集,皆按發表日期列出。

二、中文與英文論文亦按最初發表年月列出,但其下亦逐一列出該文後收入林毓生本人之專書或其他作者專書,或是轉載於網站後之發表日期,且按專書發表及網站刊載日期將論文再分別列出,但不在其下重列此文最早在報章或期刊或專書或之後收入其它書籍之發表資訊,僅以「亦見某年」或「亦見某年、某年及某年」標示之。

三、著作之排列次序,係按中文書名或中文論文首字之筆畫字數為準。若筆畫相同,則按第二字筆畫順序列出,且依此類推。英文專書及英文論文則按其發表年份列在該年份著作之首,亦即先於中文著作。

四、引用的書籍,基本包括林毓生的中文專書與中文論文集:《思想與人物》(臺北:聯經出版事業股份有限公司〔以下簡稱聯經〕,1983);《政治秩序與多元社會》(臺北:聯經,1989);《中國傳統的創造性轉化》(增訂本)(北京:生活,讀書,新知三聯書店〔以下簡稱三聯〕,2011);《政治秩序的觀念》(香港:商務印書館,2015);《中國激進思潮的起源與後果》(新北:聯經,2019);林毓生著,楊貞德等譯,《中國意識的危機——「五四」時期激烈的反傳統主義》(完整版)(新北:聯經,2020);林毓生著,丘慧芬編,《現代知識貴族的精神—— 林毓生思想近作選》(簡稱《林毓生思想近作選》)(香港:香港中文大學出版社〔以下簡稱香港中文大學〕,

2020）；另有林毓生著，朱學勤編，《熱烈與冷靜》（《上海：
上海文藝出版社〔以下簡稱上海文藝〕，1998》；以及首部研
究林毓生思想的專書：李顯裕，《自由主義的信徒——林毓生研
究》（臺北：元華文創股份有限公司，2020）。

五、網站轉載或刊登林毓生的中文著作，主要有2021年12月至2022年
1月8日所見「愛思想」網之論文。

六、年表始於1956年，止於2021年。

1956　羅素著，林毓生譯，〈羅素自述〉，《自由中國》，第15卷第3期（1956年8月1日），頁19-20；收入《思想與人物》（臺北：聯經，1983），頁477-485。

1958　羅素著，林毓生譯，〈中國與西方文明之比照〉，《民主評論》，第9卷第5期（1958年3月5日），頁20-22；收入《思想與人物》（臺北：聯經，1983），頁487-498。

1965　"The Tragic Balance and Theme of Othello"，《思與言》（*Thought and Word*）雜誌，2.5（1965），頁47-54；收入《林毓生思想近作選》（香港：香港中文大學，2020），頁509-521。

〈「歐洲最傑出的，頭腦糊塗的經濟學家」——海耶克教授〉，《文星》雜誌，第95期（1965年9月1日），頁21-25；後題為〈海耶克教授〉，收入《思想與人物》（臺北：聯經，1983），頁341-357；後改以〈哈耶克教授〉為題，收入《中國傳統創造性的轉化》（增訂本）（北京：三聯，2011），頁372-385。

1971　〈殷海光先生一生奮鬥的永恆意義〉，《大學雜誌》，第42期（1971年6月），頁50-54；收入《思想與人物》（臺北：聯經，1983），頁309-322；後收入《中國傳統創造性的轉化》（增訂本）（北京：三聯，2011），頁345-356；「愛思想」（2014年6月2日），網址為：https://www.aisixiang.com/data/75166.html。

1972　"Radical Iconoclasm in the May Fourth Period and the Future of Chinese Liberalism," in Benjam I. Schwartz, ed., *Reflections on the May Fourth Movement: A Symposium* (Harvard East Asian

Monographs) (Cambridge, Mass.: Harvard University Press. 1972), pp. 23-58. 此文由劉錚雲、徐澄琪及黃進興譯為中文，林毓生訂正後，題為〈五四時代的激烈反傳統思想與中國自由主義的前途〉，刊《中外文學》，第3卷第12期（1975年5月1日），頁6-48；後刊於《明報月刊》，第125-127期（1976年5-7月）：第125期（上），頁26-32；第126期（中），頁63-68；第127期（下），頁62-67。後收入《思想與人物》（臺北：聯經，1983），頁139-196。再收入《中國傳統創造性的轉化》（增訂本）（北京：三聯，2011），頁184-232。

1974 ▸ "The Evolution of the Pre-Confucian Meaning of *Jen* 仁 and the Confucian Concept of Moral Autonomy," *Monumenta Serica*, Vol. 31 (1974-1975), pp. 172-204. 收入《林毓生思想近作選》之〈34附錄〉（香港：香港中文大學，2020），頁523-563。

1975 ▸ 〈「開放心靈」的認識與了解——對「五四」中西文化接觸的反省〉，《中華文化復興月刊》，第8卷第5期（1975年5月1日），頁23-27；收入《思想與人物》（臺北：聯經，1983），頁231-241；後收入《中國傳統創造性的轉化》（增訂本）（北京：三聯，2011），頁261-269。

▸ 〈不以考據為中心目的之人文研究——與林毓生先生一席談〉，訪談者為張永堂，《幼獅月刊》，第41卷第3期（1975年3月1日），頁9-12；後以〈不以考據為中心目的之人文研究〉，收入《思想與人物》（臺北：聯經，1983），頁263-275；後收入《中國傳統創造性的轉化》（增訂本）（北京：三聯，2011），頁309-318。

▸ 林毓生著，劉錚雲、徐澄琪及黃進興譯，〈五四時代的激烈反傳統思想與中國自由主義的前途〉，《中外文學》，第3卷第12

期（1975年5月1日），頁6-48。（亦見1972英文原文、1976及
1983。）

1976 "The Suicide of Liang Chi: An Ambiguous Case of Moral
Conservatism," in Charlotte Furth, ed., *The Limits of Change: Essays
on Conservative Alternatives in Republican China* (Cambridge,
Mass.: Harvard University Press, 1976), pp. 151-168. 此文中譯題
為〈論梁巨川先生的自殺——一個道德保守主義含混性的實
例〉，載《時報雜誌》，第9、10期（1980年2月3日、10日）：
第9期（上），頁18-19；第10期（下），頁20-22。收入《思想
與人物》（臺北：聯經，1983），頁197-227。《中國傳統的
創造性轉化》（增訂本）（北京：三聯，2011），頁233-257。
〈五四時代的激烈反傳統思想與中國自由主義的前途〉，《明
報月刊》，第125-127期（1976年5月-7月）：第125期（上），
頁26-32；第126期（中），頁63-68；第127期（下），頁62-
67。（亦見1972、1975及1983。）

〈史華慈、林毓生對話錄——一些關於中國近代和現代思想、
文化，與政治的感想〉，《明報月刊》，第126期（1976年6
月），頁2-11；後刊《人與社會》，第4卷第5期（1976年12
月），頁48-53；收入《思想與人物》（附英文原文）（臺北：
聯經，1983），頁439-468；《政治秩序的觀念》（附英文原
文）（香港：商務印書館，2015），頁204-231。

1977 〈一些關於中國文化與文學的意見〉，《中國論壇》，第4卷第
3期（1977年5月10日），頁3-7；收入《思想與人物》（臺北：
聯經，1983），頁243-258；《中國傳統創造性的轉化》（增訂
本）（北京：三聯，2011），頁270-282。

1979　*The Crisis of Chinese Consciousness*: *Radical Antitraditionalism in the May Fourth Era* (Madison: University of Wisconsin Press, 1979). 此書之中譯本（1986、1988及2020）、日譯（1989）及韓文譯本（1990）之資訊，將逐一按其發行日期分列於後。

〈五四式反傳統思想與中國意識危機──兼論五四精神、五四目標、與五四思想〉，《中國時報·人間副刊》（1979年5月9-10日）；收入《思想與人物》（臺北：聯經，1983），頁121-138；《中國傳統創造性的轉化》（增訂本）（北京：三聯，2011），頁169-183；後刊於「愛思想」（2012年5月5日），網址為：https://www.aisixiang.com/data/53029.html。

〈在轉型的時代中一個知識分子的沉思與建議──為紀念先師殷海光先生逝世十週年而作〉，《中國時報·人間副刊》（1979年11月24日與25日）；收入《思想與人物》（臺北：聯經，1983），頁323-340；《中國傳統創造性的轉化》（增訂本）（北京：三聯，2011），頁357-371；「愛思想」（2014年6月2日），網址為：https://www.aisixiang.com/data/75163.html。

〈超越那沒有生機的兩極〉，《中國時報·人間副刊》（1979年12月17日）；收入《思想與人物》（臺北：聯經，1983），頁259-261；《中國傳統的創造性轉化》（增訂本）（北京：三聯，2011），頁283-285。

1980　〈黃春明的小說在思想上的意義〉，《聯合報·副刊》（1980年12月5、6日）；收入《思想與人物》（臺北：聯經，1983），頁386-396；《中國傳統的創造性轉化》（增訂本）（北京：三聯，2011），頁408-417；後刊「愛思想」（2014年6月2日），網址為：https://www.aisixiang.com/data/75167.html；再收入《林毓生思想近作選》（香港：香港中文大學，2020），頁467-474。

〈論梁巨川先生的自殺——一個道德保守主義含混性的實例〉，《時報雜誌》，第9、10期（1980年2月3日、10日）：第9期（上），頁18-19；第10期（下），頁20-22。（亦見1976及1983。）

〈學術工作者的兩個類型〉，《聯合報・副刊》（1980年8月31日、9月1日）；收入《思想與人物》（臺北：聯經，1983），頁359-368；《中國傳統的創造性轉化》（增訂本）（北京：三聯，2011），頁386-393；後刊「愛思想」（2014年6月2日），網址為：https://www.aisixiang.com/data/75165.html。

〈鍾理和「原鄉人」與中國人文精神〉，《聯合報・副刊》（1980年8月2日、3日）；收入《思想與人物》（臺北：聯經，1983），頁371-384；《中國傳統的創造性轉化》（增訂本）（北京：三聯，2011），頁397-407。

1981　〈一個培育博士的獨特機構：「芝加哥大學社會思想委員會」——兼論為什麼要精讀原典？〉，《中國時報・人間副刊》（1981年6月5日）；收入《思想與人物》（臺北：聯經，1983），頁293-306；《中國傳統的創造性轉化》（增訂本）（北京：三聯），1988版已絕版，見其2011版，頁332-342；後刊「愛思想」（2014年6月2日），網址為：https://www.aisixiang.com/data/75165.html。

殷海光、林毓生，《殷海光・林毓生書信錄》（臺北：獅谷出版公司，1981），已絕版，再版係臺北遠流出版公司1984年發行；後有《殷海光林毓生書信錄》（簡體刪節版）（上海：遠東出版社，1994）；《殷海光林毓生書信錄》（重校增補本，簡體版）（長春：吉林出版公司，2008）；《殷海光・林毓生書信錄》（繁體版）（臺北：臺大出版中心，2010）；《殷海光林毓生書信錄》（北京：中央編譯出版社，2016）。

1982　　〈中國人文的重建〉，《聯合月刊》，第14期（1982年9月），頁108-123；收入《思想與人物》（臺北：聯經，1983），頁3-55；《中國傳統的創造性轉化》（增訂本）（北京：三聯，2011），頁13-56；後刊「愛思想」（2014年6月2日），網址為：https://www.aisixiang.com/data/75161.html；再收入《政治秩序的觀念》（香港：商務印書館，2015），頁141-187；《林毓生思想近作選》（香港：香港中文大學，2020），頁391-425。

〈什麼是理性〉，《中國時報・人間副刊》（1982年8月2-8日）；收入《思想與人物》（臺北：聯經，1983），頁57-86；《中國傳統的創造性轉化》（增訂本）（北京：三聯，2011），頁57-80；《政治秩序的觀念》（香港：商務印書館，2015），頁68-93。

李寧訪談，〈民主自由與中國的創造轉化——林毓生教授訪問記〉，刊《暖流》，第1卷第6期（1982年6月），頁11-17；後題為〈民主自由與中國的創造轉化〉，收入《思想與人物》（臺北：聯經，1983），頁277-292；《中國傳統的創造性轉化》（增訂本）（北京：三聯，2011），頁319-331。

〈如何做個政治家？——為祝賀新生代臺北市議員當選而作〉，《時報雜誌》第118期（1982年3月），頁7-10；收入《思想與人物》（臺北：聯經，1983），頁397-410；《中國傳統的創造性轉化》（增訂本）（北京：三聯，2011），頁418-428。亦見題為〈韋伯的「責任倫理」〉及〈內在的心志與外在的終極目標〉，收入《熱烈與冷靜》（上海：上海文藝，1998），頁280-284。

〈面對未來的關懷〉，為「當代新儒家與中國的現代化」座談會之發言，刊《中國論壇》，第15卷第1期（1982年10月10日），頁21-24；收入《思想與人物》（臺北：聯經，1983），頁411-421；《中國傳統的創造性轉化》（增訂本）（北京：三聯，2011），頁429-437。

〈論自由與權威的關係〉，《中國時報‧人間副刊》（1982年9月12-14日）；收入《思想與人物》（臺北：聯經，1983），頁87-101；後再收入朱賜麟、袁世敏編，《近代中國的變遷與發展——人文及社會科學的探索》（臺北：時報文化出版企業股份有限公司〔以下簡稱時報文化〕，2002），頁54-67；《中國傳統的創造性轉化》（增訂本）（北京：三聯，2011），頁81-93；《政治秩序的觀念》（香港：商務印書館，2015），頁94-106；《林毓生思想近作選》（香港：香港中文大學，2020），頁173-182；另見「愛思想」（2018年10月13日），網址為：https://www.aisixiang.com/data/112790.html。

1983　〈一些關於中國文化與文學的意見〉，收入《思想與人物》（臺北：聯經，1983），頁243-258。（亦見1977、1981及2011。）

〈一個培育博士的獨特機構：芝加哥大學社會思想委員會——兼論為什麼要精讀原典？〉，《思想與人物》（臺北：聯經，1983），頁293-306。（亦見1981、1988、2011及2014「愛思想」。）

〈不以考據為中心目的之人文研究〉，《思想與人物》（臺北：聯經，1983），頁263-275。（亦見1975、2011。）

〈五四式反傳統思想與中國意識危機——兼論五四精神、五四目標、與五四思想〉，收入《思想與人物》（臺北：聯經，1983），頁121-138。（亦見1979、2011及2012「愛思想」。）

〈五四時代的激烈反傳統思想與中國自由主義的前途〉，《思想與人物》（臺北：聯經，1983），頁139-196。（亦見1972年英文資訊、1975、1976及2011。）

〈中國人文的重建〉，《思想與人物》（臺北：聯經，1983），頁3-55。（亦見1982、2011、2014「愛思想」、2015

及2020。）

羅素著，林毓生譯，〈中國與西方文明之比照〉，《思想與人物》（臺北：聯經，1983），頁487-498。（亦見1958。）

〈什麼是理性〉，《思想與人物》（臺北：聯經，1983），頁57-86。（亦見1982、2011及2015）。

〈史華慈、林毓生對話錄——一些關於中國近代和現代思想、文化，與政治的感想〉，《思想與人物》（臺北：聯經，1983），頁439-468。（亦見1976及2015。）

〈民主自由與中國的創造轉化〉，收入《思想與人物》（臺北：聯經，1983），頁277-292。（亦見1982及2011。）

〈如何做個政治家？——為祝賀新生代臺北市議員當選而作〉，收入《思想與人物》（臺北：聯經，1983），頁397-410。（亦見1982、2011及1998〈韋伯的「責任倫理」〉。）

〈在轉型的時代中一個知識分子的沉思與建議——為紀念先師殷海光先生逝世十週年而作〉，《思想與人物》（臺北：聯經，1983），頁323-340。（亦見1979、2011及2014「愛思想」。）

〈再論自由與權威的關係〉，《中國時報·人間副刊》（1983年2月20-21日）；收入《思想與人物》（臺北：聯經，1983），頁103-118；後收入朱賜麟、袁世敏編，《近代中國的變遷與發展——人文及社會科學的探索》（臺北：時報文化，2002），頁68-81；《中國傳統的創造性轉化》（增訂本）（北京：三聯，2011），頁94-105；《政治秩序的觀念》（香港：商務印書館，2015），頁107-120；《林毓生思想近作選》（香港：香港中文大學，2020），頁183-192。

〈再論自由與權威的關係〉，《思想與人物》（臺北：聯經，1983），頁103-118。（亦見1983《中國時報》、2002、2011、2015及2020。）

〈再論使命感——兼答墨子刻教授〉，《中國時報・人間副刊》（1983年4月20日）；後收入《政治秩序與多元社會》（臺北：聯經，1989），頁125-134。

〈知的迷惘——簡答杜維明教授〉，《聯合報・副刊》（1983年3月4日）。

〈使命感、歷史意識與思想混淆〉，《中國時報・人間副刊》（1983年3月13日）；收入《政治秩序與多元社會》（臺北：聯經，1989），頁119-123。

《思想與人物》（臺北：聯經，1983），後有2007與2023版。

〈自序〉，《思想與人物》（臺北：聯經，1983），頁1-10。

〈政教合一與政教分離〉，《中國時報・人間副刊》（1983年4月10日）；收入《政治秩序與多元社會》（臺北：聯經，1989），頁95-98。

〈面對未來的關懷〉，《中國論壇》，第15卷第1期（1983年10月10日）；《思想與人物》（臺北：聯經，1983），頁411-421。

〈面對未來的關懷〉，《思想與人物》（臺北：聯經，1983），頁411-421。（亦見上項1983《中國論壇》。）

〈殷海光先生一生奮鬥的永恆意義〉，《思想與人物》（臺北：聯經，1983），頁309-322。（亦見1971、2011及2014「愛思想」。）

〈「開放心靈」的認識與了解——對五四中西文化接觸的反省〉，《思想與人物》（臺北：聯經，1983），頁385-396。（亦見1975及2011。）

〈海耶克教授〉，《思想與人物》（臺北：聯經，1983），頁341-357。（亦見1965及2011。）

〈黃春明的小說在思想上的意義〉，《思想與人物》（臺北：
聯經，1983），頁385-396。（亦見1980、2011、2014「愛思
想」及2020。）

〈清流與濁流〉，《中國時報‧人間副刊》（1983年3月27
日）；收入《政治秩序與多元社會》（臺北：聯經，1989），
頁135-138。

〈超越那沒有生機的兩極〉，《思想與人物》（臺北：聯經，
1983），頁259-261。（亦見1979及2011。）

〈台灣究竟是不是一個多元社會？──簡答楊國樞教授〉，
《中國論壇》，第195期（1983年11月10日）；後收入《政治秩
序與多元社會》（臺北：聯經，1989），頁141-146。

〈論民主與法治的關係〉，1983年2月19日中華民國同學會在威
斯康辛大學麥迪遜校區舉辦演講會紀錄，收入《思想與人物》
（臺北：聯經，1983），頁423-435；後收入《中國傳統的創
造性轉化》（增訂本）（北京：三聯，2011），頁106-116。此
文後以〈民主散論〉為題，收入《政治秩序的觀念》（香港：
商務印書館，2015），頁258-271；《林毓生思想近作選》（香
港：香港中文大學，2020），頁293-303。

〈論自由與權威的關係〉，《思想與人物》（臺北：聯
經，1983），頁87-101。（亦見1982、2002、2011、2015及
2020。）

〈論梁巨川先生的自殺──一個道德保守主義含混性的實
例〉，《思想與人物》（臺北：聯經，1983），頁197-227。
（亦見1976英文版、1980與2011。）

〈學術工作者的兩個類型〉，《思想與人物》（臺北：聯經，
1983），頁359-368。（亦見1980、2011及2014「愛思想」。）

〈翰墨因緣念殷師──《殷海光‧林毓生書信錄》代序〉，

《思想與人物》（臺北：聯經，1983），頁469-476；後收入殷海光、林毓生，《殷海光林毓生書信錄》（長春：吉林出版公司，2008），頁3-10；後以〈翰墨因緣念殷師〉，收入殷海光、林毓生，《殷海光・林毓生書信錄》（《殷海光全集》19）（臺北：臺大出版中心，2010），頁3-9；後刊「愛思想」（2017年9月12日），網址為：https://www.aisixiang.com/data/105917.html。

〈鍾理和、「原鄉人」與中國人文精神〉，《思想與人物》（臺北：聯經，1983），頁371-384。（亦見1980及2011。）

羅素著，林毓生譯，〈羅素自述〉，《思想與人物》（臺北：聯經，1983），頁477-485。（亦見1956。）

1984　"The Origins and Implications of Modern Chinese Scientism in Early Republican China: A Case Study, the Debate on 'Science vs. Metaphsics' in 1923"，刊中研院近代史研究所編，《中華民國初期歷史研討會論文集》（臺北：中研院近代史研究所，1984），頁1181-1224。

〈什麼是多元社會？——再答楊國樞教授〉，《中國論壇》，第17卷第11期（總203期，1984年3月10日）；收入《政治秩序與多元社會》（臺北：聯經，1989），頁147-165。

〈法治要義〉，《中國時報・人間副刊》（1984年3月4日）；收入《政治秩序與多元社會》（臺北：聯經，1989），頁99-105。

〈紀念「五四」六十五週年〉，《中國時報・人間副刊》（1984年5月4日）；收入《政治秩序與多元社會》（臺北：聯經，1989），頁197-205。

〈法治與道德〉，《中國時報・人間副刊》（1984年2月12

日）；收入《政治秩序與多元社會》（臺北：聯經，1989），頁107-117。

《殷海光‧林毓生書信錄》（臺北：遠流出版公司，1984），殷海光、林毓生著。（亦見1981、1994、2008、2010及2016。）

1985　"The Morality of Mind and Immorality of Politics: Reflections on Lu Xun the Intellectual," in Leo O. Lee, ed., *Lu Xun and His Legacy* (Berkeley: University of California Press, 1985), pp. 107-128. 此文中譯本題為：〈魯迅思想的特質〉，載《文星論壇》，第112期（1987年10月1日）；後收入《政治秩序與多元社會》（臺北：聯經，1989），235-252；後再以〈魯迅思想的特質及其政治觀的困境〉，收入《中國傳統的創造性轉化》（增訂本）（北京：三聯，2011），頁485-519，以及林毓生著，楊貞德等譯，《中國意識的危機：五四時期激烈的反傳統主義》之〈附錄3〉（臺北：聯經，2020），頁271-309；另見節錄本〈魯迅思想的特質〉，收入林毓生著，朱學勤編，《熱烈與冷靜》（上海：上海文藝，1998），頁176-182。

〈兩種關於如何構成政治秩序的觀念──兼論容忍與自由〉，《聯合月刊》，第46、47期（1985年5月、6月）；《知識分子》，第1卷第4期（1985年7月）；後收入《政治秩序與多元社會》（臺北：聯經，1989），頁3-48；後亦收入林毓生，《中國傳統的創造性轉化》（增訂本）（北京：三聯，2011），頁117-166；《政治秩序的觀念》（香港：商務印書館，2015），頁2-41。

1986　〈中國自由民主運動的回顧與前瞻〉，原為1985年5月4日明尼蘇達大學中國同學會主辦「五四運動與中國知識分子」座談會

發言紀錄，後發表於《中國論壇》，第255期（1986年5月10日），頁10-14；收入《政治秩序與多元社會》（臺北：聯經，1989），頁207-219；節錄本〈中國五代知識分子〉，收入《熱烈與冷靜》（上海：上海文藝，1998），頁230-236。

林毓生著，穆善培譯，《中國意識的危機——「五四」時期激烈的反傳統主義》（即 *The Crisis of Chinese Consciousness: Radical Antitraditionalism in the May Fourth Era* 中譯本）（貴陽：貴州人民出版社，1986），後有1988版。

〈近代中西文化接觸之史的涵義：以「科學與人生觀」論戰為例——為紀念張君勱先生百齡冥誕而作〉，《當代》，第4期（1986年8月1日），頁44-51；後發表於紀念張君勱先生百齡冥誕學術研討會，1987年並由張君勱先生獎學金基金會發行單行本；後收入《政治秩序與多元社會》（臺北：聯經，1989），頁75-91；亦收入《轉化與創造》（幼獅文選）（臺北：幼獅文化事業公司，1986），頁97-118。

〈處理政治事務的兩項新觀念——兼論為什麼建立法治是當前的第一要務？〉，原題係〈從海外展望台灣未來十年的發展〉，《中國論壇》，第249期（1986年2月10日），頁28-37；後以〈處理政治事務的兩項新觀念——兼論為什麼建立法治是當前的第一要務？〉，收入《政治秩序與多元社會》（臺北：聯經，1989），頁169-194。

〈對於胡適、毛子水與殷海光論「容忍與自由」的省察——兼論思想史中「理念型的分析」〉，《中國論壇》，第256、257期（1986年5月25日、6月10日）：第256期（上），頁52-57；第257期（下），頁58-62。後收入《政治秩序與多元社會》（臺北：聯經，1989），頁49-73。

《轉化與創造》（幼獅文選）（臺北：幼獅文化事業公司，1986）。

1987

〈民初「科學主義」的興起與涵義——對民國十二年「科學與玄學論爭」的省察〉，《聯合報·副刊》（1987年12月13日）；後收入《政治秩序與多元社會》（臺北：聯經，1989），頁277-302；另以〈民初「科學主義」的興起與含意——對「科學與玄學」之爭的研究〉為題，收入《中國傳統的創造性轉化》（增訂本）（北京：三聯，2011），頁286-308；「愛思想」（2014年6月2日），網址為：https://www.aisixiang.com/data/75169.html；《林毓生思想近作選》（香港：香港中文大學，2020），頁123-141。

《近代中西文化接觸之史的涵義：以「科學與人生觀」論戰為例——為紀念張君勱先生百齡冥誕而作》（臺北：紀念張君勱先生百齡冥誕學術研討會，張君勱先生獎學金基金會發行，1987）。（亦見1986及1989。）

〈知識分子與中國前途〉，《遠見》，第12期（1987年6月1日），頁47-53；收入《政治秩序與多元社會》（臺北：聯經，1989），頁325-336。

〈魯迅思想的特質〉，《當代》，第8期（1986年12月1日），頁88-96；收入《政治秩序與多元社會》（臺北：聯經，1989），頁235-252；後節錄收入《熱烈與冷靜》（上海：上海文藝，1998），頁176-182；增訂版題為〈魯迅思想的特質及其政治觀的困境〉，收入《中國傳統的創造性轉化》（增訂本）（北京：三聯，2011），頁485-519；後再收入林毓生著，楊貞德等譯，《中國意識的危機：五四時期激烈的反傳統主義》（新北：聯經，2020），頁271-309；「愛思想」於2014年6月2日，亦刊出題為〈魯迅思想的特徵——兼論其與中國宇宙論的關係〉一文，網址為：https://www.aisixiang.com/data/75170.html。（亦見1985英文本。）

〈魯迅政治觀的困境——兼論中國傳統思想資源的活力與限制〉，《文星論壇》，第112期（1987年10月1日），《文

星》，第112期（1987年10月1日），頁24-32；收入《政治秩序
與多元社會》（臺北：聯經，1989），頁253-275；後以節錄
本題為〈應該讓生命充分發展〉及其後之文，收入《熱烈與冷
靜》（上海：上海文藝，1998），頁194-204；再以〈魯迅思
想的特質及其政治觀的困境〉，收入林毓生著，楊貞德等譯，
《中國意識的危機：五四時期激烈的反傳統主義》之〈附錄3〉
（新北：聯經，2020），頁271-309。

1988　林毓生著，穆善培譯。《中國意識的危機——「五四」時期激
烈的反傳統主義》（貴陽：貴州人民出版社，1988）。（亦見
1986。）

《中國傳統創造性的轉化》（北京：三聯，1988），已絕版，
有1994版及2011增訂本。

〈從政治文化的轉移看民主政治的發展〉，《聯合報》（1988
年3月27日）。

〈新儒家在中國推展民主的理論面臨的困境〉，《中國時報·
人間副刊》（1988年9月7-8日）；後收入《政治秩序與多元社
會》（臺北：聯經，1989），頁337-349；節錄文題為〈新儒家
的困境〉，收入《熱烈與冷靜》（上海：上海文藝，1998），
頁212-215。

〈繼承蔣經國先生遺志，努力推進法治民主〉，《聯合報》
（1988年1月15日）。

1989　徐璐記錄整理，〈「六四」天安門悲劇的涵義——林毓生教授
的訪談錄〉，《自立早報》（1989年8月27日）；收入《中國激
進思潮的起源與後果》（新北：聯經，2019），頁373-377。

李澤厚、林毓生等，《五四：多元的反思》（臺北：風雲時代
出版公司，1989；香港：三聯，1989）。

丸山松幸與陳正醍譯，《中国の思想的危機：陳独秀・胡適・魯迅》（此即*The Crisis of Chinese Consciousness: Radical Antitraditionalism in the May Fourth Era*日譯本）（東京：研文出版，1989）。

〈中國自由民主運動的回顧與前瞻〉，收入《政治秩序與多元社會》（臺北：聯經，1989），頁207-219。（亦見1986及1998節錄版，題為〈中國五代知識分子〉。）

〈《中國意識的危機》日文版序言〉，《政治秩序與多元社會》（臺北：聯經，1989），頁401-405。

〈中國意識的危機：五四時期激烈的反傳統主義（節要）〉，《政治秩序與多元社會》（臺北：聯經，1989），頁407-409。

〈什麼是多元社會？──再答楊國樞教授〉，《政治秩序與多元社會》（臺北：聯經，1989），頁147-165。（亦見1984。）

〈什麼是「創造性轉化」？〉，《政治秩序與多元社會》（臺北：聯經，1989），頁387-394；亦見〈什麼是「創造性轉化」〉及〈「創造性轉化」的實際運作〉，收入《熱烈與冷靜》（上海：上海文藝，1998），頁25-26。

〈民初「科學主義」的興起與涵義──對民國十二年「科學與玄學論爭」的省察〉，《政治秩序與多元社會》（臺北：聯經，1989），頁277-302。（亦見1987、2011、2014及2020。）

唐光華訪問記錄，〈自由主義者悲觀：略論1989北京學運與中國民主前途〉，載《中國時報・人間副刊》（1989年9月19-21日）；收入《中國激進思潮的起源與後果》（新北：聯經，2019），頁365-372。

〈自傷自毀的民主悲劇〉，《聯合報》（1989年9月15日）。

〈再論使命感──兼答墨子刻教授〉，《政治秩序與多元社

會》（臺北：聯經，1989），頁125-134。（亦見1983。）

〈兩種關於如何構成政治秩序的觀念——兼論容忍與自由〉，《政治秩序與多元社會》（臺北：聯經，1989），頁3-48。（亦見1985、2011及2015。）

〈近代中西文化接觸之史的涵義：以「科學與人生觀」論戰為例——為紀念張君勱先生百齡冥誕而作〉，《政治秩序與多元社會》（臺北：聯經，1989），頁75-91。（亦見1986及1987。）

《政治秩序與多元社會》（臺北：聯經，1989），後有2001與2023版。

〈胡適與梁漱溟關於《東西文化及其哲學》的論辯及其歷史涵義〉，《政治秩序與多元社會》（臺北：聯經，1989），頁303-324；亦見題為〈梁漱溟與文化保守主義的濫觴〉和其後各文，收入《熱烈與冷靜》（上海：上海文藝，1998），頁161-174。

〈《科學實證論述歷史的辯證》閱後〉，《台灣社會研究季刊》，1989春季號，頁193-197；收入《中國激進思潮的起源與後果》（新北：聯經，2019），頁287-292。

〈殷海光先生闡釋民主的歷史意義與中國民主理論發展的前景〉，韋正通等，《自由民主的思想與文化》（臺北：自立晚報社，1989）；收入《中國激進思潮的起源與後果》（新北：聯經，2019），頁203-212；亦見以〈民主的歷史意義〉及〈民主理論發展的前景〉為題，收入《熱烈與冷靜》（上海：上海文藝，1998），頁84-92。

〈清流與濁流〉，《政治秩序與多元社會》（臺北：聯經，1989），頁135-138。（亦見1983。）

〈意識形態的沒落與台灣的前途〉，《聯合報》（1989年元

旦特刊）；收入《政治秩序與多元社會》（臺北：聯經，
1989），頁395-399。

〈新儒家在中國推展民主的理論面臨的困境〉，《政治秩序與
多元社會》（臺北：聯經，1989），頁337-349；節錄版題為
〈新儒家的困境〉，收入《熱烈與冷靜》（上海：上海文藝，
1998），頁212-215。（亦見1988。）

〈魯迅思想的特質〉，《政治秩序與多元社會》（臺北：聯
經，1989），235-252。（亦見1985英文本、1987、1998節錄、
2011、2014「愛思想」及2020。）

〈魯迅政治觀的困境──兼論中國傳統思想資源的活力與限
制〉，《政治秩序與多元社會》（臺北：聯經，1989），頁
253-275。（亦見1987、1998題為〈應該讓生命充分發展〉與其
後之文。）

〈漫談胡適思想及其他──兼論胡著〈易卜生主義〉的含混
性〉，《政治秩序與多元社會》（臺北：聯經，1989），頁
221-234。

〈台灣究竟是不是一個多元社會？──簡答楊國樞教授〉，
《政治秩序與多元社會》（臺北：聯經，1989），頁141-146。
（亦見1983。）

〈邁出五四以光大五四──簡答王元化先生〉，《政治秩序與
多元社會》（臺北：聯經，1989），頁351-371；後收入《熱烈
與冷靜》（見〈啟蒙思想是敢於認知〉）（上海：上海文藝，
1998），頁106-122；此文亦刊於李澤厚、林毓生等，《五四：
多元的反思》（香港：三聯，1989），頁28-45。

1990　李炳柱譯，《中國意識的危機──「五四」時期激烈的反
傳統主義》（即 *The Crisis of Chinese Consciousness: Radical*

*Antitraditionalism in the May Fourth Era*韓譯本）（大光文化出版社，1990）。

〈胡適與殷海光性格的比較與評析〉，《自立早報・副刊》（1990年8月底至9月初）；收入林毓生，《中國激進思潮的起源與後果》（新北：聯經，2019），頁345-347。

〈和平理性不與政黨掛勾，對臺灣民運具正面意義〉，《聯合報》（1990年3月24日）。

1991

〈王作榮先生《誰來轉移社會風氣——政府官員、知識分子無可逃避的責任》書後——兼論「民間社會」如何成長〉，收入祝萍主編，《社會重建》（臺北：時報文化，1991），頁432-444；後收入《中國激進思潮的起源與後果》（新北：聯經，2019），頁387-399。

〈「問題與主義」論辯的歷史意義〉，原為1991年在紐約舉辦慶祝《聯合報》創立四十週年學術研討會上之發言，刊於《二十一世紀》，1991年12月號，頁15-20；後收入《中國激進思潮的起源與後果》（新北：聯經，2019），頁183-191。日譯為〈「問題と主義」論争の歴史的意義〉，《中国：社会と文化》，第8號（1993年6月），頁252-258；另見題為〈「問題與主義」論辯的歷史環境〉及其後各文，收入《熱烈與冷靜》（上海：上海文藝，1998），頁153-161。

〈敬悼民主運動先驅傅正先生〉，宋英等，《傅正先生紀念文集》（臺北：桂冠，1991），頁45-50；後收入《中國激進思潮的起源與後果》（新北：聯經，2019），頁383-386；另見以〈敬悼傅正先生〉為題，收入《熱烈與冷靜》（上海：上海文藝，1998），頁93-96。

〈「臺獨」是當前民主發展的障礙〉，《聯合報》（1991年5月28日、30日）。

〈關於《中國意識的危機》——答孫隆基〉，《二十一世紀》，1991年2月號（總第3期），頁136-150；收入《中國激進思潮的起源與後果》（新北：聯經，2019），頁261-285。

1992　〈一位知識貴族的隕落——敬悼海耶克先生〉，《聯合報・副刊》（1992年5月1日）；香港《信報財經月刊》，1992年5月號（總182期）；後收入《中國激進思潮的起源與後果》（新北：聯經，2019），頁239-243；亦見題為〈始終忠於知性的神明〉等文，收入《熱烈與冷靜》（上海：上海文藝，1998），頁41-52。

〈自由不是解放——海耶克的自由哲學〉，香港《信報財經月刊》，1992年7月號（總184期）；收入《中國激進思潮的起源與後果》（新北：聯經，2019），頁245-253；亦見〈自由不是解放〉，列於〈始終忠於知性的神明〉後，《熱烈與冷靜》（上海：上海文藝，1998），頁45-49。

〈共產文化下的文字障〉，《聯合報・副刊》（1992年8月30日）；收入《中國激進思潮的起源與後果》（新北：聯經，2019），頁379-382。

〈建立中國的公民社會與「現代的民間社會」〉，《中國時報周刊》（1992年4月5-11日、12-18日）；此文後經林毓生增訂改寫，並擴充為一篇長文，題為〈從公民社會、市民社會與「現代的民間社會」看中國大陸和台灣的發展〉，收入《中國激進思潮的起源與後果》（新北：聯經，2019），頁9-37；亦見以〈「civil society」三種不同的指謂〉及〈釐清譯名的不同意義〉為題，收入《熱烈與冷靜》（上海：上海文藝，1998），頁236-241及244-266。

〈略談西方自由主義對馬克思主義的批評〉，《民主中國》，第8期（1992年2月），頁60-65。

〈魯迅個人主義的性質與含意——兼論「國民性」問題〉，
《二十一世紀》，1992年8月號，頁83-91；收入《中國傳統
的創造性轉化》（增訂本）（北京：三聯，2011），頁520-
534；再收入《中國激進思潮的起源與後果》（新北：聯經，
2019），頁167-181；後以〈魯迅的「個人主義」——兼論「國
民性」問題以及「思想革命」轉向政治‧軍事革命的內在邏
輯〉，收入林毓生著，楊貞德等譯，《中國意識的危機——
「五四」時期激烈的反傳統主義》之〈附錄2〉（新北：聯經，
2020），頁251-270；另見題為〈豐饒的含混性〉、〈魯迅的人
道主義與個人主義〉及〈邏輯的死結〉，收入《熱烈與冷靜》
（上海：上海文藝，1998），頁182-194。

1993
〈「創造性轉化」的再思與再認〉，《聯合報‧副刊》（1993
年11月29日）；收入王元化主編，《學術集林》卷六（上海：
上海遠東出版社，1995），頁191-222；後刊於《文化中國》，
第3卷第2期（1996年6月），頁21-34；後以〈「創造性轉化」
的再思與再認〉，收入《中國激進思潮的起源與後果》（新
北：聯經，2019），頁39-92；亦見題為〈「創造性轉化」的再
思〉與〈現代的公民社會〉及其後各文，收入《熱烈與冷靜》
（上海：上海文藝，1998），頁31-41、96-106。

〈自由、秩序與文明的演化——從蘇格蘭啟蒙運動談起〉，
《讀書》，1993年1月號，頁89-96；後刊「愛思想」（2018年
11月12日），網址為：https://www.aisixiang.com/data/113357.
html。

1994
〈五十年代臺灣的政治環境與殷海光先生對我的影響〉，《聯
合報‧副刊》（1994年10月17-21日）；後以〈殷海光先生對
我的影響〉為題作為〈代序〉，刊於簡體刪節版《殷海光林
毓生書信錄》（上海：遠東出版社，1994）；後收入簡體版

《殷海光林毓生書信錄》（重校增補本）（長春：吉林出版
公司，2008），頁13-44；並收入繁體版《殷海光・林毓生書
信錄》（臺北：臺大出版中心，2010），頁11-37；後刊「愛
思想」（2014年6月2日），網址為：https://www.aisixiang.com/
data/75164.html；後再題為〈1950年代台灣的政治環境與殷海光
先生對我的影響〉，收入《中國激進思潮的起源與後果》（新
北：聯經，2019），頁303-343；亦見題為〈50年代臺灣的政
治環境〉其後等文，收入《熱烈與冷靜》（上海：上海文藝，
1998），頁63-84。

《中國傳統創造性的轉化》（北京：三聯，1994）。（亦見
1988及2011增訂本。）

《殷海光林毓生書信錄》（簡體刪節版）（上海：遠東出版
社，1994）。（亦見1981、1984、2008、2010及2016。）

1995   〈二十世紀中國激進化反傳統思潮、中式馬列主義與毛澤東的
烏托邦主義〉，《新史學》，第6卷第3期（1995年9月），頁
95-154；後改以〈二十世紀中國的反傳統思潮與中式烏托邦主
義〉為題，收入劉軍寧等編，《市場社會與公共秩序》（北
京：三聯，1996），頁223-253；後以原題收入林毓生主編，
《公民社會基本觀念》（下）（臺北：中央研究院人文社會科
學研究中心，2014），頁785-863；《中國激進思潮的起源與
後果》（新北：聯經，2019），頁95-153；及《林毓生思想近
作選》（香港：香港中文大學，2020），頁3-61；亦見以題為
〈五四之前的反傳統思潮〉及其後各文，和〈傳統中國政治與
文化・道德秩序為何是一元的〉及其後各文，收入林毓生著，
朱學勤編，《熱烈與冷靜》（上海：上海文藝，1998），頁
122-153、288-294。

〈史華慈思想史學的意義〉，收入傅偉勳、周陽山主編，《西

方漢學家論中國》（臺北：正中書局，1995），頁79-93；後收入《中國激進思潮的起源與後果》（新北：聯經，2019），頁155-166；亦見以〈徹底了解研究主題〉等文，收入《熱烈與冷靜》（上海：上海文藝，1998），頁52-62。

〈「創造性轉化」的再思與再認〉，收入王元化主編，《學術集林》卷六（上海：上海遠東出版社，1995），頁191-222。（亦見1993、1996、2019及1998題為〈「創造性轉化」的再思〉、〈現代的公民社會〉及其後各文。）

林毓生著，劉鋒譯，〈質疑三問——與李澤厚商榷〉，原載《二十一世紀》，1995年8月號（總第30期）；後以〈獻疑三問——與李澤厚商榷〉，收入《中國傳統的創造性轉化》（增訂本）（北京：三聯，2011），頁451-456；後仍以〈質疑三問——與李澤厚商榷〉，收入《中國激進思潮的起源與後果》（新北：聯經，2019），頁293-299。

1996　〈二十世紀中國的反傳統思潮與中式烏托邦主義〉（原題為〈二十世紀中國激進化反傳統思潮、中式馬列主義與毛澤東的烏托邦主義〉），收入劉軍寧等編，《市場社會與公共秩序》（北京：三聯，1996），頁223-253。（亦見1995、2014、2019、2020原題及1998題為〈傳統中國政治與文化·道德秩序為何是一元的〉。）〈中國傳統的創造性轉化〉，《歷史月刊》，1996年4月號，頁72-82。（亦見1998題為〈現代的公民社會〉後所列〈一個導向〉及〈多元思考〉兩文。）〈思想危機的一個面向〉，《讀書》，1996年12月號，頁40-45。

〈創造性轉化的再思與再認〉，《文化中國》，第3卷第2期（1996年6月），頁21-34。（亦見1993、1995及2019與1998〈「創造性轉化」的再思〉、〈現代的公民社會〉。）

梁燕城、林毓生，〈關於「中國的現代化道路和文化的內在困

　　境」對話錄〉，載《文化中國》，第3卷第1期（1996年3月）；
　　收入《中國激進思潮的起源與後果》之〈附錄3〉（新北：聯
　　經，2019），頁457-476；另有節錄文，見〈中國文化面臨兩
　　難〉、〈知識分子趕時髦問題〉及〈關於後現代理論〉，收入
　　《熱烈與冷靜》（上海：上海文藝，1998），頁284-288。

1998　〈「civil society」三種不同的指謂〉、〈對「人天生是政治的
　　動物」這句話不能望文生義〉及〈「人天生是政治的動物」
　　的廣義解說〉，收入《熱烈與冷靜》（上海：上海文藝，
　　1998），頁236-241。（亦見1992〈建立中國的公民社會與「現
　　代的民間社會」〉及2019增訂版〈從公民社會、市民社會與
　　「現代的民間社會」看中國大陸和台灣的發展〉。）

　　〈50年代臺灣的政治環境〉、〈我少年時的愛國意識與政治
　　意識〉、〈殷海光先生的邏輯課〉、〈殷海光先生影響了我
　　一生〉及〈以真誠的生命投入思索的工作〉，收入《熱烈與
　　冷靜》（上海：上海文藝，1998），頁63-84。（亦見1994、
　　2008、2010、2014「愛思想」及2019。）

　　〈「人權」的哲學來源與歷史來源〉，《熱烈與冷靜》（上
　　海：上海文藝，1998），頁243-244。（亦見2019〈自由、民主
　　與人的尊嚴兼論責任倫理〉。此文係根據林毓生1994年10月24
　　日在上海社會科學聯合會之演講錄音，增訂完成之全文。）

　　〈五四之前的反傳統思潮〉、〈社會達爾文主義〉、〈民族主
　　義〉、〈中西對比〉、〈儒家一元化思想模式的影響〉、〈西
　　學的衝擊〉、〈譚嗣同反傳統思想的特質〉、〈張載「天人合
　　一」的本體論〉、〈樸學〉、〈康有為尊孔的反孔涵義〉及
　　〈章太炎反孔言論的意蘊〉，收入《熱烈與冷靜》（上海：上
　　海文藝，1998），頁122-153。（亦見1995、1996、2014、2019
　　及2020。）

〈文化變遷的三個模式〉，《熱烈與冷靜》（上海：上海文藝，1998），頁294-295；完整版題為〈從「大傳統」與「小傳統」的關係談文化變遷的不同模式〉，收入《中國激進思潮的起源與後果》（新北：聯經，2019），頁219-222。

〈中國五代知識分子〉，《熱烈與冷靜》（上海：上海文藝，1998），頁230-236。（亦見1986及1989完整版題為〈中國自由民主運動的回顧與前瞻〉。）

〈中國文化面臨兩難〉、〈知識分子趕時髦問題〉及〈關於後現代理論〉，《熱烈與冷靜》（上海：上海文藝，1998），頁284-288。（亦見1992〈建立中國的公民社會與「現代的民間社會」〉，及2019〈關於「中國的現代化道路和文化的內在困境」對話錄〉。）

〈什麼是「創造性轉化」〉及〈「創造性轉化」的實際運作〉，《熱烈與冷靜》（上海：上海文藝，1998），頁25-31。（亦見1989〈邁出五四以光大五四——簡答王元化先生〉。）

〈民主的歷史意義〉及〈民主理論發展的前景〉，《熱烈與冷靜》（上海：上海文藝，1998），頁84-92。（亦見1989及2019〈殷海光先生闡釋民主的歷史意義與中國民主理論發展的前景〉。）

〈在消極自由的前提下談積極自由〉、〈自由、個人主義與無政府主義〉、〈民主與公民道德〉及〈自由與民主之間的創造性緊張〉，《熱烈與冷靜》（上海：上海文藝，1998），頁272-280；增訂擴充為〈學術自由的理論基礎及其實際含意——兼論消極自由與積極自由〉，載《知識饗宴》，第7集（臺北：中央研究院，2011），頁305-326；亦刊於《開放時代》，2011年第7期，轉刊見「愛思想」（2017年12月12日），網址為：https://www.aisixiang.com/data/107291.html；另見《政治秩序的觀念》（香港：商務印書館，2015），頁122-140；後再收

入《林毓生思想近作選》（香港：香港中文大學，2020），頁207-221。

〈始終忠於知性的神明〉、〈自由不是解放〉、〈自由的兩項基本原則〉、〈法治下的自由〉及〈普遍性與抽象性是社會演化的結果〉，收入《熱烈與冷靜》（上海：上海文藝，1998），頁41-52。（亦見1992《聯合報》及《信報財經月刊》及2019〈〈一位知識貴族的隕落──敬悼海耶克先生〉。）

〈科玄論戰與知識分子的內在反思〉，《熱烈與冷靜》（上海：上海文藝，1998），頁174-176；見〈關於「中國的現代化道路和文化的內在困境」對話錄〉，梁燕城、林毓生，收入《中國激進思潮的起源與後果》之〈附錄3〉（新北：聯經，2019），頁457-493，特別是頁464-466；另可參照1987、1989、2011、2014及2020〈民初「科學主義」的興起與含意──對「科學與玄學」之爭的研究〉。

〈韋伯的「責任倫理」〉及〈內在的心志與外在的終極目標〉，《熱烈與冷靜》（上海：上海文藝，1998），頁280-284。（亦見1982、1983及2011〈如何做個政治家？〉。）

〈「問題與主義」論辯的歷史環境〉、〈胡適與李大釗的基本論式〉及〈中國烏托邦主義的異化〉，收入《熱烈與冷靜》（上海：上海文藝，1998），頁153-161。（亦見1991及2019〈「問題與主義」論辯的歷史意義〉。）

〈移植外來文明要有合適的土壤〉、〈政治與文化結構的「真空」〉、〈西方民主制度與文化是從中世紀演化而來〉、〈中國沒有法治的傳統〉、〈民主只能落實在支持民主的基礎上〉及〈社會力量的薄弱〉，《熱烈與冷靜》（上海：上海文藝，1998），頁295-302；亦見〈為什麼在中國實行民主是如此艱難？──以台灣薄弱的社會力量為例〉，收入《中國激進思潮的起源與後果》（新北：聯經，2019），頁357-363。

〈傳統中國政治與文化・道德秩序為何是一元的〉、〈「宇宙神話」觀念〉、〈「普遍王權」從未受顛覆性挑戰〉及〈「內聖外王」只是一個理想〉，收入《熱烈與冷靜》（上海：上海文藝，1998），頁288-294。（亦見1995、2014、2019及2020〈二十世紀中國激進化反傳統思潮、中式馬列主義與毛澤東的烏托邦主義〉。）

〈啟蒙精神是敢於認知〉、〈什麼是「五四」的意識形態〉、〈「五四思想」有強勢與弱勢意識形態層面〉、〈「五四思想」意識形態化的發展過程〉、〈什麼是「五四」精神〉及〈從歷史的難局中走出來〉，收入《熱烈與冷靜》（上海：上海文藝，1998），頁106-122。（亦見1989〈邁出五四以光大五四〉。）

〈現代的公民社會〉、〈拉丁文的「文明」是從「公民」演變而來〉、〈發展現代民間社會〉、〈傳統民間社會如何轉化〉、〈對傳統民間社會行為模式的改變〉、〈一個導向〉及〈多元的思考〉，收入《熱烈與冷靜》（上海：上海文藝，1998），頁96-106。（亦見1993、1995；〈一個導向〉與〈多元的思考〉則見1996年4月《歷史月刊》所載〈中國傳統的創造性轉化〉。）另見〈「創造性轉化」的再思與再認〉，收入《中國激進思潮的起源與後果》（新北：聯經，2019），頁39-92。

〈梁漱溟與文化保守主義的濫觴〉、〈梁漱溟內在困境及其成因〉、〈胡適與梁漱溟的辯難〉、〈胡適對梁漱溟批評無力的原因〉及〈「一元論」的成因與困境〉，《熱烈與冷靜》（上海：上海文藝，1998），頁161-174。（亦見1989〈胡適與梁漱溟關於《東西文化及其哲學》的論辯及其歷史涵義〉。）

〈「創造性轉化」的再思〉、〈為什麼應該推行「創造性轉化」〉、〈中國家庭觀念的「創造性轉化」〉、〈「錯置具體

感的謬誤」〉及〈儒家思想「創造性轉化」的道路〉，收入
《熱烈與冷靜》（上海：上海文藝，1998），頁31-41。（亦見
1993、1995及2019。）

〈敬悼傅正先生〉，《熱烈與冷靜》（上海：上海文藝，
1998），頁93-96。（亦見1991及2019。）

〈試圖貫通於熱烈與冷靜之間──略述我的治學緣起〉，《熱
烈與冷靜》（上海：上海文藝，1998），頁1-24；後亦收入
《中國激進思潮的起源與後果》（新北：聯經，2019），頁
409-430；《林毓生思想近作選》（香港：香港中文大學，
2020），頁225-244。

〈新儒家的困境〉，收入《熱烈與冷靜》（上海：上海文藝，
1998），頁212-215。（亦見1988及1989題為〈新儒家在中國推
展民主的理論面臨的困境〉、1996〈關於「中國的現代化道路
和文化的內在困境」對話錄〉。）

〈新儒家的建樹主要在歷史方面〉、〈「開出」說評議〉、
〈「自由無限心」永遠落在時代後面〉、〈新儒家對民主的評
價相當天真〉、〈性善說需經過「創造性轉化」〉及〈「開
出」說是不成功的〉，收入《熱烈與冷靜》（上海：上海文
藝，1998），頁215-224。（參見〈「西體中用」論與「儒學開
出民主」說評析〉，收入《中國激進思潮的起源與後果》〔新
北：聯經，2019〕，頁457-467。）

〈對胡適「民主政治是幼稚園政治」的評價〉、〈在大膽假設
與小心求證之間〉、〈胡適的「全盤西化」論〉及〈胡適遺留
的啟蒙思想是有限的〉，收入《熱烈與冷靜》（上海：上海
文藝，1998），頁205-212；另見〈平心靜氣論胡適〉，《中
國傳統創造性的轉化》（增訂本）（北京：三聯，2011），頁
535-545；後收入《中國激進思潮的起源與後果》（新北：聯
經，2019），頁333-343。此文後由林毓生在2012年，根據其

2009年5月4日在臺北「胡適與近代中國的追尋：紀念「五四」九十週年學術研討會」的發言加以重校，並題為〈心平氣和論胡適〉，收入《林毓生思想近作選》（香港：香港中文大學，2020），頁143-160。

〈臺灣究竟是不是一個多元的社會〉及〈多元社會的真諦〉，收入《熱烈與冷靜》（上海：上海文藝，1998），頁266-272。（亦見1983及1989。）〈魯迅思想的特質〉，《熱烈與冷靜》（上海：上海文藝，1998），頁176-182。（亦見1985英文版、中譯完整本1987、1989、2011及2020。）

〈徹底了解研究主題〉、〈臨時性的歷史主義者〉、〈世事和真理不同〉及〈「理念型分析」的必要〉，《熱烈與冷靜》（上海：上海文藝，1998），頁52-62。（亦見1995及2019〈史華慈思想史學的意義〉。）

〈儒家思想所呈現的宗教品格〉、〈儒學的內在緊張性質〉及〈關於啟蒙與救亡〉，收入《熱烈與冷靜》（上海：上海文藝，1998），頁224-229。（亦見1995及2019〈質疑三問——與李澤厚商榷〉或2011〈獻疑三問——與李澤厚商榷〉。）

〈應該讓生命充分發展〉、〈魯迅對「革命文學」的一種看法〉、〈「意圖倫理」與「責任倫理」〉、〈中國傳統的政治觀〉及〈革命政治觀與中國傳統政治觀的關係〉，收入《熱烈與冷靜》（上海：上海文藝，1998），頁194-204。（亦見1987、1989〈魯迅政治觀的困境——兼論中國傳統思想資源的活力與限制〉及2020〈魯迅思想的特質及其政治觀的困境〉。）

〈釐清譯名的不同意義〉、〈公民社會〉、〈市民社會〉、〈現代的民間社會〉、〈民主運作與公民精神〉、〈發展公共性格〉、〈新型民間社會〉、〈思想模式的落空〉、〈法治與法制不同〉、〈中國文化具有「公」的觀念〉、〈發展民主

的可能與歷史變遷〉、〈社會力量進入政治過程才能走向民
主〉、〈公民社會與政黨政治〉、〈缺乏政治智慧〉、〈事情
尚未發生便應衡量不同的後果〉及〈以政治理性化來追求真
正的民主果實〉，收入《熱烈與冷靜》（上海：上海文藝，
1998），頁244-266。（亦見1992〈建立中國的公民社會與「現
代的民間社會」〉及2019〈從公民社會、市民社會與「現代的民
間社會」看中國大陸和台灣的發展〉。）

〈豐饒的含混性〉、〈魯迅的人道主義與個人主義〉及〈邏輯
的死結〉，收入《熱烈與冷靜》（上海：上海文藝，1998），
頁182-194。（亦見1992、2011及2019題為〈魯迅個人主義的性
質與含意──兼論「國民性」問題〉。）

2000　〈從陳水扁當選看台灣民主發展的過去與未來──再論作為
政治家的條件的「責任倫理」〉，《中國時報‧人間副刊》
（2000年5月15-19日），為唐光華、林毓生以「答客問」方式
刊出；後收入《中國激進思潮的起源與後果》之〈附錄四〉
（新北：聯經，2019），頁477-493；後再增訂擴充為〈政治
家的條件──兼論韋伯的「心志倫理」與「責任倫理」〉，收
入《林毓生思想近作選》（香港：香港中文大學，2020），頁
267-282。

〈儒家傳統與西方人權思想的對話──再思中國傳統的「創造
性轉化」〉，《明報月刊》，2000年1月號，頁59-62。

2001　"Remarks at Harvard University Memorial Service for Benjamin I.
Schwartz," *Philosophy East and West*, Volume 51, Number 2 (April
2001), pp. 187-188. 後收入《林毓生思想近作選》之〈32附錄〉
（香港：香港中文大學，2020），頁505-507。

〈人文與社會研究發展芻議〉，《人文與社會科學簡訊》，第

3卷第4期（臺北：國科會人文及社會科學處，2001），頁1-6；後收入《中國傳統的創造性轉化》（增訂本）（北京：三聯，2011），頁475-484；《林毓生思想近作選》（香港：香港中文大學，2020），頁487-495。

史華慈著，林同奇、劉唐芬譯，林毓生校訂，〈中國與當今千禧年主義——太陽底下的一樁新鮮事〉，原載*Philosophy East and West*, Vol. 51, No. 2 (April 2001), pp. 193-196；中譯本刊《九州學林》，第1卷第2期（2003年冬季），頁264-271；後收入《林毓生思想近作選》（香港：香港中文大學，2020），頁357-363。

劉唐芬譯，林毓生校訂，〈史華慈著〈中國與當今千禧年主義——太陽底下的一樁新鮮事〉導言〉，原載*Philosophy East and West*, Vol. 51, No. 2 (April, 2001), pp. 189-192，中譯本刊《九州學林》，第1卷第2期（2003年冬季），頁258-263；後收入《林毓生思想近作選》（香港：香港中文大學，2020），頁351-355。

《政治秩序與多元社會》（臺北：聯經，2001）。（亦見1989、2023。）

2002

〈民主的條件〉，本文原為2002年3月8日在中央研究院王故院長世杰先生一一二歲誕辰紀念會之演講，收入《林毓生思想近作選》（香港：香港中文大學，2020），頁283-291。

〈再論自由與權威的關係〉，《中國時報・人間副刊》（1983年2月20-21日）；後收入《思想與人物》（臺北：聯經，1983），頁103-118；亦收入朱賜麟、袁世敏編，《近代中國的變遷與發展——人文及社會科學的探索》（臺北：時報文化，2002），頁68-81。（亦見1983《思想與人物》、2011、2015及2020。）

〈兩文的緣起與二十年後的反思〉，收入《近代中國的變遷

與發展——人文及社會科學的探索》（臺北：時報文化，
2002），頁82-94；後題為〈「論自由與權威的關係」、「再論
自由與權威的關係」之緣起與二十年後的反思〉，收入《林毓
生思想近作選》（香港：香港中文大學，2020），頁163-171。

〈論台灣民主發展的形式、實質與前景——為紀念殷海光先生
逝世三十三週年而作〉，《二十一世紀》，總第4期（2002年
12月號），頁4-15；「愛思想」（2008年4月21日），網址為：
https://www.aisixiang.com/data/18438.html；後收入《政治秩序的
觀念》（香港：商務印書館，2015），頁42-65；亦收入《林毓
生思想近作選》（香港：香港中文大學，2020），頁305-323。

2003　史華慈著，林同奇、劉唐芬譯，林毓生校訂，〈中國與當今千
禧年主義——太陽底下的一樁新鮮事〉，《九州學林》，第
1卷第2期（2003年冬季），頁264-271。（亦見2001英文本及
2020。）

劉唐芬譯，林毓生校訂，〈史華慈著〈中國與當今千禧年主
義——太陽底下的一樁新鮮事〉導言〉，原載*Philosophy East
and West*, vol. 51, no. 2 (April, 2001), pp. 189-192，中文譯文刊於
《九州學林》，第1卷第2期（2003年冬季），頁258-263。（亦
見2001英文本及2020。）

〈史華慈思想史學的意義〉，原載《世界漢學》，2003年第
2期，收入《中國激進思潮的起源與後果》（新北：聯經，
2019），頁155-166。

〈合力建立新的世界圖景〉，《再造公與義的社會與理性空
間》（臺北：時報文化文化，2003），頁24-32；後收入《中
國傳統的創造性轉化》（增訂本）（北京：三聯，2011），
頁546-552；《林毓生思想近作選》（香港：香港中文大學，
2020），頁497-502。

2004 〈問題意識的形成與理念（或理想）型的分析〉，《中國文哲研究通訊》，第14卷第4期（2004年12月），頁5-21；後收入劉翠溶主編，《四分溪論學集——慶祝李遠哲先生七十壽辰》（上）（臺北：允晨文化，2006），頁397-421。

〈訪談錄：自由主義、知識貴族、公民德行〉，2004年7月17日於廣州中山大學由施雨華提問，林毓生口述及修訂，《南方人物》後刊出刪節版；後題為〈自由主義、知識貴族、公民德行〉，刊「愛思想」（2007年10月21日），網址為：https://www.aisixiang.com/data/16250.html；修訂之完整版以原訪談錄之題，收入《中國傳統的創造性轉化》（增訂本）（北京：三聯，2011），頁553-564；後仍以〈自由主義、知識貴族、公民德行〉為題，收入《政治秩序的觀念》（香港：商務印書館，2015），頁232-245；《林毓生思想近作選》（香港：香港中文大學，2020），頁333-343。（亦見2004刪節版、2007「愛思想」及2015、2020完整版。）

2005 〈王元化和林毓生的往還通信——關於文明的物質化、庸俗化與異化的通信〉，《財經雜誌》，2005年20期；亦刊於財新網，網址為：https//culture.caixin.com/2005-10-03/100118467.htm；後以〈王元化和林毓生的往還通信〉為題，刊「愛思想」（2010年3月6日），網址為：https//www.aisixiang.com/data/32125.html；後再題為〈關於文明的物質化、庸俗化與異化——與王元化先生的通信〉，收入《中國傳統的創造性轉化》（增訂本）（北京：三聯，2011），頁468-474。

2006 〈中國現代性的迷惘〉，刪節版刊於宋曉霞主編，《「自覺」與中國的現代性》（香港：牛津大學出版社，2006），2-25；完整版收入《林毓生思想近作選》（香港：香港中文大學，2020），頁365-389。

〈以仁心說，以學心聽，以公心辯〉（在紀念史華慈追思會上的講話），《世界漢學》，2003年第2期，頁96-97；收入許紀霖、宋宏主編，《史華慈論中國》（北京：新星出版社，2006），頁566-567。

〈問題意識的形成與理念（或理想）型的分析〉，收入劉翠溶主編，《四分溪論學集——慶祝李遠哲先生七十壽辰》（上）（臺北：允晨文化，2006），頁397-421。（亦見2004。）

〈學術自由的理論基礎及其實際含意〉，原為2006年3月24日在華東師範大學大夏講壇的演講，刊於「愛思想」（2006年11月8日），網址為：https://www.aisixiang.com/data/11655.html。（亦見〈學術自由的理論基礎及其實際含意——兼論消極自由與積極自由〉，載《知識饗宴》，第7集（臺北：中央研究院，2011），頁305-326；另見1998題為〈在消極自由的前提下談積極自由〉等文、2015及2011《開放時代》、2017「愛思想」與2020所刊之文。）

2007

〈六十餘載君子交：序董永良著《回首學算路：一個旅美學算者的故事》〉，原載董永良，《回收學算錄：一個旅美學算者的故事》（臺灣：商業印書館，2007）；收入《林毓生思想近作選》（香港：香港中文大學，2020），頁463-466。

〈自由主義、知識貴族、公民德行〉，「愛思想」（2007年10月21日），網址為：https://www.aisixiang.com/data/16250.html。（亦見2004、2011、2015及2020。）

《思想與人物》（臺北：聯經，2007）。（亦見1983、2023。）

2008

〈殷海光先生對我的影響〉，收入《殷海光林毓生書信錄》（重校增補本）（長春：吉林出版公司，2008），頁13-44；亦

見〈代序：殷海光先生對我的影響〉，收入《殷海光‧林毓生書信錄》（《殷海光全集》19）（臺北：臺大出版中心，2010），頁11-37。（亦見1994〈五十年代臺灣的政治環境與殷海光先生對我的影響〉、1994、1998題為〈50年代臺灣的政治環境〉、2010題為〈殷海光先生對我的影響〉、2014「愛思想」及2019題為〈1950年代台灣的政治環境與殷海光先生對我的影響〉。）

殷海光、林毓生，《殷海光林毓生書信錄》（重校增補本）（長春：吉林出版公司，2008）。（亦見1981、1984、1994、2010及2016。）

〈論台灣民主發展的形式、實質與前景——為紀念殷海光先生逝世三十三週年而作〉，「愛思想」（2008年4月21日），網址為：https://www.aisixiang.com/data/18438.html。（亦見2002、2015及2020。）

〈翰墨因緣念殷師〉，收入《殷海光林毓生書信錄》（重校增補本）（長春：吉林出版公司，2008），頁3-10。（亦見1983、2010及2017「愛思想」。）

2009　林穎鈺、余帛燦、尤智威記錄整理，林毓生修訂，〈衣帶漸寬終不悔‧知識貴族的公共關懷——林毓生教授訪談錄〉，刊於《臺大歷史系學術通訊》，第5期（2009年11月），網址為：http://homepage.ntu.edu.tw/~history/public_html/09newsletter/05/05-1.html。

〈如何推進學術積累〉，原為2009年9月25日在北京大學國家發展研究院「人文與社會」系列跨學科講座演講，後刊「愛思想」（2009年11月30日），網址為：https://www.aisixiang.com/data/31025.html。

〈純正自由主義的精髓〉，原為2009年9月21日在北京大學國家發展研究院「人文與社會」系列跨學科講座演講，後刊「愛

思想」（2013年3月23日），網址為：https://www.aisixiang.com/data/62356.html。

〈認識「五四」，認同「早期」「五四」──為紀念「五四運動」九十週年而作〉，《亞洲週刊》（2009年5月）；且以〈認識「五四」，認同「五四」──遲到的紀念〉為題，刊《讀書》（2009年第7期），頁3-6；收入《中國傳統的創造性轉化》（增訂本）（北京：三聯，2011），頁565-569。

2010　〈王元化和林毓生的往還通信〉，「愛思想」（2010年3月6日），網址為：https//www.aisixiang.com/data/32125.html。（亦見2005及2011〈關於文明的物質化、庸俗化與異化──與王元化先生的通信〉。）

〈代序：殷海光先生對我的影響〉，收入《殷海光‧林毓生書信錄》（《殷海光全集》19）（臺北：臺大出版中心，2010），頁11-37。（亦見1994〈五十年代臺灣的政治環境與殷海光先生對我的影響〉、1994〈殷海光先生對我的影響〉、1998〈50年代臺灣的政治環境〉、2014「愛思想」及2019〈1950年代台灣的政治環境與殷海光先生對我的影響〉。）

〈序言：翰墨因緣念殷師〉，收入《殷海光‧林毓生書信錄》（《殷海光全集》19）（臺北：臺大出版中心，2010），頁3-9。（亦見1983、2008及2017「愛思想」。）

〈林毓生論汪暉抄襲事件：清華大學應負起政治與道德責任〉，載廣東《南方都市報》（2010年6月6日）；「愛思想」網站亦同時刊出，網址為：https://www.aisixiang.com.translate.goo/data/34135.html。

殷海光、林毓生，《殷海光‧林毓生書信錄》（《殷海光全集》19）（臺北：臺大出版中心，2010）。（亦見1981、1984、1994、2008及2016。）

〈我的學思歷程〉，《Google／共識網》（2010年1月20日），網址為：http://www.21ccom.net/articled/lsjd/article_20100120972.html；後刊於「愛思想」（2014年5月18日），網址為：https://www.aisixiang.com/data/74839.html。

〈嚴正呼籲中共當局釋放劉曉波先生的聲明〉，見《Google／民主中國》（2010年1月6日），網址為：https://www.minzhuzhongguo.org/ArtShow.aspx?AID=12971；亦刊於《亞洲週刊》，2010年第3期（2010年1月11日、17日）。

2011

〈一些關於中國文化與文學的意見〉，《中國傳統創造性的轉化》（增訂本）（北京：三聯，2011），頁270-282。（亦見1977及1983。）

〈一個培育博士的獨特機構：「芝加哥大學社會思想委員會」——兼論為什麼要精讀原典？〉，收入《中國傳統創造性的轉化》（增訂本）（北京：三聯，2011），頁332-342。（亦見1981、1983及2014「愛思想」。）

〈人文與社會研究發展芻議〉，《中國傳統創造性的轉化》（增訂本）（北京：三聯，2011），頁475-484。（亦見2001及2020。）

〈不以考據為中心目的之人文研究〉，《中國傳統創造性的轉化》（增訂本）（北京：三聯，2011），頁309-318。（亦見1975及1983。）

〈五四式反傳統思想與中國意識危機——兼論五四精神、五四目標、與五四思想〉，《中國傳統創造性的轉化》（增訂本）（北京：三聯，2011），頁169-183。（亦見1979、1983及2012「愛思想」。）

〈五四時代的激烈反傳統思想與中國自由主義的前途〉，《中

國傳統創造性的轉化》（增訂本）（北京：三聯，2011），頁184-232。（亦見1972、1975、1976及1983。）

〈中國人文的重建〉，《中國傳統創造性的轉化》（增訂本）（北京：三聯，2011），頁13-56。（亦見1982、1983、2014「愛思想」、2015及2020。）《中國傳統的創造性轉化》（增訂本）（北京：三聯，2011）。（亦見1988及1994。）

〈什麼是理性〉，《中國傳統創造性的轉化》（增訂本）（北京：三聯，2011），頁57-80。（亦見1982、1983及2015。）〈「西體中用」論與「儒學開出民主」說評析〉，《中國傳統創造性的轉化》（增訂本）（北京：三聯，2011），頁457-467。

〈平心靜氣論胡適〉，《中國傳統創造性的轉化》（增訂本）（北京：三聯，2011），頁535-545；後收入《中國激進思潮的起源與後果》（新北：聯經，2019），頁333-343。此文後由林毓生在2012年，根據其2009年5月4日在臺北「胡適與近代中國的追尋：紀念「五四」九十週年學術研討會」的發言，加以重校，並題為〈心平氣和論胡適〉，收入《林毓生思想近作選》（香港：香港中文大學，2020），頁143-160。（亦見1998題為〈對胡適「民主政治是幼稚園政治」的評價〉等文。）

〈民主自由與中國的創造轉化〉，《中國傳統的創造性轉化》（增訂本）（北京：三聯，2011），頁319-331。（亦見1982及1983。）

〈民初「科學主義」的興起與含意──對「科學與玄學」之爭的研究〉，《中國傳統的創造性轉化》（增訂本）（北京：三聯，1988，2011），頁286-308。（亦見1987、1989、2014及2020。）

〈合力建立新的世界圖景〉，《中國傳統的創造性轉化》（增訂本）（北京：三聯，1988，2011），頁546-552。（亦見2003。）

〈如何做個政治家？──為祝賀新生代臺北市議員當選而作〉，《中國傳統的創造性轉化》（增訂本）（北京：三聯，1988，2011），頁418-428。（亦見1982、1983及1998〈韋伯的「責任倫理」〉。）

〈再論自由與權威的關係〉，《中國傳統的創造性轉化》（增訂本）（北京：三聯，2011），頁94-105。（亦見1983、2002、2015及2020。）

〈在轉型的時代中一個知識分子的沉思與建議──為紀念先師殷海光先生逝世十週年而作〉，收入《中國傳統創造性的轉化》（增訂本）（北京：三聯，2011），頁357-371。（亦見1979、1983及2014「愛思想」。）

〈兩種關於如何構成政治秩序的觀念──兼論容忍與自由〉，《中國傳統的創造性轉化》（增訂本）（北京：三聯，2011），頁117-166。（亦見1985、1989及2015。）

〈知識分子的歷史擔當與人格堅守──林毓生教授訪談錄〉，樂黛雲、（法）李比雄主編，《跨文化對話》，第27輯（北京：三聯，2011），頁249-270。

〈哈耶克教授〉，《中國傳統創造性的轉化》（增訂本）（北京：三聯，2011），372-385。（亦見1965〈海耶克教授〉及1983。）

〈殷海光先生一生奮鬥的永恆意義〉，《中國傳統創造性的轉化》（增訂本）（北京：三聯，2011），頁345-356。（亦見1971、1983及2014「愛思想」。）

〈殷海光先生的志業與臺灣的民主發展〉，《中國傳統的創造性轉化》（增訂本）（北京：三聯，2011），頁441-450。

〈「開放心靈」的認識與了解──對五四中西文化接觸的反省〉，《中國傳統的創造性轉化》（增訂本）（北京：三聯，

2011），頁261-269。（亦見1975、1983。）

〈面對未來的關懷〉，《中國傳統的創造性轉化》（增訂本）
（北京：三聯，2011），頁429-437。（亦見1982、1983。）

施雨華提問，林毓生口述及修訂，〈訪談錄：自由主義、知識
貴族、公民德行〉（完整版），《中國傳統的創造性轉化》
（增訂本）（北京：三聯，2011），頁553-564。（亦見2004、
2007「愛思想」、2015及2020。）

〈黃春明的小說在思想上的意義〉，《中國傳統的創造性轉
化》（增訂本）（北京：三聯，2011），頁408-417。（亦見
1980、1983、2014「愛思想」及2020。）

〈超越那沒有生機的兩極〉，《中國傳統的創造性轉化》（增
訂本）（北京：三聯，2011），頁283-285。（亦見1979及
1983。）

〈對於儒家傳統烏托邦主義的反思〉，《中國傳統的創造性轉
化》（增訂本）（北京：三聯，2011），頁570-581。（亦見
2012〈反思儒家傳統的烏托邦主義〉、2014「愛思想」、2015
及2020。）

〈認識「五四」，認同「早期」「五四」——為紀念「五四運
動」九十週年而作〉，《中國傳統的創造性轉化》（增訂本）
（北京：三聯，2011），頁565-569。（亦見2009。）

〈論民主與法治的關係〉，《中國傳統的創造性轉化》（增訂
本）（北京：三聯，2011），頁106-116。（亦見1983、2015及
2020。）

〈論自由與權威的關係〉，《中國傳統的創造性轉化》（增訂
本）（北京：三聯，2011），頁81-93。（亦見1982、1983、
2002、2015及2020。）

〈魯迅思想的特質及其政治觀的困境〉，《中國傳統的創造性

轉化》（增訂本）（北京：三聯，2011），頁485-519。（亦見此文1985年之英文本、1987、1989、1998及2020。）

〈魯迅個人主義的性質與含意——兼論「國民性」問題〉，《中國傳統的創造性轉化》（增訂本）（北京：三聯，2011），頁520-534；後經陳忠信譯，林毓生校訂，以〈魯迅的「個人主義」——兼論「國民性」問題以及「思想革命」轉向政治，軍事革命的內在邏輯〉，收入林毓生著，楊貞德等譯，《中國意識的危機——「五四」時期激烈的反傳統主義》之〈附錄2〉（新北：聯經，2020），頁251-270。（亦見1992、2019、2020與1998題為〈豐饒的含混性〉及其後文。）

〈論梁巨川先生的自殺——一個道德保守主義含混性的實例〉，《中國傳統的創造性轉化》（增訂本）（北京：三聯，2011），頁233-257。（亦見1976英文版及1980與1983。）

〈關於文明的物質化、庸俗化與異化——與王元化的通信〉，《中國傳統的創造性轉化》（增訂本）（北京：三聯，2011），頁468-474。（亦見2005及2010「愛思想」。）

〈學術工作者的兩個類型〉，《中國傳統的創造性轉化》（增訂本）（北京：三聯，2011），頁386-393。（亦見1980及1983及2014「愛思想」。）

〈學術自由的理論基礎及其實際含意——兼論消極自由與積極自由〉，載《知識饗宴》，第7集（臺北：中央研究院，2011），頁305-326。（亦見1998題為〈在消極自由的前提下談積極自由〉等文、2015、下列2011《開放時代》、2017「愛思想」與2020。）

〈學術自由的理論基礎及其實際含意——兼論消極自由與積極自由〉，載《開放時代》，2011年第7期，見「愛思想」（2017年12月12日），網址為：http://m.aisixiang.com/data/107291.html。（亦見1998題為〈在消極自由的前提下談積極自由〉及

其後文、2015與2020。）

〈鍾理和「原鄉人」與中國人文精神〉，《中國傳統的創造性轉化》（增訂本）（北京：三聯，2011），頁397-407。（亦見1980及1983。）

〈獻疑三問——與李澤厚商榷〉，《中國傳統的創造性轉化》（增訂本）（北京：三聯，2011），頁451-456。（亦見1995及2019〈質疑三問——與李澤厚商榷〉。）

2012　〈五四式反傳統思想與中國意識危機——兼論五四精神、五四目標、與五四思想〉，「愛思想」（2012年5月5日），網址為：https://www.aisixiang.com/data/53029.html。（亦見1979、1983及2011。）

〈反思儒家傳統的烏托邦主義〉，載《北京大學華人哲學家會議論文集》（北京：北京大學哲學系，2012年10月），頁9-14。（亦見2011〈對於儒家傳統烏托邦主義的反思〉、2014「愛思想」、2015及2020。）

《中國知識分子與自由主義：我的學思歷程》，2012年6月7-8日在東海大學吳德耀人文講座發言稿，單行本由東海大學共同學科暨通識教育中心印行（2012）。

2013　〈純正自由主義之精髓〉，原為林毓生2009年9月21日應邀在北京大學國家發展研究院「人文與社會」系列跨學科講座之演講，於2013年3月23日發表於「愛思想」，網址為：https://www.aisixiang.com/data/62356.html。

〈高貴靈魂的一生——悼念、懷念殷師母夏君璐女士〉，「愛思想」（2013年12月29日），網址為：https://www.aisixiang.com/data/70955.html；後刊於《聯合報》電子報，第4612期（2014年4月11日），網址為：http://paper.udn.com/udnpaper/

PIC0004/256531/web/index.html；後收入《林毓生思想近作選》（香港：香港中文大學，2020），頁475-479。

2014　〈一個培育博士的獨特機構：「芝加哥大學社會思想委員會」——兼論為什麼要精讀原典？〉，「愛思想」（2014年6月2日），網址為：https://www.aisixiang.com/data/75165.html。（亦見1981、1983及2011。）

〈二十世紀中國激進化反傳統思潮、中式馬列主義與毛澤東的烏托邦主義〉，收入林毓生主編，《公民社會基本觀念》（下）（臺北：中央研究院人文社會科學研究中心，2014），頁785-863。（亦見1995、1996、2019、2020及1998題為〈傳統中國政治與文化・道德秩序為何是一元的〉。）

林毓生主編，《公民社會基本觀念》（上、下）（臺北：中央研究院人文社會科學研究中心，2014）。

〈《公民社會基本觀念》序〉，《公民社會基本觀念》（上、下）（臺北：中央研究院人文社會科學研究中心，2014），頁v-vii。後收入《林毓生思想近作選》（香港：香港中文大學，2020），頁345-347。

〈反思儒家傳統的烏托邦主義〉，「愛思想」（2014年6月2日），網址為：https://www.aisixiang.com/data/75159.html。（亦見2011、2012、2015及2020。）

〈中國人文的重建〉，「愛思想」（2014年6月2日），網址為：https://www.aisixiang.com/data/75161.html。（亦見1982、1983、2011、2015及2020。）

〈民初「科學主義」的興起與含意——對「科學與玄學」之爭的研究〉，「愛思想」（2014年6月2日），網址為：https://www.aisixiang.com/data/75169.html。（亦見1987、1989、1998題

為〈傳統中國政治與文化・道德秩序為何是一元的〉、2011及
2020。）

〈自由、社會與法治〉，本文原為2014年5月8日在上海「復
旦──卓越經濟學大講堂」之發言（二），刊於「愛思想」
（2014年5月25日），網址為：https://www.aisixiang.com/
data/75036.html；參見下列2014年5月27日〈海耶克論自由的創
造力──兼釋法治的意義與效益〉。

〈在轉型的時代中一個知識分子的沉思與建議──為紀念先
師殷海光先生逝世十週年而作〉，「愛思想」（2014年6月2
日），網址為：https://www.aisixiang.com/data/75163.html。（亦
見1979、1983及2011。）

〈我的學思歷程〉，「愛思想」（2014年5月18日），網址為：
https://www.aisixiang.com/data/74839.html。（亦見2010。）

〈殷海光先生一生奮鬥的永恆意義〉，「愛思想」（2014年6
月2日），網址為：https://www.aisixiang.com/data/75166.html。
（亦見1971、1983及2011。）

〈哈耶克論自由的創造力〉，原為2014年5月8日在上海「復
旦──卓越經濟學大講堂」之發言（一），刊於「愛思想」
（2014年5月13日），網址為：https://www.aisixiang.com/
data/74691.html；發言（二）見下列。

〈哈耶克論自由的創造力──兼釋法治的意義與效益〉，本
文原為2014年5月8日在上海「復旦──卓越經濟學大講堂」
之發言（二）；刊於2014年5月27日出版之《東方早報・上海
經濟評論》；後以〈海耶克論自由的創造力──兼釋法治的意
義與效益〉為題，收入《林毓生思想近作選》（香港：香港中
文大學，2020），頁193-206。（亦見上列〈自由、社會與法
治〉。）

〈紀念殷海光先生逝世四十五週年：專訪林毓生——兼論法治與民主的基礎建設〉（節錄版），《亞洲週刊》，2014年11月30日；亦刊「愛思想」（2014年12月21日，網址為：https://www.aisixiang.com/data/81623.html；完整版收入《政治秩序的觀念》（香港：商務印書館，2015），頁246-255；《林毓生思想近作選》（香港：香港中文大學，2020），頁325-332。

〈殷海光先生對我的影響〉，「愛思想」（2014年6月2日），網址為：https://www.aisixiang.com/data/75164.html。（亦見1994〈五十年代臺灣的政治環境與殷海光先生對我的影響〉、1994、1998、2008、2010及2019。）

〈黃春明的小說在思想上的意義〉，「愛思想」（2014年6月2日），網址為：https://www.aisixiang.com/data/75167.html。（亦見1980、1983、2011及2020。）

〈高貴靈魂的一生——悼念、懷念殷師母夏君璐女士〉，《聯合報》電子報，第4612期（2014年4月11日），網址為：http://paper.udn.com/udnpaper/PIC0004/256531/web/index.html。（亦見2013「愛思想」及2020。）

〈學術工作者的兩個類型〉，「愛思想」（2014年6月2日），網址為：https://www.aisixiang.com/data/75165.html。（亦見1980及1983及2011。）

2015

〈中國人文的重建〉，《政治秩序的觀念》（香港：商務印書館，2015），頁141-187。（亦見1982、1983、2011、2014「愛思想」及2020。）

〈反思儒家傳統的烏托邦主義〉，《政治秩序的觀念》（香港：商務印書館，2015），頁188-203。（亦見2011、2012、2014「愛思想」及2020。）

〈什麼是理性〉，《政治秩序的觀念》（香港：商務印書館，
2015），頁68-93。（亦見1982、1983及2011。）

〈民主散論〉，《政治秩序的觀念》之〈附錄〉（香港：商務
印書館，2015），頁258-271。（亦見1983〈論民主與法治的關
係〉及2020。）

施雨華提問，林毓生口述及修訂，〈自由主義、知識貴族、公
民德行〉（完整版），收入《政治秩序的觀念》（香港：商
務印書館，2015），頁232-245。（亦見2004、2007、2011及
2020。）

〈史華慈、林毓生對話錄——一些關於中國近代和現代思想、
文化，與政治的感想〉，收入《政治秩序的觀念》（附英文原
文）（香港：商務印書館，2015），頁204-231。（亦見1976及
1983。）

〈再論自由與權威的關係〉，收入《政治秩序的觀念》（香
港：商務印書館，2015），頁107-112。（亦見1983、2011及
2020。）

〈兩種關於如何構成政治秩序的觀念——兼論容忍與自由〉，
《政治秩序的觀念》（香港：商務印書館，2015），頁2-41。
（亦見1985、1989及2011。）

《政治秩序的觀念》（香港：商務印書館，2015）。

〈紀念殷海光先生逝世四十五週年：專訪林毓生——兼論法治
與民主的基礎建設〉（完整版），收入《政治秩序的觀念》
（香港：商務印書館，2015），頁246-255。（亦見2014《亞洲
週刊》、2014「愛思想」及2020。）

〈論自由與權威的關係〉，《政治秩序的觀念》（香港：商
務印書館，2015），頁94-106。（亦見1982、1983、2011及
2020。）

〈論台灣民主發展的形式、實質與前景——為紀念殷海光先生逝世三十三週年而作〉，《政治秩序的觀念》（香港：商務印書館，2015），頁42-65。（亦見2002、2008「愛思想」及2020。）

〈什麼是真正的學術自由〉，「愛思想」（2015年3月3日），網址為：https://www.aisixiang.com/data/84604.html。（亦見2021此文續篇〈學術自由與學術積累〉。）

〈學術自由的理論基礎及其實際含意——兼論消極自由與積極自由〉，《政治秩序的觀念》（香港：商務印書館，2015），頁122-140。（亦見1998題為〈在消極自由的前提下談積極自由〉、2011、2011《開放時代》、2017「愛思想」及2020。）

2016　《殷海光林毓生書信錄》（北京：中央編譯出版社，2016）。（亦見1981、1984、1994、2008及2010。）

2017　〈韋伯論儒家思想的評析〉（原為林毓生之演講），收入陳永利主編，《未名湖畔的大師談》（上）（北京：中國人民大學出版社，2017），頁1-15。

〈從蘇格蘭啟蒙運動講起〉，「愛思想」（2017年2月15日），網址為：https://www.aisixiang.com/data/103213.html。

〈學術自由的理論基礎及其實際含意——兼論消極自由與積極自由〉，「愛思想」（2017年12月12日），網址為：https://www.aisixiang.com/data/107291.html。（亦見1998題為〈在消極自由的前提下談積極自由〉、2011、2015及2020。）

〈翰墨因緣念殷師〉，「愛思想」（2017年9月12日），網址為：https://www.aisixiang.com/data/105917.html。（亦見1983、2008及2010。）

2018　〈自由、秩序與文明的演化──從蘇格蘭啟蒙運動談起〉，「愛思想」（2018年11月12日），網址為：https://www.aisixiang.com/data/113357.html。（亦見1993年1月《讀書》。）

2019　〈1950年代台灣的政治環境與殷海光先生對我的影響〉（完整版），收入《中國激進思潮的起源與後果》（新北：聯經，2019），頁303-343。（亦見1994題為〈五十年代臺灣的政治環境與殷海光先生對我的影響〉，1994、1998、2008、2010及2014「愛思想」。）

〈一位知識貴族的隕落──敬悼海耶克先生〉，《中國激進思潮的起源與後果》（新北：聯經，2019），頁239-243。（亦見1992及1998題為〈始終忠於知性的神明〉與後之文。）

〈二十世紀中國的反傳統思潮、中式馬列主義與毛澤東的烏托邦主義〉，收入《中國激進思潮的起源與後果》（新北：聯經，2019），頁95-153。（亦見1995、1996、2014、2020及1998題為〈傳統中國政治與文化・道德秩序為何是一元的〉。）

徐璐記錄整理，〈「六四」天安門悲劇的涵義──林毓生教授訪談錄〉，《中國激進思潮的起源與後果》（新北：聯經，2019），頁373-377。（亦見1989。）

〈「五四思想」強勢意識形態化的原因與後果──對於五四時思想啟蒙運動的再認識──為紀念「五四」七十週年而作〉，《中國激進思潮的起源與後果》（新北：聯經，2019），頁193-202。

〈王作榮先生《誰來轉移社會風氣──政府官員、知識分子無可逃避的責任》書後──兼論「民間社會」如何成長〉，《中國激進思潮的起源與後果》（新北：聯經，2019），頁387-399。（亦見1991。）

《中國激進思潮的起源與後果》（新北：聯經，2019）。

〈平心靜氣論胡適——對於他所堅持的自由主義的立場以及他所謂「民主政治是幼稚園的政治」、「大膽的假設、小心的求證」與「全盤西化」的評析〉，《中國激進思潮的起源與後果》（新北：聯經，2019），頁333-343。（亦見1998節錄版題為〈對胡適「民主政治是幼稚園政治」的評價〉、2011及2020。）

〈史華慈思想史學的意義〉，《中國激進思潮的起源與後果》（新北：聯經，2019），頁155-166。（亦見1995及1998。）

〈自由不是解放——海耶克的自由哲學〉，《中國激進思潮的起源與後果》（新北：聯經，2019），頁245-253。（亦見1992及1998題為〈自由不是解放〉列於〈始終忠於知性的神明〉後。）

〈自由、民主與人的尊嚴——兼論責任倫理〉，《中國激進思潮的起源與後果》（新北：聯經，2019），頁225-238。（亦見1998〈「人權」的哲學來源與歷史來源〉節錄文。）

唐光華訪問記錄，〈自由主義者的悲觀——略論1989北京學運與中國民主前途〉，《中國激進思潮的起源與後果》（新北：聯經，2019），頁365-372。（亦見1989。）

〈共產文化下的文字障〉，《中國激進思潮的起源與後果》（新北：聯經，2019），頁379-382。（亦見1992。）

范廣欣提問、整理，林毓生修訂，〈答客問：林毓生思想與治學的取向和方法〉，《思想》，第38期（2019年9月）；後收入《林毓生思想近作選》（香港：香港中文大學，2020），頁255-265。

〈東歐巨變在世界思想時上的意義〉（1990年1月1日），《中國激進思潮的起源與後果》（新北：聯經，2019），頁213-218。

▶ 〈為什麼在中國實行民主是如此艱難？——以台灣薄弱的社會力量為例〉，《中國激進思潮的起源與後果》（新北：聯經，2019），頁357-363。（亦見1998〈移植外來文明要有合適的土壤〉及其後文。）

▶ 〈胡適與殷海光性格的比較與評析〉，《中國激進思潮的起源與後果》（新北：聯經，2019），頁345-347。（亦見上1990。）

▶ 〈殷海光先生闡釋民主的歷史意義與中國民主理論發展的前景〉，《中國激進思潮的起源與後果》（新北：聯經，2019），頁203-212。（亦見1989、1998。）

▶ 〈《科學實證論述歷史的辯證》閱後〉，《中國激進思潮的起源與後果》（新北：聯經，2019），頁287-292。（亦見1989。）

▶ 〈「問題與主義」論辯的歷史意義〉，《中國激進思潮的起源與後果》（新北：聯經，2019），頁183-191。（亦見1991及1998題為〈「問題與主義」論辯的歷史環境〉。）

▶ 〈從「大傳統」與「小傳統」的關係談文化變遷的不同模式〉，收入《中國激進思潮的起源與後果》（新北：聯經，2019），頁219-222。（亦見1986及1998題為〈文化變遷的三個模式〉。）

▶ 〈從公民社會、市民社會與「現代民間社會」看中國大陸和台灣的發展〉，《中國激進思潮的起源與後果》（新北：聯經，2019），頁9-37。（亦見1992〈建立中國的公民社會與「現代的民間社會」〉及1998〈「civil society」三種不同的指謂〉與〈釐清譯名的不同意義〉。）

▶ 〈從陳水扁當選看台灣民主發展的過去與未來——再論作為政治家的條件的「責任倫理」〉，《中國激進思潮的起源與後

果》之〈附錄四〉（新北：聯經，2019），頁477-493。（亦見1998、2000及2020。）

〈略論道德與思想意圖的謬誤〉，《中國激進思潮的起源與後果》（新北：聯經，2019），頁351-356。

〈評丁學良《改革十年對中國大陸民主化的影響》〉，《中國激進思潮的起源與後果》（新北：聯經，2019），頁401-407。

〈敬悼民主運動先驅傅正先生〉，《中國激進思潮的起源與後果》（新北：聯經，2019），頁383-386。（亦見1991、1998。）

〈「創造性轉化」的再思與再認〉，《中國激進思潮的起源與後果》（新北：聯經，2019），頁39-92。（亦見1993、1995與1996及1998〈「創造性轉化」的再思〉與〈現代的公民社會〉。）

〈試圖貫通於熱烈與冷靜之間——略述我的治學緣起〉，《中國激進思潮的起源與後果》（新北：聯經，2019），頁409-430。（亦見1998及2020。）

〈魯迅個人主義的性質與涵義——兼論「國民性」問題〉，《中國激進思潮的起源與後果》（新北：聯經，2019），頁167-181。（亦見1992、2011、2020與1998題為〈豐饒的含混性〉及其後文。）

〈質疑三問——與李澤厚商榷〉，《中國激進思潮的起源與後果》（新北：聯經，2019），頁293-299。（亦見1995及2011。）

〈關於《中國意識的危機》——答孫隆基〉，《中國激進思潮的起源與後果》（新北：聯經，2019），頁261-285。（亦見1991。）

梁燕城、林毓生，〈關於「中國的現代化道路和文化的內在困

境」對話錄〉，《中國激進思潮的起源與後果》之〈附錄三〉
（新北：聯經，2019），頁457-476。（亦見1996及1998〈中國
文化面臨兩難〉與其下之文；另見1998節錄文〈科玄論戰與知
識分子的內在反思〉）。）

〈關於海耶克、胡適與「思想先行」──與胡平的通信〉
（1992年6月7日），《中國激進思潮的起源與後果》（新北：
聯經，2019），頁255-258。

2020　"Remarks at Harvard University Memorial Service for Benjamin I.
Schwartz"，收入《林毓生思想近作選》之〈32附錄〉（香港：
香港中文大學，2020），頁505-507。（亦見2001。）

"The Tragic Balance and Theme of *Othello*"，收入《林毓生思想近
作選》之〈33附錄〉（香港：香港中文大學，2020），頁509-
521。（亦見1965。）

"The Evolution of the Pre-Confucian Meaning of *Jen* 仁 and the
Confucian Concept of Moral Autonomy"，收入《林毓生思想近
作選》之〈34附錄〉（香港：香港中文大學，2020），頁523-
563。（亦見1974。）

〈二十世紀中國激進化反傳統思潮、中式馬列主義與毛澤東
的烏托邦主義〉，收入《林毓生思想近作選》（香港：香港
中文大學，2020），頁3-61。（亦見1995、1996、2014、2019
及1998題為〈傳統中國政治與文化‧道德秩序為何是一元
的〉。）

〈人文與社會研究發展芻議〉，收入《林毓生思想近作選》
（香港：香港中文大學，2020），頁487-495。（亦見2001及
2011。）

〈六十餘載君子交：序董永良著《回首學算路：一個旅美學算

者的故事〉〉，收入《林毓生思想近作選》（香港：香港中文
大學，2020），頁463-466。（亦見2007。）

〈王元化、林毓生對話錄〉（完整版），收入《林毓生思想近
作選》（香港：香港中文大學，2020），頁427-461。

〈心平氣和論胡適〉，收入《林毓生思想近作選》（香港：香
港中文大學，2020），頁143-160。（亦見2011及2019〈平心靜
氣論胡適〉；1998節錄版題為〈對胡適「民主政治是幼稚園政
治」的評價〉。）

〈《公民社會基本觀念》序〉，收入《林毓生思想近作選》
（香港：香港中文大學，2020），頁345-347。（亦見2014。）

〈反思儒家傳統的烏托邦主義〉（修訂版），收入《林毓生思
想近作選》（香港：香港中文大學，2020），頁63-74。（亦見
2011、2012、2014「愛思想」及2015。）

〈中國人文的重建〉，收入《林毓生思想近作選》（香港：香
港中文大學，2020），頁391-425。（亦見1982、1983、2011、
2014「愛思想」及2015。）

〈中國現代性的迷惘〉（完整版），收入《林毓生思想近作
選》（香港：香港中文大學，2020），頁365-389。（亦見2006
刪節版。）

林毓生著，楊貞德等譯，《中國意識的危機──「五四」時期
激烈的反傳統主義》（新北：聯經，2020）。

史華慈著，林同奇、劉唐芬譯，林毓生校訂，〈中國與當今千
禧年主義──太陽底下的一樁新鮮事〉，收入《林毓生思想近
作選》（香港：香港中文大學，2020），頁357-363。（亦見
2001英文本及2003。）

〈民主的條件〉，收入《林毓生思想近作選》（香港：香港中
文大學，2020），頁283-291。（亦見2002。）

〈民主散論〉，收入《林毓生思想近作選》（香港：香港中文大學，2020），頁293-303。（亦見1983題為〈論民主與法治的關係〉、2011及2015。）

〈民初「科學主義」的興起與含意——對「科學與玄學」之爭的研究〉，收入《林毓生思想近作選》（香港：香港中文大學，2020），頁123-141。（亦見1987、1989、2011及2014。）

〈合力建立新的世界圖景〉，收入《林毓生思想近作選》（香港：香港中文大學，2020），頁497-502。（亦見2003及2011。）

施雨華提問，林毓生口述修訂，〈自由主義、知識貴族、公民德行〉（完整版），收入《林毓生思想近作選》（香港：香港中文大學，2020），頁333-343。（亦見2004、2007、2011及2015。）

劉唐芬譯，林毓生校訂，〈史華慈著《中國與當今千禧年主義——太陽底下的一樁新鮮事》導言〉，收入《林毓生思想近作選》（香港：香港中文大學，2020），頁351-355。（亦見2001英文本及2003。）

〈再論自由與權威的關係〉，收入《林毓生思想近作選》（香港：香港中文大學，2020），頁183-192。（亦見1983《中國時報》、1983《思想與人物》、2011及2015。）

林毓生口述，嚴搏非記錄，〈我研究魯迅的緣起〉，收入林毓生著，楊貞德等譯，《中國意識的危機：五四時期激烈的反傳統主義》之〈附錄一〉（新北：聯經，2020），頁243-249；後收入《林毓生思想近作選》（香港：香港中文大學，2020），頁481-485；此文於2021題為〈《林毓生論魯迅》序〉，刊於「愛思想」（2021年10月6日），網址為：https//www.aisixiang.com/data/12884.html。

〈我研究魯迅的緣起〉，收入《林毓生思想近作選》（香港：香港中文大學，2020），頁481-485。（亦見上項及2021。）

〈政治家的條件——兼論韋伯的「心志倫理」與「責任倫理」〉，收入《林毓生思想近作選》（香港：香港中文大學，2020），頁267-282。（亦見2000及2019。）

〈紀念殷海光先生逝世四十五週年：專訪林毓生——兼論法治與民主的基礎建設〉完整版，收入《林毓生思想近作選》（香港：香港中文大學，2020），頁325-332。（亦見2014《亞洲週刊》、2014「愛思想」及2015。）

〈韋伯「理想型／理念型分析」的三個定義及其在思想史研究方法上的含意與作用〉，收入《林毓生思想近作選》（香港：香港中文大學，2020），頁245-253。

〈高貴靈魂的一生——悼念、懷念殷師母夏君璐女士〉，收入《林毓生思想近作選》（香港：香港中文大學，2020），頁475-479。（亦見2013「愛思想」及2014。）

《現代知識貴族的精神——林毓生思想近作選》（香港：香港中文大學，2020）。

〈海耶克論自由的創造力——兼釋法治的意義與效益〉，收入《林毓生思想近作選》（香港：香港中文大學，2020），頁193-206。（亦見2014刊「愛思想」之〈自由、社會與法治〉及2014〈哈耶克論自由的創造力——兼釋法治的意義與效益〉。）

范廣欣提問、整理，林毓生修訂，〈答客問：林毓生思想與治學的取向和方法〉，收入《林毓生思想近作選》（香港：香港中文大學，2020），頁255-265。（亦見2019。）

〈黃春明的小說在思想上的意義〉，收入《林毓生思想近作選》（香港：香港中文大學，2020），頁467-474。（亦見1980、1983、2011及2014「愛思想」。）

〈試圖貫通於熱烈與冷靜之間——略述我的治學緣起〉，《林毓生思想近作選》（香港：香港中文大學，2020），頁225-244。（亦見1998及2019。）

〈論自由與權威的關係〉，《林毓生思想近作選》（香港：香港中文大學，2020），頁173-182。（亦見1982、1983、2011及2015。）

〈「論自由與權威的關係」、「再論自由與權威的關係」之緣起與二十年後的反思〉，《林毓生思想近作選》（香港：香港中文大學，2020），頁163-171。（亦見2002題為〈兩文的緣起與二十年後的反思〉。）

〈論台灣民主發展的形式、實質與前景——為紀念殷海光先生逝世三十三週年而作〉，《林毓生思想近作選》（香港：香港中文大學，2020），頁305-323。（亦見2002、2008「愛思想」及2015。）

陳忠信譯，林毓生校訂，〈魯迅的「個人主義」——兼論「國民性」問題以及「思想革命」轉向政治，軍事革命的內在邏輯〉，收入林毓生著，楊貞德等譯，《中國意識的危機——「五四」時期激烈的反傳統主義》之〈附錄二〉（新北：聯經，2020），頁251-270。（亦見1992、2011、2019與1998題為〈豐饒的含混性〉及其後文。）

〈魯迅思想的特質及其政治觀的困境〉，《中國意識的危機——「五四」時期激烈的反傳統主義》之〈附錄三〉（新北：聯經，2020），頁271-309。（亦見1987、1989、1998及2011。）

劉慧娟譯，林毓生、羅久蓉校訂，〈魯迅意識的複雜性〉，收入《林毓生思想近作選》（香港：香港中文大學，2020），頁75-122。

〈學術自由的理論基礎及其實際含意——兼論消極自由與積極自由〉，《林毓生思想近作選》（香港：香港中文大學，2020），頁207-220。（亦見1998題為〈在消極自由的前提下談積極自由〉等文、2011、2011《開放時代》、2017「愛思想」與2015。）

2021　林毓生口述，嚴搏非記錄，〈《林毓生論魯迅》序〉，刊於「愛思想」（2021年10月6日），網址為：https//www.aisixiang.com/data/12884.html。（亦見2020題為〈我研究魯迅的緣起〉的兩文。）

〈學術自由與學術積累〉，「愛思想」（2021年11月4日），網址為：https://www.aisixiang.com/data/129436.html。（亦見2015〈什麼是真正的學術自由〉。）

2023　《思想與人物》（新北：聯經，2023）。（亦見1983、2007。）

《政治秩序與多元社會》（新北：聯經，2023）。（亦見1989、2001。）

自由的追尋：林毓生的思想與生命

2023年2月初版　　　　　　　　　　　　　　　　　定價：新臺幣480元
有著作權‧翻印必究
Printed in Taiwan.

著　　　者	丘　慧　芬
特約編輯	蔡　忠　穎
內文排版	黃　秋　玲
封面設計	黃　耀　霆

出　版　者	聯經出版事業股份有限公司	副總編輯	陳　逸　華
地　　　址	新北市汐止區大同路一段369號1樓	總編輯	涂　豐　恩
叢書主編電話	(02)86925588轉5395	總經理	陳　芝　宇
台北聯經書房	台北市新生南路三段94號	社　長	羅　國　俊
電　　　話	(02)23620308	發行人	林　載　爵
郵政劃撥帳戶	第0100559-3號		
郵撥電話	(02)23620308		
印　刷　者	世和印製企業有限公司		
總　經　銷	聯合發行股份有限公司		
發　行　所	新北市新店區寶橋路235巷6弄6號2樓		
電　　　話	(02)29178022		

行政院新聞局出版事業登記證局版臺業字第0130號

本書如有缺頁，破損，倒裝請寄回台北聯經書房更換。　ISBN 978-957-08-6773-2 (平裝)
聯經網址：www.linkingbooks.com.tw
電子信箱：linking@udngroup.com

國家圖書館出版品預行編目資料

自由的追尋：林毓生的思想與生命/丘慧芬著 . 初版 . 新北市 .
聯經 . 2023年2月 . 344面 . 14.8×21公分
ISBN　978-957-08-6773-2（平裝）

1.CST：林毓生　2.CST：學術思想　3.CST：傳記

783.3886　　　　　　　　　　　　　　　　　　112000655